説教黙想アレテイア叢書

創世記
Genesis
29-50章

日本キリスト教団出版局[編]

日本キリスト教団出版局

目　次

創世記　29 章 1–30 節……石井佑二　*6*

創世記　29 章 31 節–30 章 24 節……橋谷英徳　*15*

創世記　30 章 25–43 節……高橋　誠　*25*

創世記　31 章 1–21 節……德田宣義　*34*

創世記　31 章 22 節–32 章 1 節……宮嵜　薫　*43*

創世記　32 章 2–33 節……楠原博行　*53*

創世記　33 章 1–20 節……浅野直樹　*62*

創世記　34 章 1–31 節……小泉　健　*71*

創世記　35 章 1–29 節……蔦田崇志　*80*

創世記　37 章 1–36 節……小副川幸孝　*89*

創世記　38 章 1–30 節……吉村和雄　*98*

創世記　39 章 1–23 節……本城仰太　*107*

創世記　41 章 1–36 節……藤掛順一　*116*

創世記　41 章 37–57 節……石井佑二　*125*

創世記　42 章 1–38 節……橋谷英徳　*134*

創世記　43 章 1–34 節……高橋　誠　*143*

創世記　44 章 1–34 節……楠原博行　*152*

創世記　45 章 1–28 節……宮井岳彦　*161*

創世記　46章1–34節……徳田宣義　*170*

創世記　47章1–12節……浅野直樹　*179*

創世記　47章13–26節……小泉　健　*188*

創世記　47章27節–48章22節……蔦田崇志　*197*

創世記　49章1–33節……小副川幸孝　*206*

創世記　50章1–26節……吉村和雄　*215*

創世記の説教……大島　力　*224*

執筆者紹介　*234*

＊本書は『説教黙想アレテイア』（95・98・99号、2017–2018年）に掲載した説教黙想および論考を、加筆のうえ書籍化するものである。

＊本書の聖書引用は『聖書　新共同訳』（日本聖書協会）に準拠する。

装丁　ロゴス・デザイン　長尾 優

創世記　29–50 章

創世記　29章1-30節

石井佑二

1　文脈——地上の埃にまみれた現実の中での「祝福」

　W. ブルッグマンは我々のテキストについて、25章19節–36章43節を「ヤコブ物語　争われた神の招き」として記している。そしてそれを同心円的にまとめ、終結部分は除き、一番外側にエサウ資料（初めを25:19–34と27:1–45、終わりを32:1–21〔新共同訳2–22節〕と33:1–17）を置く。その内側にベテルとペヌエルの神顕現物語（28:10–22、32:22–32〔新共同訳23–33節〕）を置き、そしてその内側に、我々のテキストであるラバンとの争いの物語を置く（29:1–30、30:25–31:54〔新共同訳32:1〕）。そしてさらにその中心、つまり全体の円の中心に、ヤコブの息子たちの誕生の物語（29:31–30:24）がある、とする（ブルッグマン『創世記』360–362頁）。そのようにしてこの物語は、神の祝福を主題にしてヤコブの生涯を描いている、とブルッグマンは見る。それは「エサウを踏みつけにする争いから、最も大切にされるべき息子たちの祝福へ、さらに、争いの解決へと進んで行くよう展開させられている」ということである（同書355頁）。

　ここで創世記記者は、人間への神の祝福を、ヤコブの生涯を通して語ろうとしている。しかしその語り方は、今の同心円で見たように、「争い」から語り始められなければならない、としている。これは何を意味するのか。ブルッグマンはこの所を、ヴェスターマンによるアブラハム物語との対比を引

き合いに出しながらこう語る。「アブラハム物語は、約束という事柄に関心を集中している。……約束という動機は、ヤコブ物語の中にも明らかに存在しているが、それは目立って抑えられている……。物語はむしろ、祝福という動機によって支配されている。ヴェスターマンは、約束と祝福とが全く別の事柄であることを明らかに示している。約束は、『より宗教的』な問題にとどまることを許すであろうが、祝福という主題は、物語を、この世の、そして地上の埃にまみれた現実（earthly and earthy reality）へと押しやるのである」（同書353頁、一部翻訳修正）。つまり、このヤコブによって、アブラハムに約束された「祝福」が、「より宗教的」な、地上を離れた美しい所で現れると言うのではなく、現実の、地上の埃にまみれるかのようにして生きている人間の生活の中でこそ現れる、ということである。人間の地上の生活の現実とは何か。それは具体的な「争い」である。それはまさに醜い、目を覆いたくなる地上の現実である。しかしそのような「争い」において、人間は神の「祝福」を受ける。そう捉える時、「争い」の意味付けが変わって行く。「争い」は「争い」のままであるかもしれないが、にもかかわらず、神の「祝福」が、地上での「争い」の現実の中で、希望を失うことなく、語られ得る。そうして、我々は、そこでの神の「祝福」を、抽象的にではなく、現実的に捉えるよう導かれる。

　そのような「祝福」をここで語ろうとしている。それはヤコブが「争い」の人、人間の「生来の権利」の転換を果たすべき人として選ばれた、ということによって表される（同書350頁）。具体的にここでは、長子の特権という人間の秩序が言われ、それを覆すという「争い」である。「争い」という埃まみれの地上の現実の一つがそこにある。しかし神はあえて、そこで「祝福」を語ることを求めるのである。長子の特権。それは「家」を守るため、ないし社会的秩序を保つために力を発揮する習慣である。しかし社会的秩序を保つ習慣を絶対視するならば、「家」、「全体」を守るために、犠牲となる個々人が生み出される。そして社会的秩序を保つ習慣を絶対視してしまう時、その習慣は「低き者」と定められた者たちの存在を軽んじることを正当化する、悪しき習慣となってしまう。そこに社会的弱者、「低き者」とされる者

が生み出されてしまう。主なる神は、そのことの変革を望まれる（同書357頁）。その人間の変革を求める御心を、神は「祝福」として示そうとされる。しかし人間は、特に発言権を持つ権力ある人間は、それを拒否することを望む。だから「祝福」が「争い」として現れる。このことを語り示すために、主なる神はヤコブの人生を「争い」の人生として召し出すのである。そしてそこに「祝福」を示そうとされるのである。ブルッグマンは「揉めごとの多い人間の生の現実」にこそ、神と人間の出会いがある、としながらこう言う。「人間の窮境と神の介入とには、相関関係があるのである」（同書358頁）。我々の黙想はこのことを前提としながら、今日の世界において存在する「争い」、また我々自身が否応なしに置かれる「争い」、それは一体何を意味するのか。そして、にもかかわらず、そこに示される神の「祝福」があると信じること。それを教会は、キリスト者はどう見るのか。それをこのテキストから見出すことを目指したい。

2 ヤコブとラバン。牧歌的な、平安の内の出会い

　兄エサウから祝福を騙し取り、命狙われ、伯父ラバンのもとに逃げるヤコブの姿が描かれる。直前の28章15節で、主なる神より「見よ、わたしはあなたと共にいる。あなたがどこへ行っても、わたしはあなたを守り、必ずこの土地に連れ帰る。わたしは、あなたに約束したことを果たすまで決して見捨てない」との御声を聞いた。ヴェスターマンの言う、この「より宗教的」な、美しい「約束」の出来事と対比される、地上の埃にまみれるかのような、「争い」の人ヤコブの「祝福」の出来事が29章で物語られる。

　1節「東方の人々の土地」にヤコブは辿り着いた。そこが厳密にどこであるのか。イスラエルの南東のアラビアか、北東のアラム人の土地か、明確ではない。そもそもこの物語は地理的なことへの頓着は薄い。しかしフォン・ラートは、だからこそ「場面の人間的な側面にはより一層大きな関心が払われている」と言う（フォン・ラート『創世記　下』523頁）。その土地の井戸にて、そこに集まる、羊の世話をする人々とヤコブは出会った。その人々を通じて、伯父ラバンの所在を知る。そして彼らを通じて、ここにやって来るラ

バンの娘、ラケルの存在をも知らされる。そのラケルを通じて、ヤコブはラバンのもとに受け入れられるのである。14節のラバンの言葉「お前は、本当にわたしの骨肉の者だ」とは、ヴェスターマンによれば、ヤコブが「親族であることが正式に認知される」言葉である（C.ヴェスターマン『創世記Ⅱ』69頁）。

ここで一貫しているのは平安、シャーロームである。6節のヤコブと羊の世話をする人々との、ラバンについて尋ねるやり取りの言葉「元気でしょうか」「元気です」とは、シャーロームが用いられており、このヤコブと人々、ラケル、ラバンの出会いの全般を貫いている。「この重要な言葉は、共同体の健全なあり方を現わしている」（同書68頁）。全く美しい、牧歌的な言葉である。しかしそうであるがゆえに、我々は、すぐこの後で知らされる、人間の醜い騙し合いの「争い」について、鋭い対比の中で考えさせられるのである。

3 「争い」の人ヤコブ

15節以下。ヤコブとラバンの、美しく始まった相互関係は1つの事件によって全く違った顔を見せるようになる。ラバンは、家に留まるヤコブが働く姿を見て、報酬を求めるようにと提案する。それを受けてヤコブはラバンの2人の娘、姉のレアと妹のラケルのうち、ラケルを愛し、妻にしたいと申し出た。そのことのために、ということでヤコブ自身が「下の娘ラケルをくださるなら、わたしは七年間あなたの所で働きます」（18節）と言うのである。ラバンはヤコブの、ラケルに対する愛情の深さを見た。しかしそこで、その愛情深さを利用して、自らの利益を得る策略を思いついたに違いない。この時、これから先、自分の思い通りにこのヤコブを利用する、その計画を立てたのである。ラバンはヤコブの申し出を受け入れる。その策略も知らずに、恋する男ヤコブは夢中で働き、時を過ごした。

そしてヤコブと心を同じくするように、我々読者はすぐに7年後の場面を見る。その時に、ラバンの策略が明らかにされる。約束の時を経たとして、ヤコブがラバンにラケルとの結婚を申し出た時、ラバンは大きな祝宴を

開いた。その夜、ヤコブのもとにラバンが送り届けたのは姉のレアであった。夜が明け、その人がレアであったことにヤコブは憤慨し、ラバンにつめ寄る。しかしそこで、ラバンは 7 年前から用意していたのであろう答えを差し出すのである。「我々の所では、妹を姉より先に嫁がせることはしないのだ。とにかく、この一週間の婚礼の祝いを済ませなさい。そうすれば、妹の方もお前に嫁がせよう。だがもう七年間、うちで働いてもらわねばならない」(26-27 節)。ここに「争い」が生まれた。しかし創世記記者は、このラバンの卑劣で下品な行為に対して、ヤコブに何も語らせない。言われた通りに過ごしている。それは何を意味するのであろうか。

　それは、長子の特権という、あの、ヤコブがエサウから奪った、その「祝福」の特権が、今、姉レアより妹ラケルの方が先に嫁ぐことはあり得ないという形で、ヤコブの行く道を妨げる障壁として立ちはだかっているということである。ヤコブはこの時、自らの果たした「争い」の出来事と今、もう一度直面している。その衝撃の中で沈黙せざるを得ないのである。だが我々はこれを、因果応報として矮小化して受け取ることはできない。なぜならば、このようにしてヤコブにおいて、長子の特権という「生来の権利」の転換を望まれたのは、他ならぬ神ご自身であり、またそのことによって、ヤコブが「争い」の中で生きるように選び、導かれたのも神ご自身だからである。それについては、創世記 25 章 23 節で、エサウとヤコブが生まれる直前に、母リベカに語られた主の言葉としてこう語られている。「二つの国民があなたの胎内に宿っており　二つの民があなたの腹の内で分かれ争っている。一つの民が他の民より強くなり　兄が弟に仕えるようになる」。エサウとの「争い」で示された、長子の特権の覆しについての決着は、一時的なヤコブの逃亡によって曖昧なままにされている。しかし今、そのことが思い起こさせられる。なぜか。それは、神ご自身がヤコブを通して、人間共同体におけるその習慣への挑戦をお示しになられるからである。神は、このようなヤコブを通して、ヤコブを「争い」の人として立てることによって、人間において語られる、社会的秩序を保つことを絶対視するために社会的弱者、「低き者」と定められてしまう者が生み出されてしまう、人間の罪の秩序に対して

の転換、そのことへの挑戦をされるのである。

　社会的秩序を保つ習慣は、ある立場の人間にとって「正義」として語られ得る。しかしその正義は、常に罪を内包している。だからいつも、その正義が語られると同時に、神がいつもそのことに対して、新しい言葉を語られている、と批判的に捉え直されなければならない。ラインホールド・ニーバーは言った。「ただ正義だけというような正義は、たちまち正義以下のものに頽落してしまう。正義は、正義以上のなにものかによって救われなければならない」（ニーバー『道徳的人間と非道徳的社会』大木英夫訳、271 頁）。

　神は、人間の「ただ正義だけというような正義」、「低き者」を切り捨てることを正当化する、罪の習慣、罪の秩序、その人間の「正義」に挑戦をする。そしてその神の挑戦がいつも果たされ続けることを、その人生をもって語る者として、ヤコブを選ばれた。生まれた時から、エサウと「争い」の中にあった。そして今この時もヤコブは、レアとラケルという姉妹との結婚の際に起こった混乱を通じて、神の挑戦を語らせられるのである。人間の秩序、いわゆる「正義」としての習慣、長子の特権、それを盾にして利益をむさぼるラバン。それらとの「争い」の中にヤコブは置かれる。そんな地上の埃にまみれるかのような「争い」の中で、我々は神の働きを見ることができる。ブルッグマンは言う。「この神ご自身が、この世が秩序立てられているその仕方に対する争いをひき起こし、その争いの中に足を踏み入れられる」のである（ブルッグマン『創世記』358 頁）。

　召された人はその召命の道を、神のものとして歩む。この世の秩序が、かえって人間の混乱、罪を生み出すことがある。そのこととの「争い」を、いつも、神は召された人の生き方そのものをもって言い表すのである。神ご自身が、人間の誤った秩序と争う。そしてそこに、神の「祝福」が言い表されるのである。ヤコブは神の「祝福」の中で生きるように、神によって選ばれた。だから同時に、ヤコブは「争い」の人として、神によって選ばれたと言うのである。それは、アブラハムに「約束」された「祝福」を、ヤコブが人類を代表して生きた、生かされたしるしなのである。この 29 章において、ヤコブ自身はそのことに気付いていないかもしれない。しかしこの「争い」

の人生の一つの場面の中にも「祝福」がある。先に見た「見よ、わたしはあなたと共にいる。あなたがどこへ行っても、わたしはあなたを守り、必ずこの土地に連れ帰る。わたしは、あなたに約束したことを果たすまで決して見捨てない」(28:15)との約束が隠れた仕方で響き渡っている。このことは今日に生きる私たち教会、キリスト者に確かな励ましを語る。

4　今日の地上の「争い」の中で、「祝福」を語る神

2017年6月15日、参議院本会議において、組織的犯罪処罰法改正案が可決され、「テロ等準備罪」、いわゆる「共謀罪」法が新設された。このことによって、政府は、組織的犯罪を未然に防ぐことができる、そのための捜査や処罰を科すことを合法的に行うことができるとしている。しかしそこには多くの問題が含まれている。このことによって国の政策に対して意見することをも許さない体制が造られ、そのことについて、ものを語るために集会を持つことも許されない、ということになるのではないか。また国による「監視社会」体制造りが進められるのではないか。個人の思想、信仰の自由が侵害されるのではないか。そういう不安をぬぐうことができないのである。このことに対して、多くの立場から疑問の声が挙げられている。

我々は社会的秩序を保つことを絶対視する動きに対して、正しい意味で「争う」。しかしそのような「挑戦」は、特にこの共謀罪に基づき国によって「組織犯罪」と認定されれば、「正義」に反する行動である、と見なされかねない。この時代精神（時代の霊）は、そのものとの「争い」をする力を奪うことであろう。その「争い」に生きようとする者を、苦難と悲しみ、理不尽さの中に叩き込むであろう。戦前、戦中の日本を思う時、そのことは想像に難くない。29章のヤコブのように、平安が壊され、騙され、言葉を語ることすらできなくなる、そんな状態に追い込まれるだろう。社会的弱者、「低き者」とされてしまうだろう。しかしそれでも、我々は御言葉に生き、御言葉を語る。人間の混乱、罪に対する御言葉による「争い」は、神の「争い」である。神の「挑戦」である。我々はそれに続く。教会が、キリスト者が置かれる「争い」の現実は、そこに神が先立って争われ、そしてそのことによ

って「祝福」を実現してくださっていることを信じる、「祝福」と直結した、信仰の現実である。

5 「争い」の地上の中で、説教をする。

　1937年、ナチスの嵐が吹き荒れる中で、ハンス・ヨアヒム・イーヴァントは『説教学講義』として記される講義を語った。イーヴァントは激しく迫害されるその中で、研修生たちにこう語る。「この神の言葉から逃れ出たくなる誘惑がわれわれを襲っていることを知らない人は、よもやおるまい！ 神がわれわれにみ言葉を宣べ伝えるようにと促される時、われわれは肉を裂き、血を流して争わざるを得なくなる。このような戦いは、諸君のような世代に至るまで避けようがないであろう」。しかし神の言葉が本当にここに届いているならば、として続けて言う。その神の言葉から逃れたいという思惑は「必ず敗北する」。なぜか。「理由はない。あるいはただ一つの答えがある。それは、神の言葉が届いているからである」と言うのである。罪と人間の混乱を生み出すこの世の秩序に対して、真実の教会に、キリスト者に、神は何を求めるのか。それは、神の言葉によって「争う」ことである。そうして神の言葉を宣べ伝える。ただこのことだけが、世界の変革をもたらし、神の「祝福」がそこに、なお在ることを語り得る、と言うのである。「その様に語られる神の言葉の中でこそ、神は見出される。そうなれば、この様な宣教の言葉を聞かせていただくところでこそ、全世界が、その信仰、その啓示理解、その神についての解釈もろともに変革されることをわれわれは知ることになる。この宣教の言葉は、世界がそれに捉われたまま歩みを進めている錯覚を裁き、その正体を明らかにするものとして、世界に飛び込んでくる。サタンの欺きの正体が暴かれる……。今日におけるわれわれのなすべき説教の使命は、このような意味で理解されなければならない」。そして言うのである。「教会の全ての秩序が崩れてもわれわれは説教しなければならない」（H. J. イーヴァント『説教学講義』加藤常昭訳、新教出版社、2009年、13–16頁）。この最後の言葉は仮定として言っているのではなく、ドイツキリスト者とナチスによって、全く信仰の秩序が崩れてしまっている現実、そしてそのこ

とこそが「正義」とされる現実、その中で語られている言葉である。そこで「変革」の可能性を語るのである。神の言葉を聞き、宣べ伝える説教。このことによる「争い」に生きるのである。このことは今日の、崩れた秩序が「正義」とされる時代精神の中にある日本の国に対しての日本の教会、そしてキリスト者の「争い」に置き換えて言うこともできるであろう。「日本の国の全ての秩序が崩れてもわれわれは説教しなければならない！」。この「争い」は、正しく神の言葉を語る説教であるならば、必ず神の勝利の「祝福」を言い表す「争い」となるのである。

参考文献

C. ヴェスターマン『創世記Ⅱ』（コンパクト聖書注解）山我哲雄訳、教文館、1994年

G. フォン・ラート『創世記　私訳と註解　下』（ATD旧約聖書註解）山我哲雄訳、ATD・NTD聖書註解刊行会、1993年

ハンス・ヨアヒム・イーヴァント『説教学講義』（イーヴァント著作選1）加藤常昭訳、新教出版社、2009年

R. ニーバー『道徳的人間と非道徳的社会』大木英夫訳、白水社、1998年

W. ブルッグマン『創世記』（現代聖書注解）向井考史訳、日本キリスト教団出版局、1986年

創世記　29章31節–30章24節

橋谷英徳

1　はじめに

　与えられたテキストは、説教されることの極めて稀なテキストであろう。手元にある説教集を調べてみても、ここからなされた説教はほとんど見つけることはできない。講解説教であっても省かれていることが多いようである。前後の箇所に比べて、ストーリー性に乏しく文学的な魅力にも欠けているように見え、馴染みのない形式で語られているためであろうか。確かに、このテキストから説教することに説教者が困難を覚えることは理解できなくはない。ここから一体、どんな説教の言葉を語ることができるのかと逡巡せずにおれない。けれども、説教者はしばしば思いがけないテキストから思いがけない出会いを説教の聞き手とともに与えられる経験をするのである。

　そのためにもまずはっきりしておきたいのは、このテキストはどうでも良いことを語っているのではなく、極めて重要なことを語っているということである。ブルッグマンは29章1節–31章55節（新共同訳32:1）を一つの段落とみなし、その文学的な構造を明らかにしている。ここではヤコブがラバンの家に着いてから、そこを出ていくまで約20年の間のことが語られる。その中心になっているのが、ヤコブの子どもたちに言及するこのテキストとされる。前にはそこに至る準備のことが語られ、後には約束の地に向かっての帰還までのことが語られる。中心にあって、すべてのことを支えるような

役割をこのテキストは担っている。

　ここでは、ヤコブの子どもたちがその名の由来と共に語られるが、この12人がイスラエルの十二部族の父祖となる。今やハランの地でアブラハムに語られた「地上の氏族はすべて　あなたによって祝福に入る」(12:3) という神の言葉がそのとおりになる。そして、ヤコブは今、同じハランの地にいる。アブラハム、イサクと結ばれた神の契約は、ヤコブに対しても神によって覚えられており、それは実現していく。その実現は、ヤコブとラバンの騙し合い合戦のような出来事と、このテキストが語るラケルとレアの姉妹が骨肉の争いを繰り広げる中で起こされていく。そして、ヤコブ、イスラエルは約束の地に帰っていく。ここに記されているのは極めて世俗的な人間の現実の姿である。泥沼のような人間の罪の姿、実にみっともない現実の只中で神のみ心が行われていく。その次第をこのテキストは語っていくが、それは直線的にではなく、紆余曲折を経て不思議な仕方で成し遂げられていくのである。

2　聖なる遊びを

　テキストはラケルの不妊から開始され、ラケルがヨセフを産むことによって閉じられている。その意味では、ラケルに焦点が置かれている。しかし、ラケルが善で、レアが悪を代表するという単純な構図では描かれてはいない。登場人物は、一面的、単眼的にではなく多面的、複眼的に受け止められている。彼らは時に不信仰であるが、時に信仰深く振る舞う。神の選びはラケルにあってレアにはないと単純に言い切ることもできない。神の恵みは、レアにもラケルにも共に注がれている。

　「主は、レアが疎んじられているのを見て彼女の胎を開かれたが、ラケルには子どもができなかった」(29:31)。これがはじめの言葉である。レアは姉であり、ラケルは妹である。ラケルは美しかったが、レアはそうではなかった (29:17)。ヤコブはラケルを愛したが、レアは疎んじた。「疎んじる」はもともとの言葉では「憎む」を意味する。しかし、主なる神は、レアが「疎んじられているのを見て」、彼女に子をお与えになったと語られる。神

は人間が見るようには見ない。神は小さくされた者をご覧になる。神は美ではなく、小さくあることをお選びになる。

　同時に、ラケルの不妊が明らかにされる。創世記が不妊を告げるのは、サラ、リベカに続いて、これが3度目である。スイスの説教者、ヴァルター・リュティは、創世記の語る「不妊」は、建築現場の標識のようなものだと語っている。「神の国の建築工事中」という看板がここにも立てられている。主が事を運ばれ、主がお働きになる。それが、このテキストの根底を流れるメッセージである。

　レアは、立て続けに4人の子どもを産む。ルベン、シメオン、レビ、ユダである。その名の由来もここに記される。そのうちの3人には主という言葉が用いられる。主は顧み、主は聞かれ、主はほめたたえられる。

　このテキストにはヘブライ語によるある種の「遊び」がなされていると多くの注解者たちは指摘する。外見的にはとてもシリアスな物語が展開しているのだが、ここには同時に「遊び」がある。遊びは、ユーモアでもあり、喜びでもある。ヘブライ人たちは、ただ深刻な顔をしてこの物語を読んだのではない。喜びつつ、遊ぶような心でこの物語に親しんだのである。

　オランダ人の画家、レンブラントが描いた「イエスの宣教」というエッチングがある。この絵では中心で主イエスが説教されている。大人たちは真剣に真面目な顔をして、その語られる言葉に耳を傾けている。そして、よく見ると説教をなさっている主イエスの足元で1人の男の子が寝そべって地面に指で何かを描いているのである。この子は遊んでいる。レンブラントは、礼拝が真剣なものであるだけではなく、それが聖なる遊戯でもあることをも知っていた。

　ここでは遊びは人間同士の争い、神の民の家族の争いが行われる中で、終わりまで続いている。このことは説教においても心に留めておくべきことかもしれない。深刻な顔をして、この深刻な物語を説教してはならないということになる。それはとても難しいことかもしれないが……。確かに私たち人間の現実の生活には、深刻な問題が存在しており、そこで私たちは、のたうち回りながら生きている。しかし、それらはすでに、すべて神にあっては乗

17

り越えられている。

3　絵空事の救いではない

　ラケルは、ヤコブとの間に子どもができないことがわかると、レアをねたむようになり、ヤコブにこう言った。「わたしにもぜひ子供を与えてください。与えてくださらなければ、わたしは死にます」(30:1)。
　レアには夫から愛されない苦悩があった。その苦悩は、先に生まれた4人の名前にも窺うことができる。子どもができても、ヤコブはレアの方を向くことはなかった。一方、ラケルには子ができない苦悩があった。そのことによって姉との間に確執が生じた。ラケルは自らの死をヤコブにほのめかしながら、子を与えてくれるようにと切望する。その願いは、神にではなくヤコブという人間に、夫に向けられる。しかし、そこでヤコブは激しく怒って語る。「わたしが神に代われると言うのか。お前の胎に子供を宿らせないのは神御自身なのだ」(2節)。これは、子は天からの授かりものというような次元の言葉ではない。ヤコブの信仰の成長を窺うことができる言葉である。ヤコブがここで語っていることは、極めて正しい。神は恵もうとするものを恵み、憐れもうとするものを憐れまれるということを、ヤコブはこれまでの人生の歩みのなかで知らされてきた。ヤコブはラケルの不妊の背後に神がおられることを、彼女に語る。
　しかし、そこでラケルは一つの提案をする。それは自分の召し使いビルハによって子を得て欲しいというものであった。ヤコブはその願いを承諾し、ビルハとの間に、ダンが生まれる。さらに続いて、ナフタリが与えられる。ナフタリの名前には激しいラケルの感情があらわれている。「姉と死に物狂いの争いをして（ニフタル）、ついに勝った」(8節)。このようにしてラケルは勝利宣言をしている。彼女はこれでようやく死に物狂いの戦いは終わったと思ったのかもしれない。しかし、そうはならなかった。人間の争いはいつも簡単には終わらない。レアもまた自らの召し使いジルパによって、ガドとアシェルを得て、争いは再燃する。やられたら、やり返す、報復の連鎖が続いていく。泥沼の現実である。こうした生の現実を聖書は語っている。

以前、ひとりの求道者が教会に通いながら、最初から聖書を読みはじめられて、間もなく、こんな感想を語られた。
　「聖書というと、きれいなことばかりが書かれていると思っていたのですが、そうではないのですね。ドロドロなのですね」。
　この人はやがて信仰を持って洗礼を受けられた。聖書は絵空事の救いを語っているのではなく、私たちの現実の救いであることを、この人は知ったのである。教理的に言うと、この人のグノーシス主義が克服されたことによって信仰に導かれたのである。このテキストを説教することの一つの意味はここにある。

4　人の道を語ろう

　それにしても気になるのは、多重婚である。それはアブラハム、イサクだけではなく、ヤコブにも見られる。ヤコブは、レアとラケル、さらにはビルハとジルパ、4人もの女性と関係している。
　これらのことを今日の私たちはどう考えたら良いのか。よく聞くように、旧約聖書の時代には一夫多妻は許されていたと言うべきであろうか。単純に、そのように語ってはならないであろう。アブラハムにしても、イサクにしても、そしてここでこのヤコブにしても多重婚によって家族に大きな悲惨が及んだことを聖書は語っている。このことには注意を払うべきである。
　「こういうわけで、男は父母を離れて女と結ばれ、二人は一体となる」(2:24)。
　多重婚は、この創造の秩序には反しているゆえに大きな悲惨を産む。それは非人間的なことである。一夫一婦制は、新約聖書だけではなく旧約聖書においても支持されており、多重婚はやがては克服されるべきものとして、このテキストにおいても示されているのではないか。
　同じことは奴隷制度にも言える。ビルハもジルパも、「召し使い」と訳されているが、それは「奴隷」を意味する。彼女たちに起こっていることも、極めて非人間的なことである。彼女たちの思い、意志はどこにも入る余地はない。彼女たちは子を産むための道具でしかない。彼女たちも罪のつくる悲

惨の文脈の中にある。聖書はやはり奴隷制度を、認めてなどいない。
　これらのことはメッセージの本筋ではないにしても、説教において触れられるべきではないか。
　「あの人は人間らしい」としばしば私たちは語る。その場合、それは弱さ、破れ、欠けの露わな人だということを意味する。人間というものは本来、そういうものだと考えているのである。それは理解できないことではない。しかし、聖書の人間らしさはそれと異なっていることを知らなければならない。不倫、性的逸脱が今の私たちの社会には満ちている。これらのことは決して人間らしいことではない。それが生む悲惨はあまりに大きいことは言うまでもない。「人の道に反することをしてはならない」と神学校時代の教師が語られていたことを思い起こす。人の道に反することを行った時、そこに大きな悲惨が起こる。聖書の語る人の道を見極めて、福音的に、牧会的な言葉で語ることが現代の教会には必要ではないだろうか。

5　神憑るということ

　ラケルの語った「姉と死に物狂いの争いをして」(8節) は、直訳すると、「わたしは姉と神の組討ちを組討ちして……」である。このラケルとレアの争いは、信仰者の家族、神の民の家族の出来事であったことも忘れてはならないであろう。ラケルは、ヤコブが後に神と組討ちしたように、レアとの戦いにおいて共に神と組討ちしたと語っている。
　「信仰者同士の争いは神憑る」という言葉を聴いたことがある。これはよくわかることではないか。皆、自分の方に神を引きつけて、神ご自身を自分の味方と見なして争う。そうすると争いはより熾烈になる。神憑るというのは、自分がわからなくなることである。神はそのようなところに私たちを導かれることはないことを覚えたい。
　現代の宗教間の争いにも、神憑ることの恐ろしさを私たちは見るであろう。また私たちの教派間や教会内の争い、信仰者同士の個人的争いも同様である。このテキストが語る現実と私たちの現実は重なる。「信仰において自分が正しく、相手が間違っている」と思った時、そこで私たちの信仰の真価が問わ

れていることを覚えたい。

6　ヨセフの誕生

　ジルパに2人の子どもが生まれて、レアは自らの幸福を宣言するが、彼女は本当に幸福になったのであろうか。ヤコブの心はやはりレアには向かなかった。レアの長男は、そのような母を不憫に思ったのか、野原で「恋なすび」を見つけて持ってくる。「恋なすび」は今で言うと精力増強剤のような効用を持つと考えられていたようである。それをラケルが知って、レアに取引しようと試みる。その日の晩に、ヤコブをレアのもとに送る代わりに、「恋なすび」を自分のものにしてくれと願った。ラケルは、「恋なすび」の力によって、子を得ようと図った。レアは、その取引を受け入れて、ヤコブはその晩、レアのもとに行き、ラケルは「恋なすび」を手にする。しかし、ラケルの「恋なすび」による計略は当然のことながら、そのとおりにはならなかった。レアが身ごもり、続けて2人の子を生む。イサカルとゼブルンである。こうして、レアはヤコブの6人の子を生み、ジルパをとおしても2人の子を得た。もう誰が見ても、レアが正妻なのであって、勝負は決している。しかし、やはりヤコブの心を自分に向けることはできなかった。レアの悲しみは、深く癒されることがないままであった。

　一方、ラケルはどうかというと、ラケルもまた相当に苦悩していたに違いない。人間的なさまざまな手立てを尽くしたもののすべては徒労に終わってしまった。焦燥感と挫折感に支配されていたのではないだろうか。

　しかし、その時、「神はラケルも御心に留め、彼女の願いを聞き入れその胎を開かれた」(22節)。彼女は「神がわたしの恥をすすいでくださった」と言い、「主がわたしにもう一人男の子を加えてくださいますように」と願って、加えるを意味する「ヨセフ」と名付けた。このようにしてハランにおけるヤコブの物語は、頂点にたどり着いた。

7　説教に向けて

　一体、ここで私たちに語られることは何であろうか。それは神の計画、神

の企ての実現とその仕方である。それは私たち人間の思いを超えている仕方で行われる。しかし、私たちはそのことを見ようとしない。私たちは自分の人生の道を切り開こうともがきながら、勝ったとか負けたとか言いながら生きている。このラケルとレアの姿は、現実の私たちの姿でもある。

　しかし、だからと言って、御言葉はそれが人間であり、人間らしい生き方であると語っているわけではない。この生き方はそのまま肯定できるものではないことに注意したい。これは神から離れた罪ある人間の生き方、まさに自分が何をしているのかわからないような生き方である。それは赦されることが必要なのである。

　十字架にかかられた主イエスは「父よ、彼らをお赦しください。自分が何をしているのか知らないのです」(ルカ 23:34) と祈られたが、ここでラケルもレアも、まさに何をしているのかわからないような歩みをしている。ここにはただ人間の現実が語られているのではなく、主イエス・キリストの十字架の死によって罪赦されるべき現実が語られている。

　このテキストを繰り返し読んでいて思い起こすのは、マリアの賛歌である、「主はその腕で力を振るい、思い上がる者を打ち散らし、権力ある者をその座から引き降ろし、身分の低い者を高く上げ、飢えた人を良い物で満たし、富める者を空腹のまま追い返されます」(ルカ 1:51–53)。

　神はここでレアにもラケルにも、このように行われている。私たちにも同じようにしてくださる。ラケルもまた、自らの傲慢、愚かな振る舞いを恥じて、悔い改めたのではないだろうか。

　このテキストからの説教は、何も奇をてらう必要はないであろう。聖書をそのまま物語れば良いのではないか。そこにメッセージが聞こえてくる。それは私たちの現実の生活の中に神がお働きになり、神のみ心がなされているということである。

　フランス人カトリック司祭であったミシェル・クオストは、1954 年に『神に聴くすべを知っているなら』という美しい書物を記した。この書物は、カトリック、プロテスタントを問わず、広く用いられて版を重ねてきた。原著名は『祈り——生活のすべてが祈りになるとき』である。生活のなかで神

に聴くことに、祈りをすることに私たちを招く言葉が記されている。先日、教会の祈りの集まりで、この本を共に読んだ。そのなかで次のように記している。

「神がごらんになるように生活に目をとめることを知ってさえいれば、この世の中には何も俗っぽいものはないことがわかる。むしろなにもかもみ国をたてるために役だっていることがわかる。信仰をもつということは、なにも目をあげて神に思いをはせるだけではなく、キリストの目をもって、この世に目をそそぐことでもある。キリストをしてわれわれの全存在にしみこませ、われわれの瞳をきよめるなら、この世はもはや、さまたげにはならない。むしろキリストによってみ国が天になるごとく地にもなるために、父のために働くことへのたえざる招きとなる。われわれは、人生に目をとめることを知るに足る信仰を祈り求めねばならない」(30頁)。このように語ってから、彼はこのように祈る。「主よ、わたしは高くのぼりたい わたしの住んでいる町の上たかく 地上たかく、時間をこえて わたしの瞳をきよめ、あなたの目を借りて世界を見たい」(34-35頁)。

このテキストが語っていることと重なることが記されていると思い、引用した。黙想を重ねてはっきりしてくるのは、語るべきことが見つからないようなテキストなのではないということである。むしろ、私たちの現実に深く関わる慰めの説教を語ることができるテキストである。心してなお説教の言葉を尋ねたい。

主な参考文献

W. ブルッグマン『創世記』(現代聖書注解) 向井考史訳、日本キリスト教団出版局、1986年

G. フォン・ラート『創世記 私訳と註解 下』(ATD 旧約聖書註解) 山我哲雄訳、ATD・NTD 聖書註解刊行会、1993年

W. リュティ『ヤコブ 教会のための創世記講解3』宍戸達訳、新教出版社、1974年

ミシェル・クオスト『神に聴くすべを知っているなら』C. H. ブシャール/藤本

治祥訳、日本キリスト教団出版局、1972 年
玉林憲義／山中良和／城崎進／小林信雄『創世記　聖書共同研究』日本キリスト教団出版局、1970 年

創世記　30章25-43節

高橋　誠

テキストの手触りから説教の構想へ

　狡猾な2人の駆け引きは、私たちにも身近なものである。本当に望んでいることを秘めたままに相手を出し抜こうとする姿は、私たちの社会の姿と重なる。ラバンのみならずヤコブもまた策略で対抗する。「テキストは十分に明確である。まさにこの疑わしい人物〔ヤコブ〕において、神の約束が成就されるのである」（ブルッゲマン『創世記』424頁）。両者の策略を比してみると、ラバンの策略は先回りし取り分を確保するという、今もって賢く広く行われるやり方である。しかし、もう一方のヤコブの策略は、家畜が身ごもる時に見ていたそのものに産まれてくるものが似るという、どこででも再現可能な確かな方策とは言えない。詳細もまたその意義もよくわからない。ヤコブ自身もそれを次章で「神はあなたたちのお父さんの家畜を取り上げて、わたしにお与えになったのだ」（31:9）と言うので、自分の巧妙なやり方が成功したとは考えていない。したがって説教で、37節から42節の、縞、まだら、ぶちの山羊に行うことの詮索もまた、意味のあるものとはならないだろう。フォン・ラートやブルッゲマンも言うとおり、これはユーモラスな物語として受けとめられるべきであろう。せいぜい、人間の抜け目なさが得体の知れないやり口に敗北するということがユーモラスに描かれているというのに留まる。より重要なのは、めぐらせ合う両者の策略のなかを、神の祝福

は行くべき道をたどっていることである。31章9節で争いの勝敗を分けていたのは、神であったことが振り返られる。つまり、神の御手の有無が両者の駆け引きの裏側で語られている。祝福は、人間の狡猾さでその行先や留まるところを左右できたり、保持できたりするものではないことが示される。もちろん、祝福は28章14節で「地上の氏族はすべて、あなたとあなたの子孫によって祝福に入る」と約束されるとおり、ラバンにも及ぶべきものであるが、それを受けとめるのは、神の祝福をひたすら神からやってくる恩寵として知る信仰の民なのである。ラバンが祝福について誤解し受けとめ損ねることで、神の民との境界が現れる。

　私たちのテキストが、神の家ベテルでの約束（28:13–15）の成就であることを見ておく必要があるだろう。祝福は、策略の成否によらず、ただベテルにおける神の約束に従ってヤコブに与えられている。ヤコブはその神の家ベテルの祝福を受け継ぐところへと帰って行くのである。そのことは、31章13節で「わたしはベテルの神である。かつてあなたは、そこに記念碑を立てて油を注ぎ、わたしに誓願を立てたではないか。さあ、今すぐこの土地を出て、あなたの故郷に帰りなさい」とつながっていく。ヤコブが目指すべき家は、地理上の地点ではなく、神からやってくる祝福を受けとめるところに存在する。それは真実の意味では、おそらく故郷のカナンですらない。ヤコブが思慕する「家」（30節）は、固定した物理的な家ではなく、神の祝福の絶えず注がれるところである。「私が一歩進むごと……祝福された」（30節、フォン・ラート私訳）というような、彼の「旅路」（47:9）としての人生にも絶えず随伴する祝福の現れるところである。

　味わい深く読むためには、ラバンとヤコブという2つの家の家風として、切り取ってみることも可能だろう。ヤコブはラバンの家にもはや生きられないと思う経験をしているのである。ラバンの家では、神の祝福は自分の支払う報酬でコントロールできると考えられている。一方、ヤコブが思慕する家は、祝福は人間がそれを自由に呼び込むことも、あるいは拒むこともできない、ひたすら神の自由に基づいて注がれることを信じる家である。

　この部分を説くための構成を次のように提案する。

1 神の祝福を誤解するラバン。
2 所有という問題。
3 ヤコブが慕う家。

1 神の祝福を誤解するラバン

　27、28節と言葉を継いで語るラバンであるが、二つの言葉、すなわち「祝福」と「報酬」が出てくる。つまり、ラバンは、主からいただいている祝福を、ヤコブに報酬を与えることで自分のもとに引き込み続けることができるものと考えている。創世記がここまで語るのは、神の祝福は人間の自由にはならずに、それゆえにただ神の真実に基づいて人間を追い続けるものであるということである。人間はこの神の真実に気づき、神に信頼をよせることでそれに応える。神とのそのような関わりにおいて神の民は成立する。ラバンが口にする「主から祝福をいただいている」（27節）という言葉は、信仰の言葉であり重大な発言である。しかし、彼は自分が語っている言葉の大きさをよくわきまえない。その信仰の言葉と裏腹に、彼は主の祝福に自らをゆだねず、報酬をちらつかせ慌ててヤコブに取り入り、それを逃すまいと画策する。

　ラバンにとって神の祝福は、彼の所有する山羊や羊が多くなる時にだけ知りうる微かなものである。一方で、創世記における祝福は、世界の創造において、人間に広く与えられているものである。創世記1章28節では「神は彼らを祝福して言われた。『産めよ、増えよ、地に満ちて地を従わせよ』」と言われている。産まれることは祝福による。人間の生には神の祝福が伴っているのである。ラバンもまた祝福に生きてきたのである。日の光があり、牧草が育ち、家畜を飼うことができ、彼自身が生きていくことも、呼吸することもこの祝福に支えられてきた。ヤコブが持ち込んだ家畜の祝福も、単に彼が家畜を多くしたというようなことではなくて、神がどれほどヤコブを確かに捕らえ、生かそうとしているかという広やかな神の恵みの現れの一つである。しかし、彼はその祝福の一部だけを祝福とすることで、それを狭く小さなものにしてしまう。彼は、選択し間違えばその利益を逃すと思う焦りや恐

れに支配されている。恐れは、他者に心を閉ざすケチな心をつくる。

　彼にとっての祝福は、占いによって改めて知るようなものである。「占い（ニハシュティ）」（27節）は、神託で知るということと語根がつながる言葉であるので、他者のお告げが含意されているのかもしれない。いずれにしろ自分では、家畜の増加が神の祝福であると気づけなかったのである。彼にとって生きていることは当然のことである。彼にとって神との関わりの関心は、その当然の生に花を添える、よりデラックスなものがやってくるかどうかである。そこでは、当たり前に見える日常が、どれほど複雑で丁寧な祝福に支えられて存在しているかを忘れ、不運か幸運かだけに思いが奪われてしまう。日常が著しく損なわれる事態に出会う時、当たり前の毎日がどんなにありがたいものであるかということを知る。そんなときに雑誌の隅に掲載された占いに夢中になることはない。占いへの関心は、生そのものの中枢に関わることのない、呑気な関心なのである。日本人は、初詣に行く。占いにも関心を寄せる人々も多い。人間を越えた何かからの祝福を祈らないわけではない。しかし、そこでの関心は、やはりよりデラックスなものがやってくるかどうかである。人生がうまくいくこと、財産が増えることである。

　それに対して、創世記が1章で語る祝福は、人間のいのちを支える祝福である。それが、無一物のヤコブがあの暗黒の荒野で、ただ自分のいのちだけを抱えてうろたえていた時に知った「祝福」（28:14）へとつながっている。そして、本章ではヤコブの物質的な繁栄へとつながっている。こうした神から人へ、そして物へという一つながりの神の祝福の連関を、ラバンは受けとめられない。同じ言葉で語られる祝福であっても、ラバンの家で考えられるものと神の家で受けとめるものとは、雲泥の差がある。ヤコブの持ち込んだ家畜の祝福は、祝福が人間の利口なやり口によって補完されるようなものなのか、それとも源泉であり給う創造主にだけ依存するものなのかという問いを先鋭化させている。それゆえに信仰の人ヤコブは、神を信じない家から信仰の家を目指して立ち上がる。

2 所有という問題

ラバンの姿に現れているのは、少しでも自分の所有を主張できるものは、自分のものとする頑(かたくな)な態度である。神の祝福を忘却する時に、人間はケチになる。自分が所有することにこだわる。フォン・ラートはラバンという言葉が、白というのと同じ言葉であることを指摘する。ヤコブが報酬として求めたぶちや縞のものに残される「白いところ」(35節)が、ラバンには自分の名が刻まれているように感じられて仕方なかったのである。フォン・ラートは山羊や羊はもともと白いものであると指摘する。つまり、大半はラバンのものだったのである。それでも、ぶちや縞の白いところのあるものもまた自分のものであるという思いが去らない。おまけに、白の交ざらない「黒みがかった羊」(35節)まで、取り分けてしまう。飽くなき所有欲である。

ブルッゲマンは、29章から31章を「未来をめぐる争い」と言う。ヤコブとラバンの争いも、その子孫を残すことをめぐるレアとラケルの争いも、人間が自分の知恵や怪しい力も総動員で、未来を自分の方へ引き寄せようと策動しているのである。そのエネルギーは未来を不確かだと思い込む恐れから出てきている。恐れるから、引き寄せることは争いの様相を見せる。ラバンとヤコブにおいては、争いは所有をめぐるものである。持っているラバンは持っていないヤコブに「三日かかるほどの距離」(36節)を取る。神との関連を見失っているラバンは、祝福は今あるものに限られると思い込む。その分だけ、策略は抜け目ないもの、つまり家畜をヤコブから遠くへ引き離すことにまで至っている。

「三日かかるほどの距離」は、人間がどれほど自分の所有に拘泥し他者に心を閉ざすか、その激しさを物語る距離である。ブルッゲマンは、現代において未来を自分の方へ引き寄せる争いが、公的制度の腐敗、エネルギーの不足、人道性を置き去りにする科学技術などに現れていると言う(『創世記』437頁)。1982年の記述である。21世紀になって、環境破壊、気候変動、食糧問題、その上に世界の人口の増大など、事態はより深刻になっている。にもかかわらず、ラバンの設けた「三日路の隔たり」(口語訳)は依然として存在し、富は他者の困窮に対して隔てられたままである。一握りの人々が世

界の富のほとんどを手にする傍らで、その日の食糧に事欠く人々がいる。一部に蓄積された富は閉じられたままである。1960年代以降、南北問題と呼ばれた先進国と発展途上国の格差の問題は、21世紀に入ってテロとなって世界を脅かしている。将来にわたる神の祝福を顧慮しない所有は、腐敗する。神の祝福にあずかりながら、まるで明日からの祝福はないかのように、自分の所有にこだわり他者に固く閉ざす。そうしたなかで、結局、世界は恐れに支配されたものとなっている。所有にこだわる家は、そこを出て行かざるをえないものである。飽くなき所有の上に世界は構築しえない。そういう世界は過ぎゆかざるをえない。

3　自分の家——旅路との関連

　こうしたラバンの家にめぐっている"祝福＝家畜の増加"という価値観に対して、ヤコブは自分の家を持つことを願っている。これは単なるヤコブの独立へのあこがれではない。ヨセフが生まれ、いよいよ自らの家族の姿が現されてきた時に、ラバンの家の価値観とそこに現れる信仰の形態が、自分がずっと育ってきたアブラハム、イサクの家の信仰とはずいぶん違うものであることに、改めて気づいている。そこで彼は、信仰の独立宣言をしているとも言えるだろう。

　この場合、その生涯の終わりに先祖の人生を「旅路の年月」（47:9）と表現していることとヤコブが「家を持つ」（30節）ことがどのような関わりにあるのか、ということが問題となる。ヤコブの「家」は定住のメタファーなのか、それがかなわず「旅路の年月」を歩むことになったのか。支配的なのは、やはり神の民は旅路を歩むということである。それはヤコブや父祖の人生の総括に留まらずにヘブライ人の手紙11章13節にまで一貫している神の民の信仰である。そうすると、やはりここで言われている家とは何なのかが問題となる。家が示す独立し定住するという一般的なイメージとは異なるものが指し示されている。

　本章とその前後に登場する"家（バイト）"が物語ることは興味深い。ヤコブの言う「わたしの故郷」（25節、口語訳）は、次章で「ベテルの神」

(31:13)が指し示すところであることがわかる。ベテルは神の家を意味するので、「家を持つ」(30節、"持つ"は原文にはなく、直訳は"わたしの家のために")ということは神の家への帰還を意味している。「かつて……そこに記念碑を立てて油を注ぎ、わたしに誓願を立てた」あの場所に帰るということである。しかも、目指すベテルは彼のそうした祈りの行為を別にすれば単なる荒野であるから、決定的なのは地理上の地点ではなく、神の祝福がやって来るところということである。神の祝福を信じる家こそが目指されている。

　神の家は、旅路を歩むヤコブに伴って移動する。知らないところにいます神を知る経験(28:16)をしたヤコブは、神の「見よ、わたしはあなたと共にいる。あなたがどこへ行っても、わたしはあなたを守り、必ずこの土地に連れ帰る」(28:15)という言葉を受けとめ、どこでも神の家が建てられることを信じている。31章13節で示される「あなたの故郷」は、かつてヤコブが「記念碑を立てて油を注ぎ、わたしに誓願を立てた」地であって、約束のカナンというよりも、ベテルが指し示す天と地がそこでつながっているところと見るべきだろう。

　この旅人としての信仰を物語る言葉は、私たちのテキストにも横たわっている。ヤコブがラバンに「わたしが来てからは、主があなたを祝福しておられます」(30節)と語る言葉は、ラバンの祝福がヤコブに起因するものであることを語る。さらに、他の訳では、「主はわたしの行く所どこでも、あなたを恵まれました」(口語訳)、「私の行く先で主があなたを祝福された」(新改訳)や、「主があなたをわたしの足もとで(わたしの足に従って)祝福した」(ミルトス対訳)とも訳される。フォン・ラートはさらに意味を確定し「ヤハウェは、私が一歩進むごとにあなたを祝福された」と訳す。心惹かれる言葉である。主の祝福はヤコブの足取りに伴うのである。やはりそれは、暗黒のベテルで彼が聞き取ったあの約束の言葉、「あなたがどこへ行っても」(28:15)という言葉の成就である。厳しい現実を歩む信徒の足取りを祝福する言葉となるだろう。ヤコブは、そして神の民はこの約束を生きているのである。詩編23編と併せて味わうこともできる。牧者として、祝福のなかを連れて歩いてくださるイメージも重なるし、6節の「恵みと慈しみはいつもわたしを

追う」を思い起こすことも意義があるだろう。まさに神を信ずる者のゆくところを神の祝福は追いかけ、そこが神の家となるのである。

　この家の物語がたどり着くのは、ヤコブが家と家畜小屋を建てる 33 章 17 節である。興味深いのは、彼が家を建てたその地が、家に関する名で呼ばれず、「小屋（スコト）」と呼ばれることである。その理由は、すでにベテル（神の家）と呼ぶべき地が存在していたこともあるかもしれないが、おそらくもっと神学的な理由があるのであって、神の民は自分の家を過ぎゆく小屋と喜んで呼ぶ信仰に生きているということを語っているとも言えるだろう。本当の神の家は、定住によらず神の祝福が注がれるところはどこでも神の家となる。親の家を離れる流浪の旅、そしてハランの伯父の家に身を寄せる寄留の生活で学びえたのは、まことの神の祝福は、ヤコブの足取りのどこにでも伴うものであるという信仰である。その信仰によってヤコブは家を思慕しているのであって、それは血縁共同体の住む場としての家とは違うのである。この信仰は、その後の流浪のイスラエルの歴史とも符合するし、ヘブライ人への手紙などで、自分たちを喜んで旅人と語る信仰とも符合し教会へとつながっている。

　こうして見ると、ラバンの家との訣別は必然となる。立っている信仰が違うのである。報酬によって自分を留めようとするラバンへの辞退の言葉の 31 節は、単純に「あなたはわたしになにも与えない」と訳すこともできる言葉である。人間であるラバンが真実の意味では、ヤコブに何も与えることも、あるいは彼から何も奪うことができないことを意味しているとも言えるだろう。やはりラバンから何かを貰うような関わりにはないという思いがあるのではないだろうか。32 節でヤコブ自身が報酬という言葉を語るとしても、実際その報酬は 10 回も変えられる（31:7）当てにならないものであることを彼はよく知っている。報酬で他者を縛るような関係に訣別し、神がお与えくださるものによって生きるという神との関係に身を向けるヤコブである。そうすると、30 章 31 節は、やはり彼の信仰による独立宣言として読める。

　ラバンとヤコブの家畜の取り分をめぐる争いも、祝福はラバンからでは

なく神からという線の中にある。ラバンからの報酬はやって来ない。そこで、ヤコブは不思議な仕方で自分の取り分を得る（37–42節）。ラバンのやり口の方が、再現可能な有効なやり口である。人間の原始的な欲望の実現法が、今日の世界においてずる賢く隠蔽されつつ用いられている。それに比べヤコブのやり口は、心許ない。再現不可能なものである。それゆえに、物語は"不思議にもヤコブのやり口を神が祝福された"と進んでいる。31章9節で「神はあなたたちのお父さんの家畜を取り上げて、わたしにお与えになったのだ」と彼が振り返るとおりである。祝福は、ラバンからでもなく、ヤコブの秘術によってでもなく、ただ神からやって来ていると、この物語は語るのである。

　この神の祝福のもとにある家は、神の民の家となり、教会となる。教会もまた人間からの報酬には生きない。教会は世界に根を持たない旅人である。世界は教会に報酬を与えることも、教会から何かを奪うこともできない。所有の増減に教会は支配されないのである。所有の虚しい喜びにも、あるいはそれを失っている悲しみにも、どこにでも真実の祝福のありかを投げかけ、招きつつ教会は立っているのである。

参考文献

W. ブルッグマン『創世記』（現代聖書注解）向井考史訳、日本キリスト教団出版局、1986年（文中は周知となった「ブルッゲマン」で表記した）

G. フォン・ラート『創世記　私訳と註解　下』（ATD旧約聖書註解）山我哲雄訳、ATD・NTD聖書註解刊行会、1993年

創世記　31章 1-21 節

徳田宣義

> 神の民は、明日をみさだめることについて、この世に決定させはしないのである。
>
> 　　　　　（S. ハワーワス／ W. H. ウィリモン『旅する神の民』
> 　　　　　東方敬信／伊藤悟訳、教文館、1999 年、79 頁）

> 人生で何が最も重要かというと、人間と神との間の応答関係です。神の呼びかけに人間が応えるということを神は待っていてくださるのです。
>
> 　　　　　（並木浩一『旧約聖書の基本的感覚』
> 　　　　　日本ナザレン教団広島教会、1996 年、87 頁）

テキストの射程

「エサウは叫んだ。『彼をヤコブとは、よくも名付けたものだ。これで二度も、わたしの足を引っ張り（アーカブ）欺いた』」（創世記 27:36）。ヤコブという名前は「足を引っ張る（アーカブ）」から来ている。それは同時に欺くという意味を持っている。エサウを出し抜き長子の権利と祝福を奪い取ったヤコブが、ラバンのもとで騙され振り回される側となっていた。しかし生きるすべを身につけ人間的に成長し、約束の地へ帰れという神の言葉を得て、導かれていく。創世記においてヤコブは、人を欺く者であり、同時に信仰者

として描かれている。ヤコブには二面性がある。しかし、神はヤコブの両面性をとおして働かれるのである。

当該箇所の主題は、ヤコブを導く神とヤコブの応答である。そして、ラバンと神との対比、ラバンの守り神と神との比較をとおして、ヤコブを導かれる神は、どういうお方であるのかを語るのである。

1-3 節　帰国の決意

ラケルとの結婚をラバンが許さないので、目的を遂げるために、ヤコブは見知らぬ土地で、ひたすら服従しなければならなかった。ラバンの家に20年。ラバンは2人の娘をヤコブに嫁がせたが、ヤコブを騙し、長年、無償で働かせた。報酬をめぐっても、約束を破り、自分が有利になるようにいつも企んでいた。しかし、ヤコブの働きに対する報酬についての取り決め（30:32）以来、ラバンの家に不利な状況が進みつつあった。

ラバンの息子たちは、ヤコブが父の財産を盗んで富を得たと言いふらし、ラバンの「態度」も以前のようではなくなっていた。2節の「態度」という語を、以下のように「顔」と訳している翻訳がある。「ヤコブがラバンの顔を見ると」と関根正雄は訳している（関根正雄訳『旧約聖書　創世記』岩波文庫、1956年、90頁）。岩波訳には「ヤコブがラバンの顔〔色〕を窺って見ると」（月本昭男訳『旧約聖書Ⅰ　創世記』岩波書店、1997年、98頁）とある。また口語訳聖書も「顔」と訳している。ヴォルフは、「顔」について次のような考察をしている。「旧約聖書の人々にとって、『頭』よりもはるかに重要なものは、人間の『顔』である。……表情の動きには、何ごとが起こっているかが鏡のように映し出されている（たとえば創世記4:5）。この表情の動きによって、相手側に何かを語りかけることもできる（創世記31:2, 5）」（H. W. ヴォルフ『旧約聖書の人間論』大串元亮訳、日本キリスト教団出版局、1983年、162頁）。ヤコブはラバンの表情の中に敵意を見て取るのである。ラバンの息子たちからは敵意が聴こえてくる。そのような中で、さらに聴こえてきた人間の外側からの言葉があったというのである。

ラバンの息子たちの「ヤコブは我々の父のものを全部奪ってしまった」（1

節)という非難は、「あのときはわたしの長子の権利を奪い、今度はわたしの祝福を奪ってしまった」(創世記 27:36)というエサウの言葉を想起させる。以前、胎の中で蹴り合いをして以来(25:22)、ヤコブはずっと、目上の者の持つ権利についての争いを続けてきた。ヤコブはラバンのもとで同様の問題に直面している。かつてエサウを避けてハランへの逃走をしたときヤコブは神の語りかけを聴いた。ヤコブは逃走先のハランで再び苦境に立ち、神の語りかける言葉を聴く。エサウから逃れるときにベテルで聴いた「見よ、わたしはあなたと共にいる。あなたがどこへ行っても、わたしはあなたを守り、必ずこの土地に連れ帰る。わたしは、あなたに約束したことを果たすまで決して見捨てない」(28:15)と同じように「あなたは、あなたの故郷である先祖の土地に帰りなさい。わたしはあなたと共にいる」(31:3)との神の言葉を聴いたのである。

　したがってヤコブがラバンのもとを立ち去る理由は、「主はヤコブに言われた」という 3 節の言葉にある。神が「共にいる」、ヤコブの物語では大きな転換が起こるとき、必ず神の介入が起こる。ヤコブは、自分の考えではなく神の御心に従う。ヤコブの成長した姿をここにみることができる。試練をとおして、神はヤコブをご自身の民の指導者として育んでおられた。20 年という長い時間がかかったが、神の命令によって行動を決める生き方を学んだのである。約束の地へ帰りなさいという命令と、神が臨在くださる約束が同時になされている。ベテル以来、神が常にヤコブと共にいたことが示され、故郷から逃亡してきたヤコブに神の約束が成就するのである。

　3 節の「先祖」は、アブラハムのことである。「土地」はアブラハムに約束された土地カナンである。アブラハムも、その子イサクもその土地の所有者ではなく、彼らは約束を受け継いだのである。その土地に帰るとは、約束の継承者としてその土地に行くということである。ここでなされる神の呼びかけは、創世記 12 章 1 節においてアブラハムに与えられたものとよく似ている。アブラハム同様、ヤコブも、突然の旅立ちを呼びかけられている。神の言葉は、進み行くべき道を示す。人生を決めるのは、神の言葉への応答である。

4-13節　ヤコブの語りかけ

　ヤコブは自分の群れを牧しているため牧場から離れることができない。ラケルとレアを急いで呼び寄せ、神の言葉を伝える。

　ラケルとレアは、結婚によってすでにヤコブの妻となっている。しかし、ラバンの大家族の一員であることを止めたわけではない。ヤコブ自身もこの家族に加わっていた。旧約聖書ではこのような大家族を「父の家（ベート・アーブ）」という。14節においてもそのように記されている。「父の家」こそ、個々の家族が経営する地所や財産の本来の所有者なのである。この大家族から離脱することは大変なことであった。したがって、2人の妻たちに対して、丁寧な手続きを取る必要がヤコブにはあったのである。

　ここでヤコブの語り口は、ラバンと神とを対比させるものとなっていく。

　5節で「あなたたちのお父さんは、わたしに対して以前とは態度が変わった」と自分の抱える問題を述べ、「しかし、わたしの父の神はずっとわたしと共にいてくださった」と語り、いつも変わらない神の恵みを示している。

　7節では「わたしをだまして、わたしの報酬を十回も変えた」と言い、「しかし、神はわたしに害を加えることをお許しにならなかった」とヤコブは説明する。「十回」というのは「何度も」という意味である。ラバンが何度も約束をひっくり返し、ヤコブを窮地に追い込もうとしても、神が守ってくださったと語るのである。

　8-9節では「お父さんが、『ぶちのものがお前の報酬だ』と言えば、群れはみなぶちのものを産むし、『縞のものがお前の報酬だ』と言えば、群れはみな縞のものを産んだ」。しかし、「神はあなたたちのお父さんの家畜を取り上げて、わたしにお与えになったのだ」と神の御業をヤコブは語る。欺くラバンの代わりに報いてくださる神のことが証されている。「取り上げて（ヤッツェール）」には「救助する、救い出す」という意味がある。不当にもラバンの手中に陥っていた群れを、神が救い出してくださったとヤコブは、妻たちに信仰の告白をするのである。

　そして、ヤコブは異教の地で苦労している中で見た夢の話をする。ラバン

の態度は変わり、ラバンの息子たちは、父のものをヤコブが盗み取っていると言いふらしている。ヤコブにとって、辛い日々が続いていた。うつむきたくなる日常の中で「ヤコブよ」「目を上げて見なさい」との言葉を夢の中で聴いたのである。神は、ヤコブの苦労を御覧になり、深い配慮をお与えくださった。その恵みがここで数えられている。そして、ラバンと別れて故郷に帰るように、神はヤコブに命じられる。ヤコブは、神の御手の業が背後にあることを承認し、そのままを妻たちに伝えるのである。

「ベテルの神」は、七十人訳聖書では「ベテルであなたに現れた神」となっている。「ベテル」は、ヤコブがはじめて神と出会った場所である。神との出会いを経験し、主との交わりをはじめたときの場所である。「あなたを守り、必ずこの土地に連れ帰る」(28:15)との約束をしてくださり、ヤコブのために群れを祝福された神が、いま、以前の約束を果たそうとしておられるのである。

14-16節　妻たちの答え

当時の模範的な父親は、自分に払われた娘の「婚資・補償金」を蓄えておき、自分が死んだ場合、娘に渡されるように準備したといわれている。ヤコブの14年の労働は、花嫁を得るためのお金に代わるものであった。しかしラバンは、娘たちの「そのお金を使い果たしてしまった」(15節)。フランシスコ会訳の聖書では、「金を食べる」(フランシスコ会聖書研究所『創世記』1958年、173頁参照)となっている。ラバンは娘たちを売って、その利益を貪ったのである。ラバンは結納(ヤコブの14年間の奉仕)を受け取るときだけ習慣に従い、他方で娘に持参物(群れ)を与えるという習慣は守らない打算的な父親であった。したがって、ラバンは、彼女たちを、身内のものとしてではなく、他人のように扱い、一族の結びつきから締め出した。このような理由で彼女たちは「彼がわたしたちを売り渡した」とラバンを批判したのである。

16節の「神様が父から取り上げられた財産」とは、ヤコブに帰属することとなった財産のことである。ヤコブが手に入れたものは、だれが何と言お

うと、当然の報酬なので、「神様があなたに告げられたとおりになさってください」(16節)と妻たちは返答し、ヤコブの逃亡計画に同意した。このようにヤコブは、神の御手が自分の働きを祝福してくださったこと、今度の提案には、神の呼びかけがあったことを丁寧に説明することによって、妻たちの応答を引き出したのである。

　1節の「ヤコブは我々の父のものを全部奪ってしまった。父のものをごまかして、あの富を築き上げたのだ」というラバンの息子たちの主張と、16節のヤコブの妻たちの「神様が父から取り上げられた財産は、確かに全部わたしたちと子供たちのものです。ですから、どうか今すぐ、神様があなたに告げられたとおりになさってください」は対応している。自分の立っている場所で見え方が異なると聖書テキストは語っている。前者には、陰口、態度の変化、破られた約束、貪欲があった。後者には、祝福を語る口、正しさを求める心、神の御心に従う姿がある。神との関わりの中でこそ、正しいことが見えてくる。神と共にあることでこそ、人間はまことの成熟を果たすことができる。ヤコブを見ると、そのことがよく分かるのである。

17-21節　出発

　ヤコブは、直ちに、子どもたちと妻たちをらくだに乗せ、すべての財産である家畜を駆り立ててカナン地方へ出発した。18節の「駆り立てて」は、緊急の脱出状況を示している。

　ヤコブは、羊の毛の刈り入れ時を選んだ。年のはじめの羊の毛の刈り入れ時は非常に多忙な時期であり、しかも祭りのときでもある(サムエル記上25:2以下、サムエル記下13:23以下を参照)。したがって、ラバンも彼の一族も、自分たちの仕事に忙殺されていた。この時、ラケルは「父の家の守り神の像」を盗んだ。父所有の偶像は第一相続人がこれを受け継ぐということが、ヌズの粘土板に記されている。その偶像を受け継ぐ者が正統の相続人となるのであろう。これと同じような意味で、ラケルは自分たちが持ち逃げした財産に対する権利を確保するために、父の偶像を盗んだのかもしれない(フランシスコ会聖書研究所『創世記』173頁参照)。そしてヤコブたちは、見つかる

ことなく脱出したのである。

「家の守り神」はフランシスコ会聖書研究所訳には「テラフィム」とある。「腐敗物」という意味を持つ軽蔑語で、ここでは偶像を指す（同書173頁参照）。ラバンと、その息子たちを見ると、偶像（腐敗物）に仕えるとは、どういう生き方となるのかが示されているといえよう。

当該箇所において、イスラエルの神とラバンの守護神の間に比較がなされているとみることができるかもしれない。ヤコブの神は歴史の上に出来事を引き起こし、人を成長させ、祝福を与え、導きを与える。それに対してラバンの守り神は何もできない。偶像は、相続のしるしであるかもしれないが、現実の出来事に影響を与えることはできない。そればかりか、人間によって持ち運ばれなければならない置物である。

「現代科学は自然（physis）を物理学（physics）の対象とする。大地や大気は素材となり、人間存在もまた素材となる」（芳賀力『神学の小径Ⅱ』36頁）。われわれ人間を支えている存在を忘れると、人間は素材となり果てる。神なしで成熟しようとする。それがわれわれの生きる現代社会である。財産の相続のしるしである偶像のもとで、ラバンの眼に、ヤコブは利益をあげるための素材と映った。「真実への一貫性を失うとき、わたしたちの人生は、バラバラでその場かぎりのものになっていく」（ハワーワス／ウィリモン『旅する神の民』70頁）。この指摘をラバンに当てはめることができるであろう。「神を信じる者と信じない者、いったいどちらが人生の真相を見抜いているだろうか」（芳賀『神学の小径Ⅱ』114頁）。創造主なる神を認識することが、被造物を誤って神として崇める虚偽を防ぎ、バラバラでその場限りの隣人関係をまことの隣人関係へ導く基礎となるのである。

旅する神の民

旅には目的地が必要である。目的地のない旅は単なる放浪である。ヤコブには神の示してくださった明確な目的地があった。ヤコブとその家族に約束の地・故郷を示してくださった神は、われわれにも天の故郷という約束の地を示してくださっている。われわれの人生は、放浪ではない。明確な目的地

を持つ旅である。神は「偽りの生活ではなく真理にしたがった生活をするために、わたしたちを共同体のなかで養い育てていく……そうして、わたしたちは救いへと導き入れられていく」(ハワーワス／ウィリモン『旅する神の民』68頁)のである。信仰は、長い旅に加わることによって養われていく。現代において、神がわれわれを養ってくださる場所は、キリストの体なる教会である。教会の信仰の創始者であり完成者であられるキリストが臨在される教会は、いつでも次のことを伝える準備がある。「わたしはあなたと共にいる」(3節)。教会は「神の愛の深みを感じとるための新しい好機を提供し、わたしたちが失いかけている生の方向性をさだめようとしていく」(同書77頁)場所である。ヤコブの物語は、神と共に生きるとはどういうことかを教えてくれる。ヤコブは、神と共にあることを心で学びとった。そして、その学びとった物語を、今度は妻たちに語り、神と共なる旅路へ招いたのである。現在においても、神は説教者をお立てになり、神と共にある物語は語られ続けている。神は、天の故郷への旅へ、一人でも多くの者を今なお招こうとされているのである。

　神は約束を果たされるお方である。われわれを支えるのは、その場限りの一貫性のないラバン的約束ではなく、神の約束でなくてはならない。神の言葉を聴く。そこに希望が与えられる。神に命を与えられた人間の新たな生活をつくるのは、神の言葉である。われわれは、神と共なる旅をしながら、旅の目的を考え、目的地に到着する喜びに支えられつつ、神の言葉によって養われていくのである。われわれのために死を味わい、そこからよみがえられた主イエス・キリストとわれわれとの現在の関係がもっと完全なものとなり、その祝福がわれわれ人間の全存在を覆う日が来ることをわれわれは希望として告白しつつ旅を続けるのである。

参考文献

G. フォン・ラート『創世記　私訳と註解　下』(ATD旧約聖書註解) 山我哲雄訳、ATD・NTD聖書註解刊行会、1993年

W. ブルッグマン『創世記』(現代聖書注解) 向井考史訳、日本キリスト教団出

版局、1986 年

C. ヴェスターマン『創世記Ⅱ』(コンパクト聖書注解) 山我哲雄訳、教文館、1994 年

デレク・キドナー『創世記』(ティンデル聖書注解) 遠藤嘉信／鈴木英昭訳、いのちのことば社、2008 年

野本真也他「創世記」、『新共同訳　旧約聖書注解Ⅰ』日本キリスト教団出版局、1996 年

舟喜　信「創世記」、『新聖書注解　旧約1』いのちのことば社、1976 年

J. C. L. ギブソン『創世記Ⅱ』(デイリー・スタディー・バイブル) 加藤明子訳、新教出版社、1995 年

John S. Kselman「創世記」山我哲雄訳、J. L. メイズ編『ハーパー聖書注解』教文館、1996 年

芳賀　力『神学の小径Ⅱ　神への問い』キリスト新聞社、2012 年

S. ハワーワス／W. H. ウィリモン『旅する神の民』東方敬信／伊藤悟訳、教文館、1999 年

創世記　31章22節-32章1節

宮嵜　薫

ヤコブ、ラバンの家を出る

　ヤコブは、母の胎内にいた時から、人と競い合い、相手を出し抜くという性質を持っていた。人の生来の性質は――ヤコブの場合は抜け目のなさ、ずる賢さと言えるのであるが――、それも神によって与えられているものだ。その上で人は、それぞれに神が与え給うたものをいかに良く生かして用いることができるかを問われるのだろう。ヤコブは、父の家からの逃亡先ハランにおいて、そのような試練と成長の時を与えられていた。

　伯父のアラム人ラバンの家にいた長い年月の間に、ヤコブは労苦と悩みを通して精錬される。母リベカの兄ラバンこそ、その名（ラバンは「白い」の意）にそぐわず、人を欺くことにかけてはヤコブより上手の人物であった。ラバンは、甥のヤコブに対し、娘2人を嫁がせて義理の息子としながら、ヤコブをいいように扱ってきた。しかしヤコブは、愛する妻や子どもたちのために働き、工夫と自制をしながら黙々とラバンに仕えてきたのである。

　しかし今や、ヤコブがラバンの家を去る時が来た。すぐに故郷に帰れとの神の招く声（31:13）に従い、ひそかに逃亡を計画する。逃亡者として何も持たずにやって来たヤコブだが、その地で愛する妻を得、12人もの子どもたちをもうけ、家畜財産も非常に豊かに増えた。ヤコブにはカナン人の娘をめとってほしくないという母リベカの願い（27:46）がこれらのことの発端

でもあったが、何より主なる神がヤコブと共におられ、保護し祝福しておられたからの大繁栄である。

創世記28章13節以下で、主はヤコブの夢に現れてこう言われた。

「わたしは、あなたの父祖アブラハムの神、イサクの神、主である。……あなたの子孫は大地の砂粒のように多くなり、西へ、東へ、北へ、南へと広がっていくであろう。地上の氏族はすべて、あなたとあなたの子孫によって祝福に入る。見よ、わたしはあなたと共にいる。あなたがどこへ行っても、わたしはあなたを守り、必ずこの土地に連れ帰る。わたしは、あなたに約束したことを果たすまで決して見捨てない」。

この主の大いなる約束のゆえに、ヤコブは守られ、祝福されつづけていたことが、30章以降、次第に明らかにされる。ヤコブその人が優れていたからでもない。ただ神の自由な御意志のゆえにヤコブは恵みを受ける。そして今や、主が与えてくださったものすべてと共に、ヤコブはその家を離れるのである。ヤコブはついに一家の長として立つ。自分の家を持つ（30:30）ための決断でもあった。兄エサウの報復を恐れて父イサクの家を逃げ出してから、実に20年の月日が経っていた。

ラバンの追跡

しかし、ヤコブの出立は穏やかなものではなかった。伯父であり義父であるラバンを欺き、彼が留守にしている時間をねらい（31:19）、ラバンとの間に別れの挨拶も和解もないままにヤコブは逃げ出したのである（20節）。そうせざるを得ないのは、ラバンがそれを許さないことを分かっていたからである。今回ヤコブは単独ではなく、妻や子どもたち、家畜を連れた大所帯で、神の指し示すカナンの地へ向かう。そのありさまは、異国の地で大いに増えた出エジプトの民の出立時の様子（出エジプト記12:37以下）を思い起こさせる。

その時、妻ラケルは、「父の家の守り神の像」（原語は「父所有のテラフィム」）を盗んで（＝ヘブライ語の動詞：ガーナブ）いた（創世記31:19）。この小さなエピソードが後の展開を引っ張ってゆく。

さて、ラバンがヤコブの不在を知ったのは、3日目であったという（22節）。しかもヘブライ語の表現によれば、自ら気づいたのではなく、誰かから告げられて（＝動詞ナーガドのホファル形）、ヤコブら一家全員の姿が見えないことを知ったのである。家長であるラバンは一体何を見ているのだろう。ブルッゲマンが指摘するように、当該箇所31章22節以下は、ヤコブのラバンに対する逆転のドラマであって、これ以降は、抜け目のないアラム人ラバンの間抜けぶりが面白おかしく描かれているのを読者はただ楽しめばよいのかもしれない。

いずれにせよ、ヤコブの欺きと主の守りとがこの3日という時間を稼ぐことを可能にした。ヤコブの一族は3日分の道のりを先に進むことができた。しかし、ラバンは諦めない。ラバンもまた一族の者を率いて7日間の道のりを行き、ヤコブたちを追いかけたのである。一体何がラバンをそんなに駆り立てるのだろう。結局ヤコブの一行は、ギレアドの山地でラバンたちに追いつかれてしまう。このシーンも、モーセと出エジプトの民の一行に凄まじく迫り来るファラオの軍隊の追跡（出エジプト記14:5以下）を彷彿とさせる。

大所帯の逃亡者の一行が、追跡団に距離を詰められたら、ほぼ勝ち目はない。

神の助け

しかし、危機迫るとき神が顕現される。

その夜夢の中で神は、アラム人ラバンのもとに来て言われた。「ヤコブを一切非難せぬよう、よく心に留めておきなさい」（創世記31:24）。

この神の言葉は、どこか柔らかな口調のように聞こえる。「ヤコブを一切非難せぬよう」の部分は、字義通りには「ヤコブと善悪を語らない」である。ここでの動詞（ダーバルのピエル形）は、Speiserによれば、「非難する」や「論じる」というより「押し付ける」（press）といった意味で用いられており、「善悪のことでヤコブをやっつけるな」くらいの意訳が妥当であるという。いずれにしても、言葉の攻撃でもってヤコブを悪人呼ばわりし、白黒をつけることの神からの禁止命令である。つまり、決着はつけなくてよい。そ

のまま、ヤコブたちを去らせよ、ということになる。激しくいきり立つ者を叱責するでもなく、しかし無理に和解を強いるでもない。神はただ、立場が上の者に対し、目下の者に圧力をかけるな、相手を尊重し争いを避けよ（今風には"パワハラ"するな）と事前にアドバイスされているように見える。

　意外なようだが、ここから学ぶことは多かろう。とくに相手が親戚であり隣り合う外国人である場合、実際このような処方が最適なのだろうと教えられる。人間社会は善悪混合、それを認め和合することが平和な生に必要なのである。さらにこの箇所からは、人が人を裁いてはならない、との主イエス・キリストの御言葉も響いてくる（マタイ7:1-6、他）。

　アラム人ラバンは神を畏れる人だったのだろうか。しかし、神（エロヒーム）自らが、夢の中で告げたこの御言葉は、ラバンを恐れさせたに違いない。ラバンの一団がヤコブの一行に追いつく直前の夜の出来事であった。ぎりぎりのところで、神がヤコブらを救われるのである。

ラバンの言い分とヤコブの答え

　ただ、ラバンは黙ってはいない。それぞれが天幕を張っていたギレアドの山の上で、ラバンはヤコブに会い、言いたいことを言う（31:26-30）。「一体何ということをしたのか」（26節）、「なぜ、こっそり逃げ出したりして、わたしをだましたのか」（27節）。そう言って、やはりヤコブを非難している。

　ラバンの言い分は、ヤコブの出立を自分には告げず、「娘たちを戦争の捕虜のように駆り立てて」（26節）、「孫や娘たちに別れの口づけもさせな」（28節）かったことへの不満である。それは、自分に対する欺きであり愚かな行為だったと断じた。ひと言告げてくれたら、太鼓（タンバリン）や竪琴（立琴）で喜び歌って送り出したものを（27節）と彼は口にする。だが、この辺りのラバンの言葉は白々しいと読者には感じられるだろう。

　ラバンの耳の奥に、しかし前夜の神の忠告は届いていたようである。29-30節で以下のように発言している。

　「わたしはお前たちをひどい目に遭わせることもできるが、夕べ、お前たちの父の神が、『ヤコブを一切非難せぬよう、よく心に留めておきなさい』

とわたしにお告げになった。父の家が恋しくて去るのなら、去ってもよい。しかしなぜ、わたしの守り神を盗んだ（＝ガーナブ）のか」。

　ラバンの非難の矛先は、もはやヤコブたちの逃亡に対してではない。が、これだけは咎めなければと考えたのが、家の守り神のことである。人のものを、それも家の守り神という大切なものを、ヤコブが盗んだとラバンは決めつけている。

　新共同訳で「わたしの守り神」（30節）と訳されている語は、「私の神々」（エローハイ）と書かれている。口語訳では「わたしの神」、聖書協会共同訳では「私の神々」という訳である。同じ像（テラフィム、19, 34, 35節）のことを指して、ラバンは「私の神々」と呼んでいることがここで分かる。おそらくその神像は、ラバン一家の土地の所有を守ってくれている神（々）として家長によって先祖代々家の中で大切にされていたのだろう。娘のラケルがこれをこっそり盗み出した（19節）のは、父ラバンから夫ヤコブへと家督が移されればよいと密かに願っていたからであるとも考えられる。

　20年前にヤコブがしたことは、まさに家督相続の強奪に等しかった。今回ラケルのしたことは、過去の苦い経験の繰り返しになるのか。いやそうはならないはずだ。しかし、ラケルの盗みの顛末はどう収められるのか。「盗むな」という主の戒めに反することをラケルはしたのだから。これが見つかったらどんな事態になるのか。読者ははらはらしながらこの物語を読み進めることになる。

　ヤコブはラバンの神像／テラフィムをラケルが盗み出したことは何も知らなかった（32節後半）。このことは読者をほっとさせる。ヤコブはおそらくその像に何ら関心もなかっただろう。それでヤコブは、ラバンに対して口を開く。31節「わたしは、あなたが娘たちをわたしから奪い取る（＝ガーザル）のではないかと思って恐れただけです」。これはヤコブの偽りのない思いである。そのように逃亡の言い訳をしたのち、32節で「もし、あなたの守り神（＝あなたの神々）がだれかのところで見つかれば、その者を生かしてはおきません。我々一同の前で、わたしのところにあなたのものがあるかどうか調べて、取り戻してください」と答えた。

31章の冒頭以降、ラバンの息子からヤコブは父の物を奪い取って富を築いたのだと中傷されていただけに、ヤコブは自分の身の潔白をはっきり示す必要があった。ここで妻ラケルの行動がヤコブには隠されていたことが幸いする。もし彼女が像を盗んだことをヤコブに打ち明けていたらまた違った展開になっただろうから。ラケルの沈黙が功を奏している。

ラバンの捜索

そこでラバンは天幕の中を次々に調べた。まずヤコブの天幕、つづいてレアの天幕、2人の召し使い（ジルパとビルハ）の天幕を見たが像は見つからなかった。最後にラケルの天幕に入る。しかし、ラケルは既に守り神の像を取って、らくだの鞍の下に入れ、その上に座っていたので、ラバンはそれを見つけられなかった（34節）。

ラケルは事前に父を欺く方法を考え、女性であることを生かす策を選んだのである。ラケルもさすがはラバンの娘、機転がきく。危機一髪のここで父さえ出し抜く。「お父さん（＝「わが主よ」）、どうか悪く思わないでください。わたしは今、月のものがあるので立てません」（35節）。ラケルは月経を言い訳にして、この難を乗り切った。

律法では、生理中の女性は、血の汚れがあるとされて隔離される（実際は体の保護のためであるが）必要があり、生理中の女性には触れてはならないと定められている（レビ記 15:19–22）。本来、ラケルは父の前では起立しなければならないが（レビ記 19:32）、父を汚れから守るため、座ったままでいることの無礼を詫びている。だが偽証はしていない。ラバンは娘が盗んだとは少しも疑っていなかったからである。

ラバンはついに諦めた。守り神の像を見つけることができなかった。実際は、皮肉にも目の前の娘の尻の下で隠され、守られている守り神の像を！こうして著者は、刻んだ神の像の無力さや、偶像礼拝をすることの矛盾や虚しさをあぶり出すのである。それは本来なくてもよいもの、あっても虚しいものではないのかと。

今後、ラバンはこの像（テラフィム）なしで生きていくことになる。

「十戒」の第八戒「盗んではならない」、第十戒「隣人のものを欲してはならない」という倫理的な戒めをラケルは破った。しかしこの場合、対象物が、第一戒の他の神を神とすることの禁止、第二戒の神の像を造ることの禁止に違反しているゆえに、そこには緊張がある。偶像礼拝は主なる神が最も忌み嫌うものである。結果としてラケルは、無自覚的にこれを父から取り除く役目を果たした。そしてこの危機を脱することができたのも、見えざる真の神がヤコブたちを守ってくださったからである。こののち、ヤコブが一族の携えていた外国のすべての神々をシケムの樫の木の下に埋める場面がある（創世記35:4）。必要のないものを手放す人の行為の上にも神の御心が働いている。

ヤコブの反撃

さて今度は、像の盗みの嫌疑が晴れたヤコブが口を開く番だ。36-42節の長い節において、ヤコブはラバンに対する怒りやこれまで受けた仕打ちを一気に吐き出すのである。——これまで自分はラバンのものを取ったり、盗んだりしたことは一切なかったこと。理不尽な要求にも従ってきたこと。自分の過失でない損失も弁償させられたこと。暑さ寒さのひどい環境の中で、20年間もラバンの家に仕え働きつづけたこと。ほとんどただ働き同然で、しかも報酬を10回も変えられたこと——。ヤコブは、ラバンからこれまでまるで奴隷のように扱われていた実情が分かる。

しかし、ヤコブはラバンへの妬みや恨みに決して支配されてはいない。最後に42節でこう言っているからである。

「もし、わたしの父の神、アブラハムの神、イサクの畏れ敬う方がわたしの味方でなかったなら、あなたはきっと何も持たせずにわたしを追い出したことでしょう。神は、わたしの労苦と悩みを目に留められ、昨夜、あなたを諭されたのです」。

父祖の神が自分の味方であること、その神が共におられて、自分の労苦と悩みを顧みてくださっていたことのほうが、はるかに大きくヤコブの心を安らかに満たしている。

ヤコブは、再び家を出るが今度は孤独な逃亡者にならずにすんだ。そして、

父の家のある故郷の地に帰ってゆこうとしている。神に自分は守られて豊かにされていることの恵みが、現実に受けた苦しみや犯した罪を覆っている。ヤコブはこの20年間の労苦と悩みを通して、見えざる神の憐れみ深さを知りえたのである。

ラバンとヤコブの契約

この章の終盤で、両者は契約を結ぶ。神と人（民）との間の契約と違い、この場合は人と人同士の互いの利益尊重のための取り決めごとである。この場合は特に財産・土地の不可侵についてラバンの方から一方的に要求が出された。

ラバンは、先のヤコブの訴えに対して謝罪の一言もなくそれを切り出す。この娘たちもこの孫たちも、この家畜の群れも自分のものだとした上で、「しかし、娘たちや娘たちが産んだ孫たちのために、もはや、手出しをしようとは思わない」（43節）。原文では最後の部分は「今日、私に何ができるだろう」という自らへの問いかけである。ラバンはすばやく先々のことに考えを巡らす。盗品の証拠なしに今ヤコブを処罰することはできない。これまで自分の思い通りに仕えてきたこの男が、財産を豊かに増やし、娘たち孫たちをもすべて連れて去ろうとしている。そして、この一族がさらに勢力を増せば、やがて自分に報復してくるかもしれない、と。ラバンは恐らくはじめてヤコブを恐れ、今のうちにできることを申し出た。

「さあ、これから、お前とわたしは契約を結ぼうではないか。そして、お前とわたしの間に何か証拠となるものを立てよう」（44節）。

ヤコブは承諾し、石をとって記念碑としさらに石塚を築いて、そこで一同は食事を共にした。この地の名は、ラバン側からはエガル・サハドタ、ヤコブ側からはガルエドと呼ばれる（それぞれアラム語、ヘブライ語で「証しの石塚」の意）。ここはまたミツパ（＝見張り所）とも呼ばれるとある。旧約でギレアドのミツパについて言及されるのはこの箇所のみで、多くはベニヤミン領のミツパを指す（ヨシュア記18:26、士師記20:1, 3、サムエル記上7:5-6、ネヘミヤ記3:7、エレミヤ書41:1-3他）。

ラバンは、互いに離れていても、主がヤコブとの間を見張っていてくださるように、特にヤコブが娘たちを苦しめることのないようにとの願いをこの地名にこめた（49-50節）。さらに、石塚と記念碑をさして、その場所を越えて互いの土地に侵入しないことを取り決めたのである（51-52節）。そして、各々の神に向かって祈り、誓った（53節）。そして山の上で食事をし、一夜を過ごし、次の朝早く、ラバンは孫たちや娘たちに口づけをして祝福を与えたのち去っていった（54節-32:1）。

最後の32章1節を31章55節とする写本もある。内容的にも、32章1節がこの箇所の終結部分であると言える。

まとめ

最後におかれたこの契約は、ヤコブがラバンと対等の関係になったことを表すものだ。最終的に、ラバンとヤコブとは和解も仲直りもしていない。最後に2人が口づけをしていないことからそれは明らかだ（33:4を参照せよ）。しかし、逃亡者としてラバンの家にころがりこんで以来、20年間この家の奴隷同然に謙遜に仕えてきたヤコブであったが、今や形勢は逆転した。ラバンに報復を恐れられるほどに力をつけ逞しく成長したのである。たくさんの家族にも恵まれた。そしてヤコブは、そのことを自分の手柄にしたり、努力の結果と考えたりはしない。神の祝福を受け、主が味方であられたゆえであるということを知っている。過去に大きな過ち、家族を壊すような罪をおかした自分をも見捨てずに顧みてくださっていた憐れみ深い神の御前にただひれふすだけである。こうして、この先カナンの地に入る前に、ヤコブにとって最難関のこと、つまり兄エサウに対峙し、過去の自分の罪とその報いに対する恐れとに向き合う時への準備が整えられていくのである。

参考文献

E. A. Speiser, *Genesis*, the Anchor Bible, Doubleday & Co., 1964.

G. フォン・ラート『創世記　私訳と註解　下』（ATD旧約聖書註解）山我哲雄訳、ATD・NTD聖書註解刊行会、1993年

Walter Brueggemann, *Genesis*, Interpretation: A Bible Commentary for Teaching and Preaching, John Knox Press, 1982.（向井考史訳『現代聖書注解　創世記』日本キリスト教団出版局、1986 年）

W. リュティ『ヤコブ　教会のための創世記講解 3』宍戸達訳、新教出版社、1974 年

創世記　32章2-33節

楠原博行

1　ヤコブ

「族長物語」と題され、アブラハム等を「族長」という言葉でかつて呼びならわしていたが、近年はむしろ「父たち」と呼んで、アブラハム物語以下を「父たち母たちの物語」と呼ぶようになっている。アブラハムの子、イサクの子、ヤコブの生涯は創世記25章からはじまって創世記最終章の50章まで続いている。37章からはじまるヨセフ物語とは切り離して、そこまでの部分をむしろイサクの物語へと含めてしまう研究者もいるが、ヤコブの誕生からカナンへの帰還まで、通常25章から36章までをヤコブの物語と考える。

ヤコブという名前は典型的な西セム語の名前であるとされ、ウガリト語他に例も見られて、ヘブライ語でもヤアコブ・エル（神が守ってくださるように）の短い形であると考えられるが、聖書は全く別の意味を提示する。ヤコブ誕生の場面、「その後で弟が出てきたが、その手がエサウのかかと（アケブ）をつかんでいたので、ヤコブと名付けた」(25:26) では、かかと（アーケーブ）を由来とし、あるいは兄エサウの祝福を奪い取る場面、「彼をヤコブとは、よくも名付けたものだ。これで二度も、わたしの足を引っ張り（アーカブ）欺いた」(27:36) では、アーカブ（かかとをつかむ。後をつける。裏切る）に由来すると説明している。

2　ヤコブの生き方

　兄エサウが嘆いたとおり、誕生時から長子の座に固執していたヤコブは、成長後も兄からそれを買い取り（25:27以下）、さらには、長子に対する父イサクの祝福を奪い取る（27章）。その結果は父の家からの逃亡であり、何十年か後の帰還後も、ヤコブを愛した母リベカ（25:28）と再会できた形跡さえ記されず、35章27節以下の記事にもかかわらず父イサクと再会したかどうかも疑わしい。逃亡先の伯父ラバンのもとでも、その性質は変わっていない。愛するラケルを手に入れるために7年間の労働もいとわない。またそのために伯父ラバンとの才覚争いに、駆け引きへと巻き込まれていくことになる。

　ゴードン・J. ウェナムが言うイスラエルという名前のもうひとつの意味、「神（エール）が報酬となりますように」の「報酬」という語が、伯父ラバンとの関わりあいの中でキーワードとなっている。まずレアとの間に生まれた5人目の息子の名がイサカルであり、レア視点で名前の説明が30章18節でされているが、サーカールは、賃金、報酬を意味して、イサカルとは本来「神が報酬をくださる」という意味の名前である。このサーカールの語が30章25節から43節のキーワードとなっている。生まれ故郷に帰りたいと申し出るヤコブにラバンは「お前の望む報酬（サーカール）をはっきり言いなさい。必ず支払うから」（30:28）と言って、引き留める。さらにその才覚によりヤコブの財産は増し加えられる。ついにラバンとその息子たちとの軋轢は抜き差しならないものとなり、脱走したヤコブは、追走して来たラバンに、「わたしの報酬を十回も変えた」（31:7, 41）と抗議する。だから、先取りになってしまうが、イスラエル（神が報酬となりますように）への改名は、自分の報酬に固執するヤコブに対して、真の報酬は何であるかを突きつけている。そういう名前であるとも言える。

3　ヤボクの渡しでの出来事

　無事契約を結び、ラバンのもとを離れ、生まれ故郷に帰るヤコブにとって、

兄エサウとの再会の危険は、彼の才覚でも回避ができない。32章4節以下の、400人の供を従えたエサウの接近の知らせにより、自らの群れを2組に分け、10節以下では神に救出を祈る。さらに14節以下ではエサウへの贈り物を選定し、さらにその群れを何段階にも分けて先に行かせる。群れだけを先に行かせて一人後に残るヤコブは（22節）、さらにヤボクの渡しで家族を先に渡らせてしまうと独り後に残る（23-25節）。ヤコブの行動はつじつまが合わないという指摘もあるが、なお自分の危険を避けるためであったかもしれない。

　ヤボクの渡しでの出来事は物語の化石だと言われる。昔語りに伝承されて来た物語。ヤコブが川の悪魔と出会い戦った昔話。ペヌエルという地名のもとになった昔話。あるいは腰の筋を食べないというイスラエルの習慣の理由とされる昔話。そのような古い話が聖書の中にそのままの形で、少しは手が入れられてはいるが残されている。ヤボク、ヤコブ、アーバク（25, 26節。格闘する）と明らかに言葉遊びが用いられているのも特徴である。

　果たしてヤボクの渡しの格闘においてどちらが勝利したのだろうか？　神の人の口を通して聖書は、「お前の名はもうヤコブではなく、これからはイスラエルと呼ばれる。お前は神と人と闘って勝ったからだ」（29節）とヤコブの勝ちとはっきり言うが、他方のヤコブも腿の関節を打たれて、腿の痛みに足を引きずって朝を迎えている。ヤコブの分もかなり悪い。

　筆者の師エルハルト・ブルムが、この箇所の共時的分析を行っている。時間と場所の記述がこの出来事の枠組みを作っているのである。夜、ヤコブはヤボクを渡り（23節）、日の出の頃、ペヌエルを過ぎる（32節）。その対照的な違いは、その間にヤコブの身に起きた出来事を象徴的に示している。すなわちヤコブの夜がついに明け、朝となった。夜明けの到来が本来の格闘に区切りを付けるが、実際の格闘は尋常ではなく要約されてしまっている、「そのとき、何者かが夜明けまでヤコブと格闘した」（25節）とただ一文だけで扱われるのみである。物語的に語られるのは、言わば「格闘（ヘブライ語アーバク）」の最終局面だけであって、アーバクに比肩する役割を担っているのが、続く対話の中のバーラク（「祝福」。27, 30節）であり、それがヤ

コブの名／神の名の主題と、祝福を求める主題とを際立たせている。このように物語は緊密な構造により形作られている。

宗教改革者マルティン・ルターはこの物語に独特の解釈を行っている。格闘者は主なる神ご自身、あるいは神の子であり、限りない慈しみのうちに、選ばれた族長ヤコブと、親しく遊ぶかのように彼を訓練されたと言うのである。その遊びは「限りない悲しみともっとも大きな心の苦痛を伴うもの」であった。ヤコブがペヌエルへやって来た時、「それがもっとも親しい愛の、純粋なしるしであったことが明らかになる」。「そのように神はヤコブと遊び、彼の信仰を訓練し、力づけ、それはあたかも神という父、母が、息子が喜んでいたリンゴをその手から取り上げるかのようである。そうすることにより、息子が父親から逃げ出してしまったり、離れ去ってしまうのではなく、むしろかえってますます自分の父親を信じ、求めるようになるため、『私のお父さん、お取り上げになったものをお返しください』と言うようになるためであった。すると父親はこの試験の結果を喜び、息子も、リンゴを返してもらうと、そのような愛と、子供との遊びが父を喜ばせたことを見て、父親をますます熱心に愛するようになるのである」。

4　説教のために

ホセア書12章3節以下のヤコブ告発の言葉が、ヤコブの生き方を短くまとめている。

> ヤコブは母の胎にいたときから
> 　　兄のかかとをつかみ
> 力を尽くして神と争った。
> 神の使いと争って勝ち
> 泣いて恵みを乞うた。
> 神はベテルで彼を見いだし
> そこで彼と語られた。　　　　　（ホセア書12:4–5）

われわれはヤコブの生き方を、われわれの生きる世界において理解できるし、共感さえできるかもしれない。長子の権利、父の祝福、愛する女性、財産。ヤコブはその名前のごとくみずからの力でこれらを獲得しようとする。それらを手に入れても決して安心はできない。そしてそれらを獲得しても、逃亡生活が続くばかりである。

神への信仰において、2つの大きな出来事がヤコブに訪れる。ひとつは28章のベテルでの出来事。実は神はヤコブの身近におられたことをヤコブは思い知ることになる。「見よ、わたしはあなたと共にいる。あなたがどこへ行っても、わたしはあなたを守り、必ずこの土地に連れ帰る。わたしは、あなたに約束したことを果たすまで決して見捨てない」(28:15)。

それでもなお逃亡生活は続く。長い伯父ラバンのもとでの生活を経て、さらにそこからも逃亡せざるを得なくなった時に起きたのがヤボクの渡しの出来事であり、ここでもヤコブは神の人の祝福を切望する。そこでヤコブからイスラエルへの改名命令が告げられる。

イスラエルは、動詞サーラーが戦う、あるいは支配するを意味して、「神が戦われる」あるいは「神が支配される」の意味と考えられる。これが象徴的にあらわしているように、ヤコブ自身、時には人を裏切ってでも、自らの人生を自らの手で勝ち取る生き方をしていたのに対し、信仰者の人生を治めるのは神であり、戦うのは信仰者でなく、神であるという価値の変化がその名前に示されている。

物語のはじまりに「その夜」(32:23) とあるように、この出来事は夜はじまる。ヤコブの人生の夜である。ヤコブは危機に瀕している。自分が欺き、自分の命をねらっているに違いない（とヤコブは思っている）、自分の兄エサウと顔と顔とをあわせなければならない。もてる限りの知恵をつくし、ここでも慎重に、慎重に事を運ぶ。しかし目の前に恐怖は迫る。しかもすべては自分がやってきたことのツケ。ヤコブは人生のどん底にあった。今や、自分の知恵も才覚も、自分が積みあげてきたものも何の役にも立たない。

その時、突然神の人との格闘がはじまる。ここでもヤコブは祝福を求める。今回はイサクやエサウからではなく、神から直接祝福を戦って勝ち取ろうと

する行為である。祝福を求めるヤコブについてヴァルター・リュティは、ヤコブはすでに祝福を得ていたのではないかと問いかける。その手に旅の杖のほか何も持たなかった逃亡者が、今や2人の妻と11人の息子たちの他、おびただしい財産を携えている。これでも祝福としてまだ足りないというのだろうかと。だからヤコブはもともと祝福なぞ全然当てにしていなかったのではないか。一切合切は、つまるところ神の祝福なぞではなく、単に努力の結果にすぎないのだという思いがあるのではないか。そう彼は問いかけるのである(リュティ『ヤコブ』141頁)。

「お前の名は何というのか」(28節)は、ヤコブに対する「いったいお前は何者であるのか」という問いである。

それは自分が何者であるかを、自分で言い表し、自分から認める機会である(同書145頁)。だから「ヤコブです」との答えは、他を「おしのける者」として生きてきたヤコブの、罪の告白以外の何ものでもない。神は「足を引っ張る者」、「他を押しのける者」ヤコブの生き方を暴き、認めさせ、自分の口で告白させられた。

イスラエルという名前は神が主語であることは間違いなく、ヤコブが勝ったからイスラエルという説明は当たらず、人間が神に勝つという考え方は聖書の中では考えられない(ただし後述のW.リュティの説教を参照のこと)。ヤコブはたしかに祝福を手に入れたが、腿を痛めて足を引きずっている。むしろヤコブは敗者である。その痛々しさの中で、ヤコブは名前を変えられた。ヤコブの生涯、それはすべて彼の力で奪い取ってきた、戦いの中で勝ち取って来た、そういう生涯であった。しかしヤコブが今まで敵対してきたもの、奪い取ってきた相手は実はエサウでもラバンでもなかった。神ご自身からであった。ヤコブが敵対してきたのは、実は神であった。それをヤコブに知らせた出来事、それがヤボクの渡しでの出来事ではなかったろうか。

ここに、彼の長かった戦いの歴史に終止符が打たれる。この記事は夜はじまったが、ヤコブの戦いが終わった時、32節では彼の上に太陽が昇るのである。彼の長い夜が終わる。

2人の注解者による言葉を挙げる。「ヤコブは人生のどん底にあった。人

間的な判断ではすべてのものを失い、すべてのものをむだに使い果たしてしまっていた。そしてまさにその時、彼はアブラハムへの約束がさらに破られることなく守られるのだという確認に出会うのである（フォン・ラート『六書の様式史的研究』G. von Rad, Das formgeschichtliche Problem des Hexateuch, 1938, S.66f.)。

「夜の攻撃。生と死を分ける争い。そしてついには予期していなかった結末。恵み深い祝福と新しい名前の付与。それが欺く人ヤコブへの神の解答であった……あらゆる人間の無価値が示されても、神はご自身の約束に対して主権と誠実とを示されるのである。ヤコブは神的なものまで支配しようとする強い勝利者などではもはやなく、全く神の恵みのみに頼る、足が不自由な人である」(G. J. Wenham によるデ・ピュリーの引用）。

5 神の資格認定（W. リュティ）

この物語でヤコブが相手をするのは神だと、W. リュティは断言する。そしてヤコブが神との格闘で失おうとしているものは、神の約束、神の御言葉であると言う。だから神の祝福を担う者として、「いいえ、祝福してくださるまでは離しません」と答えざるを得ない。それを失うわけにはいかないのである。神は降（くだ）ってきて、ヤコブと格闘される。ここでヤコブに、世界の祝福が撤回されるのを阻止する機会を神はお与えになったと言い、それをヤコブの資格認定であったと W. リュティは言う。ヤコブから御言葉をとりあげ、その祝福の務めから放逐する理由が神には一千ほどもある。しかしヤコブは神から与えられた御言葉というただ一つの武器をもって神に勝利したのである。

6 キリスト教会の信仰と

ヘルマン・グンケルはキリスト教会が、この太古の物語を比喩的に用いて来て、教会にとって大切なものになっていることを述べ、異質なものを取り入れ、新しい意味付けによって太古のものを新しいものへと作りかえる力に驚いている（Gunkel, S.365)。G. フォン・ラートは祝福を求めるヤコブの姿

に、ルカによる福音書11章8節の真夜中に執拗(しつよう)に頼む人を見、さらにマルティン・ルターの言葉を引用する。「われわれを慰め、われわれが日々おぼえる模範となるように、神はご自分の聖なる人々をこのようにお用いになるのである」。

さらに範囲を越えてしまうが、G. J. ウェナムは、主イエスが、ご自身のたとえ話の中の、放蕩息子を迎える父の姿を、この箇所直後のエサウとの再会の場面と重ねあわせているのではないかと指摘する。また、コリントの信徒への手紙二5章16–21節の、キリストにある神の和解のわざの主題も、パウロがヤコブとエサウの和解の場面から取ったのではないかと言っている。

W. リュティは、この箇所の説教の中で、神との格闘者キリストを語る。「本当の意味で神と格闘なさったお方、まことの『イスラエル』として、ゲツセマネにおいて、夜、神と格闘なさったお方が。そのお方は十字架上の戦いをしのばれました。そして、勝利なさいました。世のために勝利なさいました。われわれのために勝利なさいました。次いで、そのお方は、御自身の全権を託した者たちを派遣なさいました。『あなたがたは行って、すべての民をわたしの弟子にしなさい。彼らに父と子と聖霊の名によって洗礼を授け〔なさい〕』（マタイによる福音書第28章19節）」（リュティ『ヤコブ』147頁）。

彼はキリストの弟子たち、つまりわれわれをも神との格闘者と呼んでいる。キリストの勝利を信ずる信仰によって、神との格闘者となるべく召されているのだと言う。彼は神との格闘者として、ブルームハルト父子、ベテルの創設者ボーデルシュヴィンク等、偉人たちの名前も挙げているが、われわれこそ、自身の日常の生活において神との格闘者であること、その鬨(とき)の声は、人影まばらな村の教会で賛美歌をうたう、ささやかな歌声であることすらあるが、なお無関心な村人全体に抗して、なおも神の支配を信じて戦っているのだと言う。この世にあって、キリストの勝利を信じる教会は、神の戦士の群れであるべきであり、その平和部隊の鬨の声こそヤコブの「いいえ、祝福してくださるまでは離しません」だと言うのである。

神との格闘後ヤコブは、自分はまだ生きていると、感謝にみちた驚きをもって朝を迎え、その記念すべき出会いの場所を「ペヌエル（神の顔）」と名

付け、イスラエルの民も、この出来事を忘れまいと、腿の関節の筋肉を食べないという処置と規定を設けた。そして足をひきずる神との格闘者の上に日がのぼったと告げて、W. リュティの説教は閉じられている。

参考文献

L. Köhler, W. Baumgartner, J. J. Stamm & M. E. J. Richardson, *The Hebrew and Aramaic Lexicon of the Old Testament*, E. J. Brill, 1994-2000, electronic ed., p. 1331.

Erhard Blum & Wolfgang Oswald, Die Komplexität der Überlieferung: zur diachronen und synchronen Auslegung von Gen 32,23-33, in: Textgestalt und Komposition, SS.43-84, Mohr Siebeck, 2010.

J. J. Pelikan, H. C. Oswald & H. T. Lehmann (eds.), *Luther's Works*, vol. 6: Lectures on Genesis: Chapters 31-37, p. 130, Concordia Publishing House, 1999.

W. リュティ『ヤコブ　教会のための創世記講解3』宍戸達訳、新教出版社、1974年

Gerhard von Rad, Das erste Buch Mose Genesis (ATD), 12. Auflage, Vandenhoeck & Ruprecht, 1987.

Gordon J. Wenham, *Genesis 16-50* (WBC). Word Books, 1994.

Claus Westermann, *Genesis 12-36*, Tr. by J. J. Scullion S.J., Augsburg Publishing House, 1985.

Hermann Gunkel, Genesis, Vandenhoeck & Ruprecht, 1922.

創世記 33 章 1–20 節

浅野直樹

再会に至るまで

　33 章はヤコブがエサウと再会を果たす場面であるが、まずは 2 人が再会するまでにどういう経緯を辿ったのかを概観したい（25–32 章）。イサクとリベカの間に双子の兄弟として生まれたエサウとヤコブだったが、2 人はすでに生前から対立し、胎児のときに押し合い母リベカを悩ませた。後から出てきたヤコブは、先に出生した兄エサウの踵を摑んで離さなかった。エサウが「野の人」なのに対し、ヤコブは「穏やかな人」だった。そして 2 人の対立は、ヤコブが母リベカの計略を得て、父イサクの祝福をかすめ取ったことで決定的となる。祝福を奪い取られたエサウはそれに気づくと、「必ず弟のヤコブを殺してやる」（27:41）と思うまでにヤコブを憎んだ。

　そこからヤコブの逃亡生活が始まり、彼は伯父ラバンの家で世話になる。途上、野宿で石の枕をして眠ると、天使が階段を上り下りする夢を見た。ラバンのもとではラバンの娘 2 人を妻として迎えながら熱心に働き、大きな財産を築いた。やがて 20 年の歳月が過ぎると、ヤコブはラバンと別れ帰郷の決意をする。同時にもうひとつの決意をした。兄エサウとの再会である。

　大人になったヤコブは兄と再会した際、エサウのことを「わたしの主人」、自分のことを「あなたの僕(しもべ)」（32:5）と呼び、へりくだりを示した。ところがエサウが 400 人の家来を従えて出迎えようとしていると知り、それが自

分に対する攻撃と思い込み、恐れた。恐れを振り払おうとヤコブは、「どうか、兄エサウの手から救ってください。わたしは兄が恐ろしいのです」(同12節) と祈った。その夜、ヤコブはペヌエルで神の使いと夜明けまで格闘した。格闘の末、腿の関節がはずれてしまうが、この闘いに勝利する。

　帰郷とエサウとの再会へとヤコブを導いたのは神だった (32:10)。「必ずあなたに幸いを与え、あなたの子孫を海辺の砂のように数え切れないほど多くする」(同13節) との約束を、ヤコブは固く信じていたからである。エサウとの再会そして和解は、ヤコブにとって人生最大の山場であったが、祈ることで不退転の決意で臨むことができた。32章でヤコブは再会の準備をし、旅立つ。そして33章でエサウとの再会を果たすが、ちょうどふたつに挟まれるかたちで、ペヌエルでの格闘物語が挿入されている。闘いの相手は「神」とされるが、挿入位置を考慮すると、ヤコブにとってこの神との闘いは、エサウとの再会という闘いであり、そのために神が道備えをするという出来事であった。

ヤコブの行動と信仰

　400人を率いるエサウに恐れをなしたヤコブだが、朴訥なエサウと違い、彼には母親譲りの抜け目なさがあった。いざ戦闘となったときに備えてヤコブが敷いた布陣は、身内を庇う形となった。側女とその子供たちを先頭に配置し、最愛の妻ラケルと息子ヨセフは最後に置いた。これは、ダビデ王がバト・シェバをウリヤから奪い取ろうとして、ウリヤを最前線に配置し計画的に戦死させたことを思い出させるが、キリスト者の立場から倫理的問題あるいは信仰的問題として取り上げて、ヤコブがとった行動をダビデ王が犯した罪と比較して同一に扱うことは適当ではない。しかしながら若い時、ヤコブが兄エサウを出し抜き、長子権と父親からの祝福をだまし取ったことを合わせて考えると、彼のとった行動が問われてもおかしくはない。人間の生き方として、模範的とはいえないだろう。

　私たちがヤコブから学ぶべきは、彼がいかにうまく世間を渡り歩いたか、またはラバンのもとでどれだけ耐えて、頑張って財産を築き上げたかという

成功譚ではない。学ぶべきは、恐れおののくなかで、神を信頼し続けたことである。そしてエサウとの人間関係を修復しようと心を入れ替え、エサウに赦しを請うたことである。社会では成功譚がもてはやされる。出世と成功が人生のゴールになり、それを達成するためのノウハウを求めてひたすら頑張り続けることがよしとされる。信仰者に示されるのは後者である。くずおれて悔い改めることである。

ヤコブはペヌエルでの格闘で神と戦い勝利した。そのために夜明けまで戦い続けるという想像を絶する頑張りと、「いいえ、祝福してくださるまでは離しません」(32:27) と勝利を目指して諦めない粘りがあった。この世にあってはこれが賞賛され目標となる。そこからキリスト者はヤコブのように、ねばり強く決して諦めないで神の祝福を求めて祈り続けること、そうすれば神は必ずあなたの祈りを聴いて、あなたはヤコブのように豊かになり成功する、と説くこともできよう。それは人々をもっと祈る人へと促すだろうし、ヤコブを模範とした人生を指し示すことにもなる。しかしながら、これでは自分の成功のために神を利用しているだけであり、必ずしも信仰者の模範とはならない。信仰者ヤコブの真価は、エサウとの再会を決意したことであり、恐れを乗り越え「先頭に進み出て、兄のもとに着くまでに七度地にひれ伏した」(3節) ところに見いだせる。

エサウの行為と神の愛

ヤコブの恐れとは裏腹に、エサウは「走って来てヤコブを迎え、抱き締め、首を抱えて口づけし、共に泣いた」(4節)。イエスの放蕩息子のたとえ話の一場面が思い浮かぶ。放蕩息子では、「父親は息子を見つけて、憐れに思い、走り寄って首を抱き、接吻した」(ルカ 15:20)。よく似た光景だが、放蕩息子にあって、エサウの再会にない単語がひとつある。「憐れに思い」と訳された「スプランクニゾマイ」である。これはイエスの愛を最も特徴づける言葉として際立つ。

思いがけないことが起こった。襲いかかるどころか、エサウはヤコブとの再会を心から喜んだ。本来ならば、怒りをぶつけられてもおかしくない。攻

め込まれても仕方ない。一時は殺そうと思ったほどである。エサウのほうから走って来て、抱擁して接吻したことは、彼がヤコブを心から赦したことを表す。見せかけの芝居でやったとは、愚直なエサウにはあり得ないだろう。素直に、ヤコブへの赦しと憐れみの表現となった。

　このエサウの行動と心中に、人間エサウを通して示された愛、パウロがコリント教会に語ったアガペーを見る思いがする。放蕩息子はイエスのたとえ話だが、これはヤコブとエサウという兄弟間の出来事という点でこの物語は特徴的であり意義深い。この愛は、エサウがヤコブの努力と成功を賞賛し「よくやった」という賞賛の愛ではない。兄に対しての非行ゆえに、本来なら命を落としていてもおかしくない人間ヤコブに対して示された、神の憐れみの愛である。ヤコブの次の一言がそのことを物語っている。「兄上のお顔は、わたしには神の御顔のように見えます」(10節)。エサウとの再会は、ペヌエルでの格闘の後の出来事だが、ヤコブは格闘を終え神から祝福を受けると、「わたしは顔と顔とを合わせて神を見たのに、なお生きている」(32:31)と言った。「なお生きている」というのは、「あなたはわたしの顔を見ることはできない。人はわたしを見て、なお生きていることはできないからである」(出エジプト記33:20)とされているからである。それゆえ「ように見えます」としか言えないのだが、それでもエサウの歓待のうちに、ヤコブは神の臨在を実感し、エサウの抱擁と口づけと涙のうちに神を見たであろう。

供え物と祝福

　ヤコブはエサウと和解しようと、家畜の贈り物を携えてやって来た。ただひれ伏して頭を下げるだけでは真意は伝わらないと考えるのは当然であろう。けれどもそのような贈り物は、エサウには不可解に映るだけだった。エサウも20年間に成功を収め潤沢だったからである。ここから2人の押し問答が始まる。

　エサウ「あの家畜は何のつもりか」(8節)。

ヤコブ「好意(ハーナン)を得るためです」(8節)。
エサウ「わたしのところには何でも十分ある。お前のものはお前が持っていなさい」(9節)。
ヤコブ「いいえ。もし御好意(ハーナン)をいただけるのであれば、どうぞ贈り物(ミヌハー)をお受け取りください」(10節)。「どうか……贈り物(バラカー)をお納めください。神がわたしに恵み(ハーナン)をお与えになったので、わたしは何でも持っていますから」(11節)。

　エサウはこのあと贈り物を受け取る。10節の贈り物「ミヌハー」は、32章で先発隊に言わせた贈り物と同じ言葉である。ミヌハーは、お供え物、なだめ物という意味あいのこもった贈り物である。20年来のわだかまりを解き、怒りを鎮めてもらうために受け取ってもらいたいということだ。「お詫びの印としてお受け取りください」と同じである。もともとヤコブは、そういう気持ちでエサウとの和解を考えていた。これは、自分の負い目を赦してもらうための償いであると。ところが家畜の贈り物では、同じく裕福なエサウには全く意味がなく、彼を喜ばせることはできなかった。贈り物にならなかったのだ。そのことに気づいたのかヤコブは、贈り物「バラカー」をお受け取りくださいと言い換えた。バラカーの意味は祝福である。「これはあなたの怒りを鎮めるための贈り物ではありません。あなたを祝福する贈り物です」とメッセージを変えたのである。ヤコブは、父イサクの祝福(バラカー)をだまし取った(27章)。そのバラカーを兄上にお返しいたします、ということにもなる。これを聞いてエサウは、贈り物を受け取ることにした。ミヌハーの贈り物には、どことなく人間関係のしがらみがまとわりついている。たとえどんなに高価で貴重な代物であっても、そうした利害がからむディール(商談交渉)に利用しているだけならば、贈り物によって和解を実現するなど到底できない。それに比べて祝福、バラカーには、人間どうしの利害や損得勘定は入り込まない。あるのは神があなたと共におられるように、あなたに神の祝福がありますようにという純粋な祈りである。これなら受け取れると思ったのだろう、エサウはなだめ物としての贈り物は受け取らず、祝福

の贈り物を受け取ったのだった。

憐れみであっていけにえでない

旧約時代、祭司が祭壇にささげた焼き尽くす献げ物は、芳しい香りを立ちのぼらせて神を宥めるためのいけにえだった。芳香で神に喜んでもらうためだった。喜んでもらい、ユダヤ人に祝福と幸いを授けてもらうための祭儀だった。これと関連して、イエスがホセア書から引用して語った次の箇所を思い出す。「『わたしが求めるのは憐れみであって、いけにえではない』とはどういう意味か、行って学びなさい。わたしが来たのは、正しい人を招くためではなく、罪人を招くためである」（マタイ 9:13）。同じ引用は 12 章にも登場する。いけにえではなく憐れみを求めるというイエスの言葉と、ミヌハーではなくバラカーを受け取ったエサウの態度に類似点を見いだすことができる。

人間と神との関係がいかなるものであるかは、大きな神学的問いである。教派によって最も考え方の特徴が出てくる部分でもあるが、神を人格的に捉えつつ礼拝における双方の交流をみていくとき、「なだめ物と祝福」、あるいはイエスによる「いけにえと憐れみ」の対比は、その理解に役に立ち、同時にこれは礼拝とは何かという問いでもある。神に対して何かを献げたいという奉献の思いを人間が抱くのは、自然なことである。そのときのお供え物は、神から御利益をもらうために人間側から発する「おこない」となる。神の「ご機嫌」をなだめるための「わざ」である。これが、ヤコブがエサウに対して試みた最初のアプローチだったが、それは失敗に終わる。エサウが受けとったのはなだめではなく祝福の贈り物だったということ、そしてイエスが引用した「いけにえではなく憐れみを求める」から言えるのは、神が人間に求めているのは、神を喜ばせるためのわざやおこないではないということである。

祝福への応答

ただここで 1 つ疑問が残る。「祝福（バラカー）」や「憐れみ（エレオス）」

はいずれもアガペーであり、それは本来、神から人へという方向性を持っている。アガペーは神に属するわけだから、人から神へと向かうものではないはずだが、(神のような顔をした)エサウがヤコブから祝福(の贈り物)を受け取るとはどういうことか。そしてホセア書の引用部分「神が(人から)求める憐れみ」とはどういうことか。方向が逆向きではないのかという気がしてくる。確かに、祝福も憐れみも属性は神にある。人間から神へは決して向かわない。取り上げた2つの事例をみると、エサウはヤコブを赦し、抱擁と接吻をする。イエスは、徴税人や罪人と一緒に食事をする。これらの出来事のうちに、祝福と憐れみとなった神の愛・アガペーは、極めて具体的に顕れたのだった。エサウからヤコブへ、イエスから罪人に向かって流れた。

　ヤコブとエサウのやりとりの中で、ヤコブはエサウに対して何度もハーナン(恵み)を口にする。「好意(ハーナン)を得るため」、「もし御好意(ハーナン)をいただけるのであれば」、「神がわたしに恵み(ハーナン)をお与えになったので」。神の恵み、ハーナンが、エサウから届けられるのをヤコブは期待しているのだ。そのことを『新共同訳　旧約聖書注解Ⅰ』はこう述べる、「ヤコブはハーナンを媒介にしてエサウを『神のように』受容した」(79頁)。アガペーは「神のような」エサウからヤコブへ、イエスから罪人へと届けられた。今、2つの例から問われているのは、こうした具体的なアガペーを生活の中で神から受け取ったとき、それに対して我々がどう応えるかである。神の愛に生きる者たちが、それに応答して生きる姿が問われている。まず神の愛が我々に与えられる。今度はそれに我々が、喜びと感謝をもって応えて生きていく。その応答が、ヤコブが献げた祝福の贈り物であり、イエスに従って生きると決めた徴税人マタイの新しい生き方だった。

　この見方はまた、礼拝における神と我々との関係にもあてはまる。神が人間に祝福を賜り、それを我々が受け取る場として礼拝がある。礼拝する我々はこの恵みを受け取り、神に送り出される。そして喜びと感謝をもってこの世に遣わされていく。喜びと感謝は、礼拝の中ではたとえば献金となり、社会においては隣り人に仕える者となるという形をとる。そこに祝福への応答という流れが起きる。

争いから交わりへ

　ヤコブとエサウの和解は、単なる美しいヒューマンドラマとして片付けられてはならない。そこに明確な神の導きと意志が示されていることが読み取られ、語られるべきである。ヤコブがエサウとの再会を決意したときの心境の変化が気になるところだが、創世記はそれらしきことにほとんど触れていない。32章2–3節の神の御使いとの出会いが、何らかのきっかけになったかもしれない。ヤコブは御使いとの出会いの場をマハナイム（2組の陣営）と名付けるが、2組の陣営とは、自分とエサウ両者が意識にあったのかもしれない。この神の介入によって、彼は再会の決意に至ったと読み取れる。ヤコブは伯父ラバンのもとで20年間耐えて働いた。優れた先見性と狡知によって大きな成功を収めることもできた。しかしながら、それは何度もラバンにだまされながらの辛い生活でもあった。それに終止符を打ち、ラバンのもとを旅立ったとき、ヤコブは神の使いと出会う。この体験の中から、自分がエサウにしてしまった不正と、自分がラバンから被った試練を重ねてみることで、エサウとの再会と和解を決意できたのではなかったか。2人の再会に至る20年を辿ると、ヤコブ自身が懸命に生きてきた様子が強く出ているが、決してそれだけではなく、神が随所で夢や幻を通して、ヤコブに語りかけたことを見逃せない。そしてヤコブは、その語りかけを真摯に受け止めた。ベテルでの夢、マハナイムでの幻、ペヌエルでの格闘。それらすべてがヤコブを霊的に導いた。2人の争いは、最後には2人の霊的な交わりへと昇華していった。

　2017年は、プロテスタントにとって宗教改革500年として刻まれた。宗教改革運動からプロテスタント教会が誕生していったのだが、裏を返せばそれは教会の分裂の始まりでもあった。筆者が属するルーテル教会ではそのことを深く受け止め、カトリック教会との対話と和解の契機として取り組み、それがグローバルに展開した。2016年の宗教改革記念日（10月31日）に、ルーテル世界連盟（LWF）とバチカンの共同主催による合同礼拝がスウェーデンのルンドで行われ、当時のLWF総会議長ユニブ・ユナン監督とフラン

シスコ教皇が共同司式した。日本でも2017年の11月23日、長崎の浦上天主堂を会場に両教会の教職と信徒が「平和を実現する人は幸い」のテーマのもと記念礼拝をすることとなった。これらは、1999年の「義認に関する共同宣言」、2013年の「争いから交わりへ」といった共同作業を経て、両教会が50年間にわたり続けてきたエキュメニカル対話がもたらした「霊の結ぶ実」(ガラテヤ5章)といえよう。

　対話を続けてきた両教会にとって歴史的な宗教改革500年となったが、ふたつの教会がこれでひとつになったわけでは勿論ない。両教会を隔てる神学的課題は厳然と存在している。けれども争いがあるから交われないのではなく、争いがあるからこそ交わる意味がある。互いを理解し尊重しあう関係は、そこから作られていく。ルーテル教会にとって宗教改革500年は、そうした「争いから交わりへ」の年だったといえる。ヤコブとエサウは再会した後、どこまで仲良くなれたのだろうか。「一緒に出かけよう」と言ったエサウだが、ヤコブは「どうぞお先に。わたしはゆっくりまいります」と答えて、エサウと別行動をとった。わだかまりの感情は、簡単には消えないものだ。けれども創世記は、その後の2人の関係について、美しい一節を付している。それは2人の父イサクの死に際してだった。「イサクは息を引き取り、高齢のうちに満ち足りて死に、先祖の列に加えられた。息子のエサウとヤコブが彼を葬った」(35:29)。

参考文献

野本真也他「創世記」、『新共同訳　旧約聖書注解Ⅰ』日本キリスト教団出版局、1996年

手島佑郎『創世記　上』ぎょうせい、1990年

Miguel A. De La Torre, *Genesis* (Belief: A Theological Commentary on the Bible), Westminster John Knox Press, 2011.

創世記　34 章 1-31 節

小泉　健

シケムの町とヤコブ

　ヤコブはパダン・アラムに住む伯父ラバンのもとから、父イサクのいるカナンの地に帰ってきた。兄エサウとの再会を果たし、平和に別れることができた。セイルのエサウのもとに「参ります」と言ったものの（33:14）、そんなつもりは初めからなかったのであろう。スコトで家を建てたのは（33:17）、旅の疲れをいやすためだろうか。ヨルダン川を渡り、シケムに着いて土地を買い取り、祭壇を建てた（33:19–20）。34 章の舞台はシケムである。

　34 章での事件のゆえにシケムを離れ、神の命令によってベテルに来て（35:6）、ここで再び神の祝福を受けたのに、ヤコブはあっさりベテルを離れて、父イサクのいるヘブロンに至る（35:27）。ヨセフ物語の冒頭でヨセフの兄たちはシケムで羊を飼ったりもしているが、ヤコブが住んでいるのはヘブロンである（37:14）。

　ヤコブはもともとどこを目指していたのだろうか。ヘブロンには、アブラハムとサラが葬られているマクペラの洞穴がある（23:19、25:9–10）。イサクも移動を繰り返し、ヤコブがパダン・アラムに旅立ったときにはベエル・シェバにいたが、ヤコブが 20 年後に戻ってきたときにはヘブロンに住んでおり、そこで死んだ。エサウとヤコブが彼を葬った。ヤコブがヘブロンに来たのは、父イサクの最期を看取り、葬りの責任を果たすためであったようにも

思われる。それなら、父に会いに行く必要に迫られるよりも前、ヤコブ自身の計画では、どこに行きたかったのだろうか。

ヤコブは、ほんとうはシケムに定着することを望んでいたように思われる。シケムはエバル山とゲリジム山の間にある古くからの町である。聖所があった。33章18節よりも前に「シケム」の地名が現れるのは12章6節のみである。この箇所に目を留めてみたい。アブラハム物語の冒頭近くである。

アブラハムは神に召し出され、「あなたはわたしが示す地に行きなさい」と告げられる。アブラハムは神の言葉に従ってハランを旅立ち、カナンの地に入る。その時、アブラハムが最初に来たのがシケムであった。神はシケムでアブラハムに現れて、「あなたの子孫にこの土地を与える」と言われた。そこでアブラハムはそこに祭壇を築いたのだった（12:6-7）。

ヤコブは兄エサウの怒りを避けて、祖父アブラハムが召命を受けた地であるハランに逃げた。その後ヤコブは、祖父アブラハムの足跡をたどり直すようにしてハランからカナンの地に旅をすることになった。そこでヤコブはカナンの地に入った時、祖父と同じようにシケムに来て、祖父と同じように祭壇を建てたのである。祖父に与えられた約束を受け継ぐのは自分であるとの自負がうかがえるようである。ヤコブはそのままシケムに根を張りたかったのではないか。

ところが34章で語られるように、娘のディナがこの町で暴行を受けた。ヤコブの息子たちはその報復にシケムの男たちをことごとく殺し、町中を略奪した。これによってヤコブはこの地の憎まれ者となり、この地を離れざるをえなくなった。ヤコブの計画は破綻することになった。では、ヤコブは、そしてヤコブの息子たちはどうすればよかったのだろうか。

広がりゆく罪の力

出来事の発端は、1人の女性が暴行を受けたことである。この土地の有力者の息子シケムが「彼女を見かけて捕らえ、共に寝て辱めた」（2節）。暴力がふるわれた。人としての尊厳が踏みにじられた。恐怖と惨めさ、怒りと悔しさ、無力感と絶望……。ディナは心にも体にも深い傷を負った。そしてデ

ィナは、そのままシケムの家に捕らわれの身となった（26 節）。

　自分の家族にこのようなことが起きたら、どうするだろうか。教会の一員がこのような目に遭ったら、何ができるだろうか。ディナの身にふりかかった事件は、読む者を落ち着かなくさせる。これはあってはならないことである。悪は除かれ、罪は裁かれ、損害は償われ、ディナはできる限りいやされ、新しい道を得なければならない。ところが、物語はそのように進んでいかない。罪が阻まれ、克服されるどころか、むしろ罪はとめどなく広がり、深まっていくことになる。

　まずシケムはディナに対してさらに欲望を燃やし、彼女に執着する。「心を奪われ」（3 節）と訳されたところは「彼の心（ネフェシュ）が執着し（ダーバク）」と書かれている。「ダーバク」は「くっつく、粘着する、すがる、執着する」という意味である。ヨブの骨は皮膚と肉とに「すがりつく」（ヨブ記 19:20）。ナアマンの病がゲハジに「まといつく」（列王記下 5:27）。なるほど結婚によって男は女と「結ばれ」、だから一体となる（2:24）。しかしこの順序を倒錯させてしまったシケムの場合は、彼のよこしまな心がディナにまつわりつくばかりである。ここでの「ネフェシュ」は欲望の意味合いが強かろう。

　第二に、シケムがしたのは「汚す（ターメー）」ことであり（5 節）、「恥ずべきこと（ネバーラー）」であった（7 節）。「ターメー」はレビ記に多く出る祭儀用語である。たとえば、重い皮膚病にかかっている患者は（ここでは名詞形だが）「ターメー、ターメー」と叫ばなければならなかった（レビ記 13:45）。シケムの行為は倫理的だけでなく宗教的な違反でもある。

　「恥ずべきこと」だというのは、ヤコブの子らの判断というだけではない。物語の語り手の意見であり、さらに読み手も同意するようにと招かれている。「ネバーラー」は多く「愚かなこと」と訳されるが、それは思慮が足りないという程度のことではなく、人と人、民族と民族、さらには神との関係を破壊する重大な行為を指す（旧約聖書に 13 回見られるうち 8 回は性的な罪を含む）。死をもって償うべき重罪を指すことも多い（申命記 22:21、ヨシュア記 7:15）。時には祭儀共同体全体が罪を負うような「非道なふるまい」のことでさえあ

る（士師記 19:23, 24、20:6）。それは「してはならないこと」なのである。

　第三に、シケムはその後、ようやくディナとの結婚をはかるのだが、そこには経済的な打算が大きく働いている。シケムの父ハモルの言葉においても（8–10 節）、シケム自身の申し出においても（11–12 節）、ハモルとシケムが町の人々を説得した言葉においても（21–23 節）、ディナの意志は顧みられず、彼女の幸福が願われることもない。ヤコブの一族とシケムの一族が姻戚関係を結ぶことで、シケムの一族がヤコブの一族を吸収し、ヤコブの一族の財産を自分たちのものにすることが、ひたすら追い求められているだけである。シケムはこの目的のためにディナを利用しようとする。シケムが結納金や贈り物を申し出るのも（12 節）、ディナ一人を得たいからではなく、ヤコブ一族全体を獲得したいからにほかならない。

　しかし、シケムとハモルの申し出は、ヤコブの一族にとっても魅力あるものであったに違いない。土地に定着し、その土地の人々と同化し、安定した文化的生活を享受するようになることは、貧しい遊牧民が熱望していたことだった。ディナの結婚がその第一歩になるというのである。経済的な安定と繁栄のためには、これは願ってもない好機ではないだろうか。

　申命記においては、カナンの先住民を追い払うことが命じられ、彼らと協定を結んだり、姻戚関係を持ったりすることが禁じられている。それは、彼らの宗教が入ってきて宗教的姦淫に至ったり、いつの間にか宗教混淆に陥ったりすることがないためであった（申命記 7:1–5）。偶像礼拝は、あからさまな信仰問題として入ってくるのではない。周りの人々との軋轢を避けること、豊かになること、成功することを求め、それらを得ることを判断の基準にするときに、それらと共に忍び込んできてしまうのである。

ヤコブの息子たちの欺き

　ヤコブの息子たちはシケムとハモルに「欺きにおいて（ベミルマー）」語った。かつてヤコブは「策略によって（ベミルマー）」エサウの祝福を奪った（27:35）。そのヤコブは結婚相手のことで伯父ラバンにだまされた（関連する動詞「ラーマー」29:25）。御言葉は初めから、ここで語られる言葉がもっと

もらしい偽りであり、策略であることを明言する。

　ヤコブの息子たちが出した条件は、彼らがお互いに姻戚関係を結び一つの民となるためには、シケムの町の男性が皆、「割礼を受けて我々と同じようになること」であった（15節）。シケムがお金や贈り物の提供を申し出たのに対して、ヤコブの息子たちは、結婚において重要なのは宗教的なアイデンティティだと主張したということだろうか。しかしそう考えると奇妙なほどに、割礼という行為が持ち出されるばかりで、信仰の事柄には全く触れられていない。

　割礼そのものは、エジプト人、エドム人、アンモン人、モアブ人にも見られた。彼らにとって割礼は、民族的なアイデンティティにかかわるものだったのかもしれない。しかし、イスラエルにとっての割礼は単なる民族的習俗ではなく、神とアブラハムの子らとの間の「契約のしるし」である（17:11）。だから、ただ割礼を受けたからといって「我々と同じようになる」わけではない。神を知り、神との契約を知って、神を信じる契約の民に加えられるのでなければ、何の意味もない。それなのに、契約の神についてはひと言も語られない。ヤコブの息子たちは、シケムの一族を弱らせ、皆殺しにすることしか考えていないのである。

　しかし、彼らにとって聖なるものであるはずの割礼を策略の手段とし、神を知らない者たちに「我々と同じようになる」ための割礼を受けさせるようなことをしてもいいのだろうか。割礼をそのように扱うことができたということは、もしこれが策略ではなく、本気で一つの民になろうとしたのだとしても、神について語ることなしに、ただ割礼を受けさせるだけでよしとしてしまったのではないだろうか。

　ヤコブの息子たちはこの章で全く「世俗的」に、すなわち神なき者たちとしてふるまっている。妹が辱められたと聞いても「互いに」嘆くばかりで、神に嘆き訴えはしない。神の御心を問うことも、助けを求めることもしない。平気で偽りを語り、割礼を、相手を弱らせるための手段として利用する。そして男たちをことごとく殺し、財産をみな奪い、女も子どももすべて捕虜にした。

神が割礼を与えたのは、イスラエルがいつも契約を覚え、自分が神の民であることを自覚し、さらには他者にとっても祝福の源となるためであった。しかし、ヤコブの息子たちは割礼を死のしるしに代えてしまった。割礼のしるしを身に帯びている者は滅ぼされ、持っているものを奪い尽くされるのである！　祝福ではなく呪いである。ここでは、契約が逆転してしまっている。シケムの罪は、ヤコブの息子たちにおいて何倍にも膨れ上がっている。人間の罪は、契約を破壊するだけではない。契約を転倒させ、災厄をもたらすことさえするのである。

ヤコブの沈黙

　ヤコブは何も積極的な役割を果たさない。娘のディナが暴行を受けたと聞いても、息子たちが帰るまで黙っていた。息子たちのように嘆き、憤ったのかどうかさえわからない。ヨセフが失われた時には、「自分の衣を引き裂き、粗布を腰にまとい、幾日もその子のために嘆き悲しんだ」のと対照的である（37:34）。ヨセフは愛する妻ラケルの子で、ディナはレアの子だからなのか。しかし、ヤコブ自身、父イサクが兄エサウを偏愛することに苦しんだはずではなかったか。それなのに、自分も同じ過ちを繰り返している。ヨセフをあれほどかわいがり、ディナにはこれほど冷淡である。ここでも罪は克服されず、むしろ増大してしまっている。

　ハモルとシケムはもっぱらヤコブの息子たちに語りかけ、それに応答するのも息子たちである。ヤコブはここでも黙っている。息子たちがシケムの町に虐殺と略奪に出かけていくのを止めることもなかった。

　ヤコブが口を開くのは最後に一度だけ、すべてが終わった後だけである。シメオンとレビに対して不平を述べるだけで、ではどうすればよかったのかも言わない。カナンの地に戻ったときまっすぐシケムに来て、すぐに土地を買ったヤコブにしてみれば、「ここに移り住んで、自由に使ってください」というハモルの申し出は（10節）、願ってもないものだったに違いない。ディナにはかわいそうだが、これで一族は平穏になり、繁栄することができる。だが、自分で事態に立ち向かおうとせず、判断を息子たちに任せてしまった

手前もあり、またいきり立つ息子たちの権幕にも押され、もはや手綱を取り戻すことはできなかった。後になってから、今さら言っても仕方のない文句を言うことができるばかりである。

「シケムがヤコブの娘と寝て、イスラエルにおいて恥ずべきことを行った」（7節。「ベイスラーエール」なので、「に対して」ではなく「において」であろう）。1つの文の中に「ヤコブ」「イスラエル」と、彼の新旧2つの名前が並んで告げられる。まだイスラエルの民はいないのだから、ここで「イスラエルにおいて」と語るのは時代錯誤だと考える注解者もいる。しかし、そうではなかろう。ディナは「ヤコブの娘」である。しかもヤコブは神と格闘し、祝福を求めてすがりついた「イスラエル」である。自分の娘が辱められ、イスラエルの名が汚されている。息子たちはそのために嘆き、憤っている。それだけに、ヤコブが何も言わず、何もしないことが一層際立つ。ヤコブは、自分の娘も、イスラエルの名も、その両方を与えてくださった神をも重んじてはいないのである。

シメオンとレビ

ヤコブの息子たちの策略にかかり、シケムの町の男たちはすべて割礼を受けた。3日目、割礼の手術による痛みがもっとも激しくなり、おそらく発熱にも悩まされているとき、シメオンとレビが町に入り、男たちをことごとく殺した。

シメオンとレビは、めいめい「剣を取って」出かけていった（25節）。「剣を取る」は殺害を決意したことを強調する言い方である。シケムがディナを「捕らえた（ラーカハ）」のに応じて、それにふさわしい報いは剣を「取る（ラーカハ）」ことだというのだろうか。

ディナはレアが産んだ娘である（30:21）。レアが産んだ息子たち、すなわち「ディナの兄」は、ルベン、シメオン、レビ、ユダ、イサカル、ゼブルンの6人いた。彼らはみなディナを助けたいと思っていたに違いない。だが、そのうちの2人、シメオンとレビだけが初めから殺すつもりで出かけ、町の人々を虐殺し、ハモルとシケムをも殺した。シメオンとレビは6人の中

でもとりわけ気性が荒く、限度を知らず、暴力に傾きやすい乱暴者だったのかもしれない。

ヤコブはシメオンとレビに「困ったことをしてくれた（アーカル）」と不平をもらす（30 節）。「アーカル」はつねに災厄を含意しているので（ヨシュア記 7:25 など）、伝統的な訳し方は弱すぎるとして、「破滅をもたらす」と訳す注解者もいる（Wenham）。「累を及ぼす」（フランシスコ会、月本昭男）、「不幸に陥れる」（関根正雄）という訳も見られる。

シメオンとレビに対するヤコブの評価は生涯変わらず、彼らの行く末に不安を抱いていたようである。ヤコブは死を前にして息子たちを祝福したが、シメオンとレビについては呪いを告げずにはいられなかった（49:5–7）。「彼らの剣は暴力の道具」であり「彼らは怒りのままに人を殺し」たからである。彼らの怒りが激しいので、ヤコブは彼らを散らして、力を弱らせたいと願った。

神がご自分に仕える祭司の部族としてお選びになったのは、そのレビの子孫であった。レビ族は嗣業の土地を持たずに散らされることになり、また彼らの一途さは神への熱心として活かされることにもなった（出エジプト記 32 章参照）。血を流すのに早く、神に仕えるのにもっともふさわしくないはずの者たちが、あえて選びだされた。ここに、神の御旨の高さ、選びの広さ、忍耐と信頼の長さ、赦しと憐れみの深さがある。

それではどうすればよかったのか？

ヤコブはハモルとシケムの申し出を受けて、シケムに定住することを望んでいたのだろう。しかしそれでは「わたしたちの妹が娼婦のように扱われてもかまわないのですか」（31 節）という問いに答えられないし、またシケムの町の文化とともに宗教をも受け入れることになったに違いない。他方、シメオンとレビのように悪をもって悪に報いるのでは、暴力の連鎖が拡大していくばかりであって、すべての人に破滅をもたらすことになる。それでは、ヤコブとヤコブの息子たちはどうすればよかったのだろうか。

シメオンとレビの最後の問いに、ヤコブは答えることができない。しかし、

神は即座にお答えになる。「神のための祭壇を造りなさい」(35:1)。34 章では神の名が呼ばれることはなく、神の働きが示唆されるところもない。ヤコブも、息子たちも、シケムとハモルも、それぞれ人間的な思惑で行動し、罪が増大していくばかりであった。それに対抗するようにして、直前の節 (33:20) と直後の節 (35:1) に「祭壇」の語が出る。

　悪は除かれ、罪は裁かれ、損害は償われ、傷つけられた人はできる限りいやされ、新しい道を得なければならない。人間にはそれをすることができない。神にはおできになる。神の名を呼び、神を待ち望むこと。神の御心を追い求め、お従いすること。それこそが、ここでなされるべきことであった。神の力は、わたしたちを贖い、いやし、きよめる力である。

参考文献

G. フォン・ラート『創世記　私訳と註解　下』(ATD 旧約聖書註解) 山我哲雄訳、ATD・NTD 聖書註解刊行会、1993 年

W. ブルッグマン『創世記』(現代聖書注解) 向井考史訳、日本キリスト教団出版局、1986 年

Gordon J. Wenham, *Genesis 16-50* (WBC), Word Books, 1994.

Victor P. Hamilton, *The Book of Genesis: ch. 18-50* (NIC), W. B. Eerdmans, 1995.

R. R. Reno, *Genesis* (Brazos Theological Commentary on the Bible), Brazos Press, 2010.

創世記　35 章 1–29 節

蔦田崇志

序　ヤコブにとってのベテル

　兄であるエサウの逆鱗に触れ逃亡を余儀なくされたヤコブが（27:41–28:9）、旅の道中「とある場所」（28:11）で、今まで知らずにいた神の臨在に触れて畏れを抱いたところに記念碑を立て、そこをベテルと名付けた（28:16–19）。天から降る階段の傍に立つ主を彼は夢に見て、神の同行、土地の取得、また子孫繁栄の約束を得た場所であった。彼はそこを「天の門」また「神の家」だと感嘆し、後者をその地の名称とした。

　彼は妻を同族から得るためにそこを発って旅を続け、やがてラバンのもとに辿り着くが、ベテルは彼の神に対する信頼を初めて認めた場所として彼の心に据えられた。ベテルは旅の通過点ではなく、彼が戻ってくるべき場所、彼の子孫の繁栄のために神が賜った地となった。

ベテルに進み、振り返る（1–7 節）

　この章の記録は、単にヤコブの生涯を辿って先を行くだけのものではなく、むしろこれまでの歩みを丁寧に振り返りながら、彼が経験してきたことの意義を改めて思い巡らす形をとっている。そういう意味でこの章を読む際には、出来事を追うこととともにここでそれらがどのように説き明かされているかに目を止めることが求められている。

人が祭壇を築くように命じられたのは初めてのことである（1 節）。神はヤコブをかつて祭壇を築いたベテルにいざない、礼拝へと招いている。ヤコブは礼拝に向けて巡礼の旅を始める。同伴する者たちに言って、身に着けている外国の神々を取り外させることは、彼に現れた神への忠誠を表し、また身をきよめ、衣服を着替える姿には儀式的なきよめの原型をみる（2 節）。

礼拝の対象たるお方が如何なる神であるかは明瞭で、「苦難の時わたしに答え、旅の間わたしと共にいてくださった神」であり（3 節）、兄エサウを避けて逃げて行ったときに彼に現れた神（1 節）である。ヤコブはかつて記念碑を築いてこの神に祈って誓願をたてた。

「神がわたしと共におられ、わたしが歩むこの旅路を守り、食べ物、着る物を与え、無事に父の家に帰らせてくださり、主がわたしの神となられるなら、わたしが記念碑として立てたこの石を神の家とし、すべて、あなたがわたしに与えられるものの十分の一をささげます」（28:20-22）。

今ヤコブはその場所に戻って誓いを果たそうとしている。そして同伴する一族は彼の誓願に応答した。ここに礼拝のために自らを整える信仰共同体を見出す。顕現された神以外の一切と決別し、偶像を鋳造する材料の処分なのか（出エジプト記 32:2-3 他）、神への献身の表れなのか（民数記 31:48-51）、耳飾りを差し出した。月本は私訳の脚注で、この耳飾りが「単なる飾りでなく、宗教的意味をもつ『お守り』」と解説している（月本昭男『旧約聖書 I』113 頁）。礼拝する神への忠誠は、抽象的な思索や、心中の営みにとどまるものでなく、具体的に特定の時と場所で形に残る行為として表される。彼らにとってシケムの樫の木が忠誠の事実を証する場所として歴史に刻まれた。かくして礼拝への巡礼の準備は整った。礼拝に備える信仰共同体の姿を垣間見る 1 コマである。神はそのような礼拝者たちを慈しんで顧みられる（6 節）。周辺住民からの妨げが取り除かれることが、当時の巡礼者、旅人たちにとってどれほどの安堵となったのか容易に推察できる。特に 34 章に記録されているような血なまぐさい虐殺を踏まえると神が周辺にもたらした「恐れ」はヤコブたちをして先の誓願（28:22）を想起させるみわざであったに相違ない。

ヤコブ一行は礼拝の場に辿り着き、礼拝をささげる（6-7 節）。旧名のル

ズと改名されたベテルが並列され、その場所がかつて聖別された場所、神体験をした場所であることが想起される。かつてベテルと改名された地について、さらにここでエル・ベテルと名付けている記録は（7節）、その経緯や理由が何であれ、ヤコブの信仰と献身の更新を表している。かつて神の臨在を体験し、「天の門」また「神の家（ベテル）」と名付けた場所に戻った彼はその場で礼拝を捧げ、神は（エル）ベテルに臨在されることを確かめた。礼拝の中で、人は神の臨在と同行を確かめる。そして前に進む力を得る。かつて兄エサウの脅威に対して救いとなった神は（1節、7節後半）、ベテルへの道中、周囲に恐怖をもたらすことでまたしてもヤコブの救いとなられた。

礼拝に参列する者たちは、その場で体験する神の臨在と、そこに至るまでにそれぞれの歩みの中で体験した神の同行を重ねることで、これからの歩みの動力を得る。そしてこの記事で特に留意すべきは、神ご自身がその礼拝にヤコブを招いていることである。神が礼拝者を招いて「神のために祭壇を造りなさい」（1節）と告げられる。

第一の埋葬と神の顕現（8-15節）

ここでヤコブの母リベカの乳母の死と埋葬が告げられる。リベカは双子のうちヤコブを溺愛して、彼の人生に多大な影響を与え続けてきた。エサウとの確執にも一役関わってそもそもこの逃避行をヤコブにさせた。そのリベカを育んできた女性の埋葬である。リベカが実家を出る時に同伴したこの乳母は（24:59）、ここで初めて名がデボラであったことを紹介される。そしてまた、埋葬の場がアロン・バクト（嘆きの樫の木）と名付けられていることから、一族の哀悼の念が汲み取れる。これは取りも直さず、母リベカの寵愛や加護、また影響力との別離を意味する。確かにリベカの死は本書に記録されていないが、まもなく告げられる父イサクの死と相まって（27–29節）、ベテルはヤコブが一族の長となった場所としても記念されている。リベカの死は、創世記の締めくくり近く（49章）、かつてアブラハムが墓地として購入したマクペラの地にイサクとともに埋葬された記事をもって記録されている。

改めて「ヤコブがパダン・アラム（すなわちリベカの故郷）から」の帰還

に触れて、その門出に再び神は現れてヤコブに祝福を告げる。帰還への言及は読者をペヌエルでの神体験に引き戻す（32章）。エサウとの再会を前に恐れ悩んで祈ったときに、神はヤコブに現れて格闘を挑み、腿の関節に傷跡を残しつつもヤコブを祝福し、彼の名を「イスラエル」と変えた出来事がここから想起される。

　「あなたの名はヤコブである。しかし、あなたの名はもはやヤコブとは呼ばれない。イスラエルがあなたの名となる」（10節）。

　ペヌエルで与えられた名前が確かなものとして告げられてヤコブは族長としての歩みに押し出される。

　そして神の祝福が続く。かつてアブラハムを祝福する時にご自身を名乗られた御名（17:1）、またイサクがヤコブをパダン・アラムへと送り出す際にヤコブに教えた神の御名（28:3）「全能の神（エル・シャッダイ）」を、今ヤコブは自らの耳で知らされて、直にその声を聞く。確かに月本が指摘するようにエル・シャッダイの原意が必ずしも明瞭でなく、端的に「全能」と訳すことに躊躇を覚える釈義家もあるが、ウェナムが説明するように、この名が言及されるのが（少なくとも創世記においては）、子孫を増やす契約と関連してのときであることを考えると、神は自らの履行能力の十全を賭して名乗られたと読み解くことができる（Wenham, 19-20）。特に不妊のサライに子孫を約束するのであるから（17:2）、尋常をはるかに越えた力が求められる。初期ユダヤ教では語源的解釈が施され、エル・シャッダイをさらにエル（神）・シャ（関係詞「……であるところの」）・ダイ（十全な）に分解して「十全なるところの神」と読むことも加えて紹介されていて、断定は困難なものの「全能の神」と理解して読み進めることが妥当と十分に頷くことができる。このエル・シャッダイが今、ご自身をヤコブに名乗られた。かつてアブラハムに神が約束された子孫の繁栄を（17:2）、そしてイサクがヤコブを送り出す時に神が彼に賜るように祈った子孫繁栄の祝福を（28:3）、今神は直にイスラエルに告げ、繁栄の先には彼を名乗る王国が生まれる約束が彼のものとなる。その王国は単一でなく、枝分かれをしつつ繁栄を続ける。

　祝福はさらに、土地の取得、国土の確立に至る。

「わたしは、アブラハムとイサクに与えた土地をあなたに与える。また、あなたに続く子孫にこの土地を与える」（12 節）。

　これらの祝福もまた、アブラハムからイサクに継承されてきたもので、神の契約に対する信実を明らかにする。神はかつてベテルにて、ヤコブの夢の中で傍らに立ち、一帯の土地を彼に与えると約束されたが（28:13–15）、その約束の更新がここでなされる。しかし、何故アブラハムやイサクにすでに与えたはずの土地を、神はまた改めてヤコブに与えると宣言なさるのか。ヤコブが父祖から引き継ぐ土地は、あくまで神の所有であり、神の祝福の下で初めて相続が実現する。そういった意味で神的祝福の継承は自動的な世襲ではなく、その時その時に神の新しい介在と、新鮮な恵みの付加をもって改めて注がれる。

　13 節は神の顕現が完結する瞬間を捉えている（17:22、18:33 など参照のこと）。可視的な顕現による神の臨在の確認と、そうでない日常での神の臨在の実感を隔てる瞬間であるが、族長たちはその両者に対して微塵の差異も認めていない。彼らにとって、顕現の完結は断じて神の臨在の喪失ではない。ヤコブはかつてベテルにてその神的現実を体験し、爾来その認知を保っている。それはちょうど、エマオ途上で復活の主と出会った 2 人の弟子たちの目の前から、忽然と主イエスの姿が見えなくなった後にも彼らの心の燃える思いが失せなかったのに類する経験であろう（ルカ 24:31–32）。復活の主を天に送った後にも大いなる喜びを心に抱き続けた弟子たちの姿に見る認知である（同 50–53 節）。さらにこれはペトロが彼に続く次世代の聖徒たちについて描いた信仰の様相とも重なる。

　「あなたがたは、キリストを見たことがないのに愛し、今見なくても信じており、言葉では言い尽くせないすばらしい喜びに満ちあふれています」（Ⅰペトロ 1:8）。

　ここに今日の信仰者が皆含まれており、アブラハム、イサク、ヤコブが神の顕現に触れた現実の延長線上に、我らの信仰による神体験をも見出す。ヤコブがその御前に祭壇を築く神は、新約時代、教会時代の聖徒たちが霊と真理をもって礼拝する神と同一であり、ヤコブと信実をもって契約を結び、そ

の通りに彼を危機より救い出し、導かれた神は、我らと十字架による新しい契約を結び、間違いなく贖い出し給う神と同一である。ヤコブに新たな名を与え、彼の人生に意味と目指す先と、希望とを与え給うた神は、今日も人に新しい命を与え、進むべき道を備える。顕現が完結すると、神はその場所を離れて昇って行かれる。我らも礼拝を捧げ、終了するとそれぞれの場へと向かう。しかし、ベテルの神が絶えずヤコブに同行されたように、聖徒たちは神の同行を確信して日常へと向かうのである。

　ヤコブはかくして石の柱を記念碑として立てて、そこに油とぶどう酒を注ぐ。そしてその地を「ベテル」と名付ける。かつて枕にした石を柱にして油を注いだ記念碑と酷似する営みではあるが、その意味するところは全く新しい。かつて神の臨在を知らされ、同行の約束を得たヤコブは、その同行を経験し、その確かさを知った。このベテルは「エル・ベテル」を経ての命名なのである。聖徒たちの礼拝も、形こそは同一の営みの積み重ねであれ、毎回捧げられるものは、その都度新しい意味を持ち得る新鮮な捧げ物である。

第二の埋葬と旅路の痛み（16-26節）

　さて、ヤコブと一族は旅路を続け、エフラタに向けて南下を始めた。そしてここから3つの心痛む経験を通過する。まずは道中にてヤコブ最愛の妻ラケルが難産に見舞われる。もともと不妊を煩っていたラケルは、姉のレアがヤコブに6人の息子をもうけた後に、ようやく男児を授かる（30:22, 23）。その時ラケルは「主がわたしにもう一人男の子を加えてくださいますように」と願い、その子をヨセフと名付けた（30:24）。産みの苦しみの最中、ラケルは助産婦から声をかけられて胎の子がまた男児（ベン）であることを知らされる。彼女は死の際にあって、その息子をベン・オニすなわち「悲しみ／苦しみの男児」と名付ける。命を生み出すのに通過しなければならない著しい苦しみを恨んでの悲しみであろうか、それともまもなく訪れるであろう死別を肌身に感じての悲しみであろうか、愛する夫との別れか、これから生まれる子どもの成長を見届けることができない悲しみであろうか。人の心の悲しみは、言い当てることが極めて困難である。でありながら、その悲しみ

と痛みは確実にそこにあって、慰められることを切望している。その願いに応え得るのは「すべての人の心をご存じ」の神である（列王記上 8:39 他）。

　彼女の苦しみ・悲しみに神がどのように報われたのか、人は想像をするほかない。生まれ来る幼子に「ベン」と名付けることがせめての慰めとなったであろうか。それとも夫が彼女のかすんだ「ベン・オニ」を聞き分けて、「幸運の子、ベニヤミン」と応答したことが最後の幸となったであろうか。ラケルは最後の息を引き取って死を迎える。キドナーは 18 節の表現「彼女の魂（命）が出て行く（ヴァイェヒ・ベツェート・ナフシャハ）」について、「旧約聖書には魂と肉体とは別個の実体でそれぞれに独立して存在するというような考えはない。ここでの意味は命が滑り落ちるように失せていく様子を描いている」と注釈している点、注視に値する。キリスト者の死生観を折あるごとに確認したい（Kidner, 176）。

　デボラのそれとはまた意味合いの異なる埋葬である。乳母の埋葬にも嘆きは伴った。そしてその死は一つの時代の終焉を意味した。ヤコブは母方の加護と寵愛から独立して歩み出す時を迎えた。しかし、ラケルの死は徹頭徹尾別離を悲しむ嘆きである。旅の道中、道の傍らに埋葬される他なかった。そこに立てられた記念碑にしばらく焦点が当てられる。ベツレヘムの近郊に埋葬されていて、それがラケルの墓であることが分かるような碑が立っているのが目印である。やがてイスラエル人がパレスチナの一帯を領土とし、部族ごとに分配した時に、この地域がベニヤミン族の割り当てとなったことも、ラケルへの慰めの延長線上にあるのだろうか。

　旅を続けるヤコブ一族は、続けざまに心を痛めるような悲劇に見舞われる。ミグダル・エデルが特定され、その付近に天幕を張った場面が舞台となる。ミカ書 4 章 8 節の「羊の群れを見張る塔」（「羊の」は訳者補足）が原書では「ミグダル・エデル」となっていて、もしミカ書の記述が同一の地名であるならば、これはエルサレムの近郊ということになる。とすればラケルの墓からも遠くない地所であろう。

　実父の妻（側女を含めて）を寝取る罪は後に死罪に処されるほど深刻である（レビ記 18:8、20:11）。ただ、ルベンの犯行を単に性的な衝動に駆られた

ものと片付けられるかは判断が難しい。ビルハはヤコブ最愛のラケルの僕(しもべ)であった。ラケルに対するヤコブの偏愛が実母のレアでなくラケルの側女に移ることを妨げようとしたのか（翻して言えば実母を思っての行為であったのか）、あるいは父親の権威に対する挑戦であったのか。歪んだ愛情の表れか、行き過ぎた野心かとウェナムは推察する（Wenham, 327-328）。無論理由が性的衝動でなかったにせよ、その罪が少しでも軽くなるはずもなく、創世記49章4節ではヤコブの祝福を逃し「お前は水のように奔放で　長子の誉れを失う。お前は父の寝台に上った。あのとき、わたしの寝台に上り　それを汚した」と言われる。そしてこの汚名はイスラエルの歴史の中で語り継がれていく（歴代誌上5:1）。

　このことについてヤコブは何の処遇も下さない。もはや彼にはそのような力がなかったのか。創世記の語り手は静かにヤコブの子供たちの名前を、4人の母と共に挙げてこの段落を閉じる。この罪が神の目を逃れるはずもなく、長子はその特権を奪われる。

第三の埋葬と一つの幕引き（27-29節）

　第三の痛みは、第三の埋葬でもあり、父イサクの死である。いよいよヤコブ一族は旅の目的地に辿り着く。アブラハムにとっても、イサクにとっても思い入れの多い地、彼ら一族の墓地のあるところに戻り、そこでヤコブは父の死を迎える。ここにはしかし、デボラやラケルの死とはまた異なる空気が漂う。彼の生涯が180年であったことがまず記され、それを評価するようにその年月が「高齢のうちに満ち足り」た生涯であったことが注記される（29節）。イサクは長寿を全うしたのである。長寿の全うは神の祝福の証しであり（詩編91:16他）、葬りの悲しみを覆う慰めの一つとなる。

　また彼は「先祖の列に加えられた」と付記されていて、父アブラハムがサラのために購入したマクペラの墓地に一族とともに埋葬されたことが読み取れる。後に49章でそのことが明らかにされ、彼の妻リベカも共に葬られていることが分かる。一族からの敬意の表れであり、神の前を歩む生涯を全うした聖徒に対する報酬と評せる。

その証しは新約時代にも語り継がれ、「信仰によって称賛された」昔の人々の一覧にも名を連ねる（ヘブライ 11:20）。この称賛は、創世記 27 章のヤコブへの祝福と（27:27–29）、エサウへの預言（39–40 節）を指していると言われる。確かにリベカとヤコブの策略によって、長子の権利はエサウからヤコブに移り、そのために兄弟の確執が著しく深まってしまった。ヤコブが得た祝福の代償とも言える。しかし、イサクの死をもってその著しい確執もまた解消され、兄と弟が共に父を埋葬する姿でこの物語は幕を閉じるのではないか。ヤコブが命懸けで果たしたエサウへの訪問は（33 章）、このようにして確かな実を結んだ。実父イサクの埋葬の悲しみを覆うような和平を最終節に読む。新約的福音のもたらす平和とも重ねて見ることができる（エフェソ 2:14–17 他）。後の時代の詩編の作者の歌声が聞こえる。
　「主の慈しみに生きる人の死は主の目に価高い」（詩編 116:15）。

参考文献

月本昭男『旧約聖書 I　創世記』岩波書店、1997 年

D. Kidner, *Genesis* (Tyndale Old Testament Commentaries), Tyndale Press, 1967.

Gordon J. Wenham, *Genesis 16-50* (WBC), Word Books, 1994.

創世記　37章1-36節

小副川幸孝

「ヤコブの家族」の物語

　37章から創世記の終わりまで（50章）の大きな分量を割いて語られる「ヨセフ物語」と呼ばれる物語は、2節の「ヤコブの家族の由来（トーレドート）は次のとおりである」という記述に明らかなように「ヤコブの家族の歴史（トーレドート）」として記されているものである。

　この表現は祭司資料独自のものであるが、この物語がこのような祭司資料の言葉による枠づけをもっているということは、この物語もまた、12章のアブラハムの記述から始まっている族長物語の一つとして記されていることを意味している。つまり、この物語は、他の族長物語と同じように、アブラハムに与えられた「神の祝福の継承の物語」に他ならないということである。アブラハムに与えられた「神の祝福の約束」は、アブラハム、イサク、ヤコブへと継承され、そしてヤコブの子であるヨセフに継承されたというのである。そして、そのような創世記全体の意図は、ヨセフの起伏にとんだ生涯を描くことによって見事に成功し、神がヨセフというさまざまな困難を経験しなければならなかった人物を通して「救いと祝福」をもたらされることを明瞭に示している。この物語が単なる伝承の寄せ集めや集合体ではなく、初めから終わりまで一つのストーリーとして熟考された構成と繋がりを持って展開されているのは、そのためである。物語の展開のための優れた技法が駆使

ヨセフ、エジプトに売られる

されて、一つ一つの場面におけるヨセフの生涯の浮沈が折り重ねられるように展開される。そして、ヨセフが人生の絶望的状況から再びエジプト王朝の重要人物として、エジプトの人々だけではなくヤコブの家の民を救いへと導くようになるという大きなパースペクティブの中で、全体的な文学的統一性が保たれている。

またそれと同時に、ヨセフの生涯を描くことによって、族長物語全体が、「神の民」形成の始まりとなった「神の救いの出来事」としての「出エジプト」の歴史的背景として連続性をもって読まれるべきことを示している。つまり、ヨセフを中心にした「ヤコブの家の歴史（トーレドート）」は、人々がなぜエジプトに居住するようになったかを示す原因譚として、モーセ五書全体の中で位置づけられているのである。祭司資料の言葉と思われる1節の「ヤコブは、父がかつて滞在していたカナン地方に住んでいた」は、単に物語の展開を36章の「エサウの系図（トーレドート）」から再び「神の約束の地」の継承者たちの歴史（トーレドート）に戻す役割だけでなく、カナンからエジプトへ、そして再びエジプトからカナンへと神の導きに従って歩む「神の祝福を与えられる民」の歴史を示す言葉でもあるだろう。族長たちは、まだ「寄留の地」に住む者たちであったのである。そして、「ヤコブの家族の歴史」は、その「寄留の地」から始まる。

まず、その「寄留の地」での「ヤコブの家族」の姿が短く紹介される。

「ヤコブの家族」は、カナンの地で牧畜民として生活をしていた。ヨセフは彼の兄たちと共に羊の世話をする牧童であった。2節の後半に、その兄たちとして「父の側女ビルハやジルパの子供たち」、すなわち、ダン、ナフタリとガド、アシェルが挙げられている。だが、ヤコブとレアの間に生まれたルベン、シメオン、レビ、ユダ、イサカル、ゼブルンへの言及はなく、また実弟であるベニヤミンにも触れられていない。兄たちとして側女の子どもたちにしか言及がないのは、物語の展開の中でヨセフを殺すことに反対したルベンやユダを除外しようとする意図があるのかもしれないし、ヤコブの側女の子どもたちとヨセフの間に特別の確執が生じていたことを指すのかもしれない。いずれにせよ、それに続く「ヨセフは兄たちのことを父に告げ口し

た」（2節後半）という記述は、どのような「告げ口」があったのか、また兄たちの何が問題であったのかは触れられていないが、ヨセフが兄たちの中で孤立していたことを伝えるものである。つまり、「ヤコブの家族の歴史」は、ヤコブの最愛の子ヨセフの兄弟間での孤立状態から始まるのである。そして、このような「ヨセフ物語」の始まりは、「孤立」ということで、現代の私たちにも大きな示唆を与えるであろうし、読者の物語への関心を高めるものとなっている。3節以下の、主にJ資料を基にした物語は、最初に、そのヨセフの孤立を説明する。

ヤコブの偏愛

ヨセフが他の兄弟たちから「憎まれた」理由の最初に挙げられているのは父ヤコブのヨセフへの偏愛とも言える依怙贔屓である。ヤコブを「イスラエル」と記すのはJ資料の特徴の一つであるが、「イスラエルは、……どの息子よりもかわいがり、……兄たちは、父がどの兄弟よりもヨセフをかわいがるのを見て、ヨセフを憎み、穏やかに話すこともできなかった」（3–4節）と、ヤコブがヨセフを特別にかわいがったことがヨセフに対する兄たちの憎しみの原因であることを明瞭に告げる。そして、その依怙贔屓の一つの特徴的な例として、ヤコブがヨセフに「裾の長い晴れ着を作ってやった」（3節）ことが挙げられている。

「裾の長い晴れ着」と新共同訳で訳されているものは、「長袖の着物」のことで、普通の衣類とは長さも異なっているが、特に袖の長さが長く、労働しなくてもよい身分の人だけが身につけられる特別の贅沢品だと言われている。G. フォン・ラートは、サムエル記下13章18–19節を挙げて、そのような着物は王女が身につけるものとして言及されていると指摘する。そこでは、「飾り付きの上着」（新共同訳）と訳されている。この着物が物語の引き回し役のような役割を果たしていくが、いずれにしろ、ヤコブがヨセフのために「裾の長い晴れ着を作ってやった」ということは、彼がヨセフを特別扱いしたことを意味している。こうしたヤコブの特別扱いは、12節以下で、兄たちがシケムで羊の世話をしている時にヨセフが家に残っていたという状況に

も繋がるものである。

　このヤコブの偏愛は、当然、子ども同士での不和を生む。親への非の思いは、特別扱いされる者への「憎しみ（嫌うこと）」（4節）へと向かうものであり、短い言葉の中にその心理の襞（ひだ）がよく表されている。兄たちは、「ヨセフを憎み、穏やかに話すこともできなかった」（4節）と、彼らがヨセフに対して平常心さえ持てなかったことが記されている。

　そのような子どもたちの不和を招くことになったヤコブのヨセフに対する偏愛の理由を、「ヨセフが年寄り子であったので」（3節）と記す。ヤコブの子どもたちの誕生を描いた29章31節からの記述では、ヨセフはそれほど「年老いての子」ではないが、「年寄り子」は父親に溺愛されるという通説を用いた方が分かりやすかったからかもしれない。ヨセフはヤコブが愛したラケルの子である。そのこともヤコブがヨセフを偏愛した理由として考えられるかもしれない。いずれにせよ、ヨセフは甘やかされ、父に溺愛されて育ったのである。そして、兄たちはそのヨセフを「ねたみ」、憎んだ（嫌った）。

ヨセフの夢

　兄たちがヨセフを憎んだもう1つの理由として、ヨセフの夢が挙げられる。「夢」は古代の人々にとっては極めて現実的な神託、もしくは未来の予言を意味した。ことに「ヨセフ物語」では、後で述べられるエジプト王の給仕役と料理役の夢（40章）、エジプト王の夢（41章）のいずれも未来の出来事を示す予言として位置づけられている。ヨセフは「夢見る者」であると同時に「夢を解釈できる者」である。それは、古代においては「神の知恵を知る者」としての賜物が彼に特別に与えられたことを意味している。つまり、ヨセフは「神の知恵を知る知恵ある者」として描かれており、その意味では後代の知者や預言者の類比でもあるだろう。「ヨセフ物語」には、神についての直接的な言及はほとんど見られないが、ヨセフの生涯の背後には紛れもなく神の導きが働いているのである。

　しかし、ここで取り上げられている「穀物の束の夢」と「星たちがひれ伏す夢」には、神の啓示という神学的意味合いはなく、単純に将来の出来事

暗示する具象的な描写をするだけである。物語の結末を知る者にとっては、やがてはこの夢が現実のものとなり、そこに見えない神の意図が働いていることがわかるようになるのだが、ここではこれから展開される物語でのヨセフの生涯を暗示するものとして記述されている。夢の内容は、いずれもヨセフが一族の長となり、兄たちや両親でさえヨセフにひれ伏すようになるというものである。その解釈自体が、「穀物の束の夢」では兄たちによって、「星たちがひれ伏す夢」ではヤコブによって行われ、夢が極めて単純な未来の具象であることが示されている。

そして、そのような解釈によって、ヨセフは傲慢で鼻持ちならない人間として兄たちの反感を買うものとなる。兄たちは自らの解釈によってヨセフを憎み、「ねたむ者」となるのである。ここに筆者の卓越した心理分析と文学技法を見ることができる。それによって、5–11節の主要なテーマとして、「兄たちのヨセフへの憎しみ」ということが鮮明に浮かび上がる。

ただし、父ヤコブの態度は兄たちとは若干異なっていることを筆者は付記する。父はヨセフの夢を聞いて憤慨し、ヨセフを叱るが、このことを「心に留めた」（11節）と述べる。「心に留める（シャーマル）」は、「守る」、「保つ」、「気をつける」という意味であり、今後に展開する一つ一つの出来事に大きな意味があることを示唆する言葉である。ヤコブがこれから起こることを神の導きの出来事として理解しようとしたということかもしれないが、それによって読者にもそのことを喚起しようとするのかもしれない。

なお、7節の「畑」「（穀物の）束」から、小牧畜民族であった彼らがすでに農耕にも携わっていることや、9節の「太陽と月と十一の星」にはメソポタミアの占星術（黄道十二宮）の影響があると指摘する学者もいる。10節に示される解釈通りだとすれば、太陽はヤコブ、月はラケル、「十一の星」はヨセフの兄弟の数となるが、ラケルは35章のベニヤミンの誕生の際に亡くなっている。ただ、そのあたりの細部の齟齬は大きな問題ではなく、ヨセフの夢がエジプトにおける将来のヨセフの出世の伏線であり、現時点では、その解釈によって兄たちがますますヨセフを憎むようになったということが重要事で、それが次のヨセフの暗殺計画へと繋がるものとなっている。人は、

仲間内で「誰が偉いか」を争い合う。

ヤコブの依頼

　以上のことを背景にして、12 節からいよいよ物語が動き始める。事柄の発端は、父がヨセフにシケムで羊を飼っている兄たちと羊の様子を見に行くようにと依頼したことである。ヤコブが居住していたヘブロンからシケムまではかなりの距離（約 70km ほど）があり、ヨセフはさらに兄たちを探してドタンまで行くことになる。家畜の群れと共にそれほど遠くにまで行くことはかなり奇異なことではあるが、ヨセフはそのヤコブの依頼に「はい、分かりました」と答え（13 節）、兄たちを探しに出かけていく。そして、シケムまで行くが、そこに兄たちはいない。ヨセフはシケムの「野原をさまよう」（15 節）。この表現は、ヨセフがかなり熱心に兄たちを探し回ったことを意味する。そして、やがて偶然に出会った人から情報を得てドタンまで行くのである。このドタンは、サマリアの北部の現在のテル・ドタンで、シケムからさらに 20km ほど北にある。

　こうしたヨセフの態度を見てみると、ヨセフは自分が兄たちから憎まれていることや疎んじられていることを露ほども気にしていないように見える。全く無防備ですらある。彼は父の依頼に「はい」と素直に答える。この素直さや無防備さがヨセフの強さと言えるかもしれない。素直さや素朴さは、それがどんなに無防備に見えようとも、神に愛でられる性質でもある。

　ヤコブの依頼を受け兄たちを探し回るヨセフの姿が描かれるのは、そうしたヨセフの特質を伝えようとするのかもしれない。

兄たちのヨセフ暗殺計画と売却

　18 節から 37 章の終わりまでは、イシュマエル人の隊商とミディアン人の隊商の 2 つの隊商が登場したりして、いくつかの資料の混在が認められる。恐らく、主に J 資料と E 資料が繋ぎ合わされているのだろう。それによる齟齬がいくつか見られるが、大きな問題ではない。

　物語の展開に戻れば、ドタンで羊を飼っていた兄たちは、「はるか遠くの

方にヨセフの姿を認め」、ヨセフを殺してしまう相談を始める（18節）。彼らはヨセフのことを皮肉交じりに「夢見るお方（夢の主人）」（19節）と呼んでいる。それは、彼らが「ヨセフの夢」を大いに問題にしていたことを意味する。G. フォン・ラートは「兄たちの行為は、夢の中に含まれていた事柄そのものに対する、それゆえにまたその夢をもたらしたもの、すなわち背後に潜んでいる神の力自体に対する反抗なのである」（『創世記　下』653頁）と指摘する。兄たちは、ヨセフを殺す罪によって神に対しても大きな罪を犯そうとしたのである。

　しかし、長兄のルベンは、ヨセフを穴に落とすだけで「命まで取るのはよそう」（21節）と言って、ヨセフを救おうとする。血を流す殺人の大罪を犯さないようにしたとも言える。「穴」というのは、水を貯めるために掘られた大きな瓶型の穴のことで、かなりの大きさがある。

　そこに何も知らないヨセフが無防備にやってきて、兄たちは彼を襲う。著者はその様子を「兄たちはヨセフが着ていた着物、裾の長い晴れ着をはぎ取り、彼を捕らえて、穴に投げ込んだ」（23節）と描写する。ここで「裾の長い晴れ着」に言及するのは、父親の溺愛のしるしとはいえ、ヤコブのヨセフへの愛情を無きものにしようとしたということを意味するだろう。兄たちのヨセフに対する妬みと恨みが相当激しいものであったことが示されているのである。そして、彼らはそこで食事をとり始める。こうした兄たちの姿は、まるで厚顔無恥な強盗のように描かれている。

　そこにエジプトに向かうイシュマエル人の隊商が通りかかる。著者は「らくだに樹脂、乳香、没薬を積んで」（25節）とかなり詳細に隊商の姿を伝えるが、「イシュマエル人の隊商」（25節）と「ミディアン人の商人たち」（28節）は、2つの別々の隊商というのではなく、おそらく「東方の砂漠地帯から来たエジプトへの隊商」というほどの意味であろう。その隊商の姿を認めて、兄のユダがヨセフを「売ろう」と提案した（26–27節）と記す。ルベンとユダは、何故か好意的に描かれている。

　しかし、聖書の記述に従えば、兄たちがそのような話をしている時に、「ミディアン人の商人たちが通りかかって、ヨセフを穴から引き上げ、銀二

十枚でイシュマエル人に売った」(28節)ということになる。その通りだとすれば、兄たちは、ミディアン人がヨセフを穴から引き上げるのに気づかなかったことになったり、どちらもエジプトへの隊商なのだから、ミディアン人の商人たちがイシュマエル人にヨセフを売る理由がわからなかったりして、物語の展開上のいくつかの齟齬が生じてしまう。

　しかし、これらの齟齬は「ヨセフ物語」の理解の内容を変えるほどのものではない。物語の大筋は、父親の依怙贔屓と、兄たちがヨセフにひれ伏すようになるという夢で、ヨセフが兄たちの間で嫌われ、「ねたみ」と「憎しみ」さえ生み出すようになり、兄たちによって殺されそうになるが、通りかかったエジプトへの隊商に売られ、奴隷としてエジプトに連れて行かれたということである。ヨセフの生涯は、父親に溺愛される者から兄たちに殺されかける者へ、そして奴隷として売られた者へと初めからジェットコースターのように上下する。いわば、数奇な運命をたどってヨセフは生きていく。

ヤコブの嘆き

　穴に落としたヨセフを後から救い出そうと考えていた(21–22節)長兄のルベンは、穴の中にヨセフがいないことを知り、自分たちが犯した罪の大きさに狼狽する。しかし兄弟たちは、ヨセフが野獣に食われたことを装うために、ヨセフの着物に雄山羊の血を塗りつけて、それをヤコブのところへ届ける(31–32節)。血がついた着物はヨセフが死んだことの証拠になるものであるが(出エジプト記22:12)、兄たちのこの行動は、罪に罪を重ねる人間の姿そのものである。彼らは、ヨセフが野獣に殺されたことにして自らが犯した罪を逃れようとしたのである。

　ヤコブは、そのヨセフの血まみれの着物を見てヨセフの死を確認し、嘆き悲しむ。彼の悲嘆の姿が、「自分の衣を引き裂き、粗布を腰にまとい、幾日もその子のために嘆き悲しんだ」(34節)と、まことにリアリティーのある文学的表現で記されている。彼の嘆きは、子どもたちの安価な慰めなど拒否するほど大きなもので、一生喪に服し、「嘆きながら陰府へ下って行こう」(35節)とさえ言う。「陰府」と訳されている「シェオル」は、「大きな死の

国」を意味し、一般に信じられていた「死の国がある」という世界観に基づくものである。ここでは溺愛したヨセフの死を知ったヤコブの悲しみと嘆きを表すものとして用いられている。

　物語は、このヤコブの嘆きでいったん幕が降ろされる。ヤコブについては 42 章まで何も語られず、物語の第二幕の舞台は、次のユダとタマルの出来事を挟んで、エジプトへと移る。著者は、そのことを予告して、最後にエジプトに売られたヨセフが、エジプトの宮廷役人で侍従長であったポティファルの奴隷となったことを告げる。こうした物語展開も著者の巧みな文学技法であるが、物語がヤコブの悲嘆で終わるのではなく、奴隷として売られたとはいえ、ヨセフの希望へと繋がることも意味のあることであろう。

説教のための小さな黙想として

　37 章で記されているエジプトへ売られるまでのヨセフの物語自体が起伏に富んでいるので、物語の展開を追ったり、ヤコブやヨセフ、あるいは兄たちのそれぞれの視点を中心にしたりして説教の大部分を構成できるかもしれない。しかし、その際、これが神の「祝福の継承」の中で語られていることが重要になる。たとえ多くの苦難や困難があったとしても、「人生の背後で導かれる神」というのが「ヨセフ物語」の核心であるに違いない。神の祝福は、こうして極めて人間的な事柄を通して継承されるのである。

参考文献

G. フォン・ラート『創世記　私訳と註解　下』（ATD 旧約聖書註解）山我哲雄訳、ATD・NTD 聖書註解刊行会、1993 年

創世記　38章1-30節

吉村和雄

　与えられている箇所は、ヤコブの息子のひとりであるユダと、その息子の嫁であるタマルの物語である。この物語は、ヨセフ物語の最初の部分に組み込まれているが、しかしヨセフ物語自体とは何の関係もない、独立したものである。ヨセフ物語には、ユダが他の兄弟を離れたという記述はない。またユダはまだ若者であって、ほどなく父と兄弟たちと共にエジプトへ降るのであるが、この物語においては、そのような動きを予想させるものは、全くない。ただユダと兄弟たちのエジプト移住の物語との整合性を保つために、ここに置かれたものであろう。また直前の37章においては、ヨセフが兄弟たちの手でエジプトへ売られて行く。そのようにしてヨセフ物語の舞台が、カナンからエジプトへ移るのであるが、その間にこの物語が挟まれることによって、父や兄たちの前から姿を消したヨセフが、しばらく読者の前からも姿を消すことは、効果的だという見方もある。そのような理由によって、この位置に置かれているものだと思われる。

　このユダとタマルの物語は小さいもので、そこで起こっている出来事自体の中には、それほど深い神学的な意味があるとは思えない。物語の作者は正直に彼らの先祖であるユダの暗黒面を描いているのである。しかしながらこの物語にはもうひとつの面がある。タマルによって生まれたユダの子ペレツがダビデの先祖になったことである。そしてそれ故に、肉によるイエス・キ

リストの先祖になったことである。
　この物語を挟み込んでいるヨセフ物語は、イスラエルの歴史に関わる壮大で劇的な物語であるし、ヨセフの信仰者としての姿にも、あるいは兄弟たちの悔い改めの物語としても、心を動かされる。本書においても、引き続きその物語が取り上げられることになる。それに比べれば、このユダとタマルの物語は小さいもので、内容的にもそれほど豊かなものではない。しかしながら、ヨセフとその子たちは、ダビデの先祖にはなり得なかったし、それ故にイエス・キリストの先祖にもなり得なかった。それに対して、ユダもタマルも、またその間に生まれたペレツとゼラも、マタイによる福音書1章が伝えるイエス・キリストの系図にその名が残されている。また、ルツ記4章12節には「タマルがユダのために産んだペレツの家のように、御家庭が恵まれるように」とあって、ペレツの家が神に祝福され、恵まれた家であったことを窺わせている。ルツの夫となったボアズはペレツの血筋のものであるので、ここにペレツの名が出てくるのであるが、あるいは彼の家が、特別に神に祝福された家として知られていたのかもしれない。
　したがってこの物語を読むときに、これ自体の中に何らかの意味を求めるというよりも、他の箇所との関連において、特にマタイによる福音書のイエス・キリストの系図との関連においてその意味を尋ね求めることになるであろう。しかしながら、とりあえずは、物語の中に記されている事柄を読み解くことから始めなければならない。末尾に掲げた注解書を頼りに、出来事を詳述してみる。

出来事の導入部分
　ユダが兄弟たちを離れて、自分の家畜の群と共にカナンの平野に下って行く。ここには、ユダ部族が西に向かって拡張し、その結果カナン人との混血が行われたという、歴史的な記憶が秘められていると考えられる。アドラムはヘブロンの北西約15kmの丘陵地帯にある。ダビデがサウルに追われて逃亡生活をしたとき、アドラムの近くにある洞穴がダビデの本営となった（サムエル記上22:1）。

そこに住んだユダはカナン人の妻を娶り、その間に産まれた長男にも、カナン人の女タマルを娶らせた。タマルとは、豊饒の象徴である「なつめやし」を意味する言葉で、それ故に女子の名前としてよく用いられた。ダビデには同名の娘がおり、同名の孫娘もいた（サムエル記下 13:1、14:27）。

問題はタマルの夫エルの死と共に始まる。エルは主の意に反したので、主は彼を殺されたとあるが、その理由は明確ではない。年若い夫の悲劇的な死が、彼が主の目に悪い存在であったことに帰されたのであろう。そこで当時の姻戚結婚（レビラート婚）の習慣に従い、次男のオナンがタマルと結婚する。イスラエルを越えて広く流布していたこの慣習は申命記 25 章 5 節以下の律法によって条文化されている。その目的は「兄のために子孫をのこ」す（創世記 38:8）ことである。残された妻と兄弟の間に産まれた子供は故人の子供と見なされ、それによって「その名がイスラエルの中から絶えない」（申命記 25:6）ようになる。このような手立てを講じなければ、妻はやもめとして自分の家に帰ってしまい、故人の財産も別人の手に渡ってしまうことになる。それを避けるのである。

しかしながら次男のオナンは、この兄弟の義務をうわべだけしか果たさなかった。彼は何故か、兄に子孫を与えることを拒み（9 節）、不自然な性行為を繰り返し、そのために、兄と同様に主に殺されてしまう。彼がどうしてこのようなことをしたかについて、愛の欠如だと考えることもできるが、ただこれは「兄に子孫を与えないように」という、明確な意図を持った行為であるので、その裏には兄に対する反感があったかもしれない。イサクの 2 人の息子たちにおいても、ヤコブの 12 人の息子たちにおいても、あるいはこの後で産まれるペレツとゼラの兄弟においても、その関係は決して平和なものではなかった。旧約においては、兄弟というのは、問題を含んだ関係である場合が少なくない。あるいはこの場合も、そういうことが考えられるかもしれない。

オナンの死によって、ユダは困難なディレンマの前に立たされる。古い慣習法に従うならば、彼はタマルを末の息子であるシェラに与えなければならない。それは彼の死んだ長男に対する義務でもあった。他方において彼には、

まだ生き残っているただひとりの息子の命を案ずる現実的な理由があった。このような場合、古代人は、その女自体に死をもたらすものが取り憑いていると考えるのが普通だったからである。そこで彼は苦慮の末に、引き延ばし戦術に出る。末の息子のシェラがまだ若すぎるという理由で、これをタマルに与えないのである。タマルは子のない寡婦のまま、父の家に帰される。しかしこれは中途半端で姑息な手段であった。タマルに対しては「わたしの息子のシェラが成人するまで」（11節）という期限付きの処置であるように言いながら、腹の中では、これを彼女との最終的な別れにしようと考えていたからである。

出来事の主要部

それからかなりの年月が経って、妻に先立たれて自らもやもめとなったユダは、服喪の期間を終えると、友人と共に祝いの催しを伴う羊毛刈りに出かけて行く。これは毎年春に、伸びてきた羊の毛を刈るもので、きつい労働の時であると共に、喜びの祝いの時でもあった。彼がやってきた場所は、タマルの故郷の近くのティムナであった。その時点でタマルは、ユダが自分と最終的に縁を切ろうとしていることを知っている。シェラが成人しているにもかかわらず自分をその妻にする意思がユダにないことを悟ったからである。レビラート婚の義務は、必ずしも故人の兄弟だけに限られるわけではない。妻に先立たれたユダがタマルを後妻として迎えてもよいのである。あるいは彼女は、そこに賭けたのかもしれない。

義父のユダが自分の故郷の近くのティムナにやってくることを知ったタマルは、寡婦の衣服を脱ぎ、顔をベールで覆って、ユダを待ち伏せた。ユダは彼女を見て、顔を隠しているので、彼女を娼婦だと思って、彼女のところへ入るのである。

この点について、ヴァイザーが詳しい説明をしている。それによれば、当時、外に出る時にベールで身を覆ったのは、未婚の女性と人妻であったということである。だから、タマルはここで人妻を装ったことになる。古代オリエントには、既婚の女性が何らかの誓願のために、娼婦のように他人に身を

任せるという習慣があったので、イスラエルとカナンの境界地域では、このような「神殿娼婦」が道ばたに姿を現すことは珍しいことではなかった、というのである。タマルはそのような女性を装い、ユダもまたそのような者として彼女を受け入れたのだろう、というのである。

　タマルはユダを相手に巧みな交渉をする。提供するサービスに見合う代価として群れのうちから1頭の子山羊をもらうことに同意するが、それが送られてくるまでの間、タマルは保証として、ユダの紐の付いた印章と手に持っている杖を預かることを要求するのである。印章とは、特殊なデザインを施したり、あるいは名前を彫り込んだ円柱状のもので、紀元前3000年以前からメソポタミアで用いられていた。それを首から紐でつるして所持したのである。柔らかな粘土の上でころがすと刻印がなされるが、その刻印は故人の署名と同じ法的意味を持つと認められていた。しかし、この場合は、法的な価値が問題なのではなく、それが持ち主を示していることが大事なのである。杖も同様であった。彼女にとっては、それらを自分のものにしておくことが重要なのであった。

　ユダは約束した子山羊を与えて印章と杖を取り戻そうと、友人に頼んで彼女を捜すが、見つけることができなかったので、それらの品々を取り戻すことを断念する。「我々が物笑いの種になるから」（23節）とは、遊女と関わりを持ったからというだけではなく、身元のわからない女性を求めて田舎を探し回ることによって、人々の目に自分が奇異な人間と見られることになるという意味であろう。彼はこの作業を、友人の手に委ねるのであるが、そこから彼が自分の行為にどこかしら後ろめたさを感じていることを見ることができる。神殿娼婦との関わりは、律法によって厳しく戒められているからである（申命記23:18–19）。

　タマルはユダによって身ごもる。3か月ほどの後にそれが明らかになると、それを知ったユダは激怒し、「あの女を引きずり出して、焼き殺してしまえ」と言う。レビ記21章9節では、「祭司の娘が遊女となって、身を汚すならば、彼女は父を汚す者であるから、彼女を焼き殺さねばならない」と定めているが、その他の場合には、石打ちの刑に処せられた（申命記22:21）。ユダはタ

マルに対して、定められている以上の厳しい罰をもって臨もうとしていたのである。

　このような判決を、ユダは自らが裁判官となって下すのであるが、その根拠は、「あなたの嫁タマルは姦淫をし」(24節) と言われていることから、息子シェラの妻となるべき婚約者である者が姦淫をした、ということである。しかしユダにはもはや彼女を息子の妻として与えるつもりはなく、それ故に彼女を自分の家族から最終的に放逐したのだし、タマルもそのことを知ったからこそ、大胆な行動に出たのであるから、この時の彼の裁きには正当性はなかったと言わざるを得ない。タマルの最後の申し出が、そのことを明らかにするのである。

　処罰が今にも実行されようとする時に、タマルは自らの切り札を用いる。彼女は自分の胎内に宿った子供の父親が誰であるかを示す証拠として、紐の付いた印章と杖を差し出す。それを見たユダは、即座に自分の過ちを認め、「わたしよりも彼女の方が正しい」(26節) と言う。この場合の「正しさ」は道徳的な正しさではなく、当時一般に受け入れられていた社会慣習と、レビラート婚の義務の光の中では、タマルの行為が正当とされるのであって、ユダのそれは正当ではないという意味である。

　この後、タマルは双子の男の子を産む。その様子は、エサウとヤコブの誕生の様子と似ている (25:24–26)。助産婦は、初めに手を出した子の手に赤い糸を結びつけるが、その子はその後手を引っ込めてしまい、もう1人の方が出てきたので、彼はペレツ (出し抜き) と名付けられ、その後手に赤い糸のついた子が出てきたので、ゼラ (真っ赤) と名付けられたのである。

説教のために

　この物語から、どのような説教が可能であろうか。ここでわたしたちは、やはりマタイによる福音書1章1節以下の系図の光のもとでこの物語を見ざるを得ないであろう。いずれにしても、タマルは、主イエスの先祖を生んだ女性として、この系図の中に名を記されているのである。

　特徴的なことであるが、この系図には4人の旧約の女性の名が含まれて

いる。ラハブとタマル、ルツ、ウリヤの妻の4人である。普通、ユダヤ人の系図に女性は含まれない。含まれないものが含まれていることは、この4人の女性が、この系図にとって特別な意味を持つ存在であることを示している。第一にこれらの女性たちはいずれも異邦人だと考えられる。ラハブはヨシュアに率いられたイスラエルによって滅ぼされたエリコの遊女であったと思われるし（ヨシュア記6:17）、タマルはカナンの女である。ルツはモアブの女であり（ルツ記1:4）、「ウリヤの妻」はヘト人である夫ウリヤの妻である（サムエル記下11:3）。アブラハムの子であり、ダビデの子であるイエス・キリストの系図には、異邦人も加わっているのである。

　第二に、これらの女性の中で、タマルはユダとの間に、またウリヤの妻はダビデとの間に、通常の結婚関係ではない関係の中で、子供をもうけていることである。タマルについてはこれまで述べてきた通りであるし、ウリヤの妻については、彼女が「バト・シェバ」という名前ではなく「ウリヤの妻」という呼び名で記されていることからも、明らかである。実際には、彼女がダビデとの間にソロモンをもうけた時には、彼女はすでにダビデの妻になっていたのである。しかしこの系図においては、ダビデの妻ではなくウリヤの妻となっている。ダビデの犯した罪が忘れられていない、ということであろう。

　そのように考えた時に、この系図の意図の一つが明らかになるであろう。通常、系図というのは、その人がどれほど由緒正しい家系に属するかを示すものである。しかしイエス・キリストの系図は、それがどれほど由緒正しくないかを示しているのである。そこに名が記されている人びとは、まさしく人間として生きた人びとである。内側から湧き起こってくる欲望を抱えつつ、外側から迫ってくるこの世の状況と戦いながら生きた人びとである。決して品行方正ではなかったし、欠点や傷のない人生を生きた人びとでもなかった。そして、イエス・キリストは、そのような人びとの子孫として、この世に生をお受けになったのである。逆に言えば、この系図に名前が載せられている人びとの人生は、神の子でいますイエス・キリストがその子孫としてお生まれになったということによって、意味を与えられているのである。もちろん

それぞれの人生はそれぞれの人生として完結している。その人生を生きたその人自身は、自分の人生以上のものを知らなかったし、そこで与えられた状況と、また神との交わりの中で、自分の人生を生きたのである。しかしその人生の意味は、そこですべてが明らかになったのではなかった。数百年後、数千年後に生まれた一人の方によって、その意味が明らかになったのである。

　それはユダとタマルの関係においても、同じである。この系図は、「ユダはタマルによってペレツとゼラを」と言っている。実際にはユダは二度とタマルと関係を持つことはなかった。それは彼女をあくまでも長男の嫁として扱ったことであり、それならば生まれてきた子は、長男エルの子であってユダの子ではないはずであるが、この系図はそのような事情を踏み越えるようにして、ペレツとゼラをユダの子としてここに記すのである。それは、この2人の誕生の時に、息子シェラの命を守ろうとして姑息な手段を取り、嫁であったタマルに対して不当な扱いをしたこともまた、踏み越えられているということではないだろうか。そういうものを踏み越えて、ユダは用いられたのである。

　それはタマルにおいても同様だったであろう。やもめとして実家に追いやられたタマルに、義父を騙して彼との間に子をもうけるという、普通なら考えられないような思い切った行動を取らせたものは、一体何であっただろうか。この物語から読み取れることは、子をもうけたいという強烈な願いである。義兄のオナンが不実な行為をしなければ、ごく自然に満たされた願いである。だからタマルは、義兄が簡単に実現できたことを、彼に拒否されたために、信じられないような回り道をして実現させたのだと言うこともできる。それが、起こったことをこの世の出来事として見たときの真実であろう。

　しかし事はそのようには進まなかった。彼女はユダの孫の母親ではなく、ユダの子の母親になったのである。そしてそのようにして、ダビデの先祖の一人になり、イエス・キリストの先祖の一人となったのである。それは彼女の思いを遙かに超えたことであっただろう。ユダの家に嫁いだ者として、子をもうけたいという一人の女性の願いは、その願いを遙かに超えて、救いの歴史の中で用いられることとなった。その歴史は、人間の弱さも、姑息なた

くらみも踏み越えて進んでいく。ひとりのカナンの女性の生涯が、そのことを示しているのである。

参考文献

G. フォン・ラート『創世記　私訳と註解　下』（ATD 旧約聖書註解）山我哲雄訳、ATD・NTD 聖書註解刊行会、1993 年

R. デヴィドソン『創世記』（ケンブリッジ旧約聖書注解）大野恵正訳、新教出版社、1986 年

W. ブルッグマン『創世記』（現代聖書注解）向井考史訳、日本キリスト教団出版局、1986 年

創世記　39章1-23節

本城仰太

エジプト宰相への階段

　ヨセフが兄たちによってエジプトに売られる話は、37章に記されている。38章はマタイによる福音書の系図、「ユダはタマルによってペレツとゼラを」(マタイ1:3)の話が記されている。38章の話は、39章の話と、性の問題において関連があるかもしれないが、いずれにしてもヨセフ物語を中断する形で間に挟み込まれているものである。37章の終わりからの続きが、与えられた39章の物語ということになる。

　エジプトに売られたヨセフが、エジプトの宰相になっていく。その階段を駆け上るわけであるが、いったいどのようにして、その階段を駆け上ったのであろうか。39章はその階段の最初のステップということになる。創世記は長々とその階段の道のりを書くようなことはしていない。しかし逆に省略しているのでもない。この階段を駆け上っていく話を書かないわけにはいかないのであるが、しかしこれをヨセフの能力や幸運に帰することはしていない。徹頭徹尾、神の摂理として、階段を駆け上っていった物語を書いていくのである。そのことは、要所、要所に散りばめられている以下の言葉で十分であろう。「主がヨセフと共におられたので、彼はうまく事を運んだ。彼はエジプト人の主人の家にいた」(2節)。「主が共におられ、主が彼のすることをすべてうまく計らわれるのを見た主人は……」(3節)。「しかし、主が

おられ、恵みを施し、監守長の目にかなうように導かれたので……」(21節)。「主がヨセフと共におられ、ヨセフがすることを主がうまく計らわれたからである」(23節)。紆余曲折がありながらも、神の摂理によって、ヨセフはエジプト宰相への階段を駆け上っていく。すべてが主の計らいなのである。

39章の結果は、「ヨセフを捕らえて、王の囚人をつなぐ監獄に入れた。ヨセフはこうして、監獄にいた」(20節)である。おそらく大事なキーワードとなる言葉であろう。一見するとヨセフは監獄へと遠のくのであるが、かえってエジプト王へと近づくのである。神の摂理がこのようにしてヨセフに働いていく。続く40章では、獄中の話であるが、給仕役の長と料理役の長の2つの夢を解き明かす話が続いていく。給仕役の長は、ヨセフが夢を解いてくれたことを、一時は忘れてしまうのだが、ファラオの夢を解き明かす可能性の持ち主であるヨセフのことを、41章で思い出す。41章では、いよいよファラオの夢を解き、宰相への最終段階を駆け上っていくのである。

ヨセフを欲しがるポティファルの妻

39章7–20節は、一つのまとまりを持った物語である。ヨセフが仕えることになったのは、「ファラオの宮廷の役人で、侍従長のエジプト人ポティファル」(1節)であったが、そのポティファルの妻とヨセフの間の話である。ポティファルの妻が、ヨセフのことを欲しがる。理由はこの物語が始まる直前に述べられる。「ヨセフは顔も美しく、体つきも優れていた」(6節)。

「わたしの床に入りなさい」(7, 12節)。2度にわたる命令の言葉が、ポティファルの妻からヨセフにかけられる。十戒の中でも「姦淫するなかれ」と明確に戒められているように、この命令に従うことは、律法違反であり、破滅への道であることを、ヨセフもよく認識していた。「この家では、わたしの上に立つ者はいませんから、わたしの意のままにならないものもありません。ただ、あなたは別です。あなたは御主人の妻ですから。わたしは、どうしてそのように大きな悪を働いて、神に罪を犯すことができましょう」(9節)と言っている通りである。

しかしポティファルの妻は、姦淫に関して、どのような考えを持っていたのだろうか。フォン・ラートは言う。「古代オリエントの他の民族もまた、結婚を神々によって守られたものとみなしていた。しかし、彼らにとって姦淫とは、私有物への侵害という性格が強く、そのことに対応して、被害者である夫と姦淫を犯した者との私的な法的交渉で処理されることが多かった」（フォン・ラート『創世記　下』676頁）。フォン・ラートの指摘が正しいとすれば、ポティファルの妻はヨセフを所有物としか見ていないことになる。彼女の「手」の中に、顔立ちも美しく、肉体も若々しいヨセフを置こうとするのである（「手」に関する考察は、次節を参照）。

　多くの注解者が指摘をしているのは、ポティファルの妻がエジプトを代表していることである。エジプトにももちろん法はある。姦淫に関する法も整備されていただろう。しかしどの世界においても、上に立つ者は、法や常識に自分たちが捉われなくともよいとの誘惑に駆られる。ポティファルの妻がまさにそうであるが、上に立つ者に限らず、誰の心にも潜み込む思いではないか。その意味では、ポティファルの妻がエジプトのみならず、罪人の人間を代表しているとも言える。

　ポティファルの妻に対して、神の支配のもとにあることを貫くヨセフは、毅然と対応する。「ある日」（11節）の出来事である。以前と同じように「わたしの床に入りなさい」と言われたヨセフは、着物を彼女の手に残したまま、彼女のもとを立ち去った。この時になって彼女の感情が変化する。ヨセフに言い寄る者から、ヨセフを告発する者とへ変わるのである。性的な欲求が突如として激しい憎しみに変わることは、アムノンとタマルの物語にも見られる（サムエル記下13章参照）。ポティファルの妻もそうであり、家の者たちに対しても、自分の夫に対しても、ほぼ同じ言葉でヨセフを告発する。このように用意周到にヨセフの告発に成功したポティファルの妻ではあったが、結局、彼女の支配欲は満たされることはなかったのである。

「手」

　ところで、39章には繰り返し「手」という言葉が登場する。この「手」

（ヤード）という言葉が、このテキストにおける1つのキーワードになる。

①ヨセフはエジプトに連れて来られた。ヨセフをエジプトへ連れて来たイシュマエル人の手から彼を買い取ったのは、ファラオの宮廷の役人で、侍従長のエジプト人ポティファルであった。（1節）
②主が彼の手のすることをすべて栄えさせられるのを見た。（3節：口語訳。新共同訳では「手」が省略されている）
③ヨセフに目をかけて身近に仕えさせ、家の管理をゆだね、財産をすべて彼の手に任せた。（4節）
④主人は全財産をヨセフの手にゆだねてしまい、自分が食べるもの以外は全く気を遣わなかった。（6節）
⑤「ご存じのように、御主人はわたしを側に置き、家の中のことには一切気をお遣いになりません。財産もすべてわたしの手にゆだねてくださいました」。（8節）
⑥ヨセフは着物を彼女の手に残し、逃げて外へ出た。（12節）
⑦着物を彼女の手に残したまま、ヨセフが外へ逃げたのを見ると、（13節）
⑧監守長は監獄にいる囚人を皆、ヨセフの手にゆだね、獄中の人のすることはすべてヨセフが取りしきるようになった。（22節）
⑨監守長は、ヨセフの手にゆだねたことには、一切目を配らなくてもよかった。主がヨセフと共におられ、ヨセフがすることを主がうまく計らわれたからである。（23節）

上述のように、9回にわたって「手」（ヤード）という言葉が使われている（新共同訳の日本語訳としては8回）。「手」という言葉が使われている頻度は、他の章に比べて、39章はかなり多いと言えるだろう。①⑥⑦以外はすべてヨセフの手にあるものとしての表現である。①はイシュマエル人の「手」からヨセフが離れたこと、⑥と⑦はポティファルの妻がヨセフを「手」に入れようとするのだが失敗に終わったことが示されている。つまり、ヨセフのことは誰もが手に入れ損なった。社会的にはヨセフはポティファルの所有と言

えるだろうが、聖書はそうは言わないのである。

　ブルッグマンはここで使われている「手」を考察し、「それは力のことである」(『創世記』525頁)と言っている。確かにこれらの「手」という言葉を「力」に置き換えても、すんなり意味は通るであろう。あるいは「支配」と置き換えてもよい。いったい誰が力を持ち、支配をしていくのか。イシュマエル人にしても、ポティファルの妻にしても、誰もヨセフを自分の力の支配に収められなかった。代わりにヨセフの手の中に置かれたものは、神の摂理によってすべて祝福されていく。「手」を手掛かりに考察していくと、そのような流れの物語になっているのである。

　さらに物語は続く。エジプト宰相への階段の最終段階を駆け上ったヨセフは、エジプト王のファラオから「手」に指輪をはめてもらうことになる。「そしてパロは指輪を手からはずして、ヨセフの手にはめ、亜麻布の衣服を着せ、金の鎖をくびにかけ……」(41:42、口語訳)。新共同訳では「指」と意訳されているが、原文では「手(ヤード)」である(39:3でもそうであったが、口語訳の方が「手」という言葉を忠実に訳している)。最終的にヨセフはファラオの指輪を手にはめられることになった。全エジプトを支配する力を、その手に与えられた。ヨセフの手に委ねられたものは、次々と祝福されていったのである。

　ヨセフの手を通して神の支配が着実になされていく。ヨセフにとって状況は悪くなってしまったが、誰もヨセフを支配する力を持たなかった。「主がヨセフと共におられ」(2節)、「主が共におられ」(3節)、「主がヨセフと共におられ」(23節)とあるように、ヨセフの「手」を通して、神の「御手」による支配がなされていくのである。

物語の構造と説教

　これまでのところに記してきたように、39章は3つの区分がある。「三つの部分を持つこの物語は、a・b・a' という順序で構成されている」(ブルッグマン『創世記』532頁)。第一の区分が1節から6節までであり、ヨセフがイシュマエル人の手からポティファルの家で仕えるようになるまでである。

第二の区分が7節から20節までであり、ヨセフとポティファルの妻との関係である。第三の区分が21節から23節までであり、ヨセフがポティファルの妻から告発されて監獄に入れられるまでである。

第二の区分での話は、類似した物語が知られているようである。「後期青銅器時代のエジプトの話である『二人の兄弟の物語』の中に、非常に近い並行記事を持っていることは良く知られている」(同書524頁)。この「二人の兄弟の物語」を、フォン・ラートはある程度詳細に紹介してくれているが、類似性は見られるものの、直接この物語から取ってこられたことは否定している(フォン・ラート『創世記　下』677頁)。いずれにしても、古今東西、似たような物語がどの世界においてもあると言えるだろう。この物語自体を探ることに、深い意味を見出すことはできない。

問題は、我々がどのようにこの物語を捉えて、説教するかである。bの部分は物語としてもドラマチックなところがある。説教者は、ここに一番のスポットライトを当てた説教をする誘惑に駆られてしまうかもしれない。つまり、不道徳への誘いを、ヨセフの潔白さがはねのけるという説教である。しかしそうなってしまうと、倫理的なメッセージに説教が終始してしまうことになるだろう。

そうではなく、すでに39章のテキストの構造がそうであるように、3つの部分を有機的に組み合わせた説教を目指さなければならない。すなわち、bの部分が左右のaとa'によって支えられている説教である。すべてをうまく計らわれた神がヨセフと共におられたからこそ、ヨセフはポティファルの妻の手に落ちることはなく、誘惑をはねのけ、神の摂理の中を歩んでいった、という説教である。エジプトという信仰なき地に一人連れてこられたヨセフである。その世界のただ中にあって、支配欲の塊である人間の営みの中に、信仰を持つ人ヨセフが生きなければならないのであるが、その信仰者は神の摂理によって左右から支えられている。そのような構造が、このテキストにはあるのである。

キリスト者の自由

マルティン・ルターが書いた『キリスト者の自由について』(1520 年) の冒頭で掲げられた 2 つの命題は、あまりにも有名である。

> キリスト者はすべてのものの上に立つ自由な主人であって、だれにも服しない。

> キリスト者はすべてのものに仕える（ことのできる）僕であって、だれにでも服する。

特に第一の命題は、ヨセフの姿をよく表していると言えるだろう。イシュマエル人の手から離れ、ポティファルの妻が手に入れようとしたがうまくいかず、この時はポティファルの所有だったとも言えるヨセフである。しかし彼は誰にも服することはなかった。ヨセフは神の御手の中に置かれ、たとえ状況がどんなに悪くなったとしても、誰にも服することはなく、神の摂理の中を歩んでいくのである。ヨセフの倫理的な行いは、物語の最初から最後まで問われることはないのである。

ルターは『キリスト者の自由について』の前半部分で、第一の命題を詳細に論じていく中で、このように言う。「キリスト者は義とされるためには、信仰だけで十分であり、どんな行いも必要としないことがわかる。もしどんな行いももはや必要としないのならば、キリスト者は確かにすべての戒めと律法から解放されているし、もし解放されているのなら、確かに自由なのである。これこそキリスト者の自由であり、『信仰のみ』なのである」(『キリスト者の自由について』第 10)。

創世記 39 章の中に描かれているヨセフの姿と、キリスト者が「信仰のみ」によって自由に生きている姿を重ね合わせて説教することは、無理があるのだろうか？　不可能ではないだろう。ヨセフの行いによってエジプト宰相の階段を駆け上っていくわけではない。神の摂理の中で、アブラハムが選ばれ、イサクが献げられることなく、兄のエサウが退けられて弟のヤコブに祝福が

受け継がれる。ヤコブの逃亡から 4 人の女性との間に 12 人の息子が生まれ、その 12 人の不和の中からヨセフがエジプトに売られ、宰相になり、食糧難からヤコブの家族がエジプトに住まうことになり、エジプトでの奴隷生活が始まる。すべてが神の摂理の中で動いているのであり、ヨセフは翻弄されながらも、主の計らいの中を生きていくしか道はないのである。

『キリスト者の自由について』を書いたルターは、翌年の 1521 年、ヴォルムス帝国議会に召喚され、脅迫まがいの問いを突き付けられた。お前がこれまで書き、主張してきたことを撤回するか否かという問いである。ルターは一晩中悩んだ末に、翌日にこのように答える。

> 私は聖書と明白な理性とによって納得させられるのでないかぎり、……私は教皇と教会会議の権威を認めません。それらが互いに矛盾しているからです。私の良心は神の言葉の虜となっているのです。私は何も取り消すことができないし、取り消そうとも思いません。良心に背くことは正しくないし、安全でもないからです。神よ、私をお助けください。アーメン。
> （『総説 キリスト教史 2』57–58 頁）

ルターもまた、『キリスト者の自由について』の中で書いたように、自らも「キリスト者の自由」に生きたのである。神の摂理によって、右からも左からも支えられているのでなければ、決して言うことができなかった言葉である。ルターは主の計らいによって生きた。ヨセフもそうなのであり、神によってのみ支配される人であり、誰にも服さない自由を得ている人なのである。

ヨセフは兄たちがエジプトに訪ねてきた時に、これまでの出来事を神の摂理のうちにすべてまとめて、次のように言った。「神がわたしをあなたたちより先にお遣わしになったのは、この国にあなたたちの残りの者を与え、あなたたちを生き永らえさせて、大いなる救いに至らせるためです。わたしをここへ遣わしたのは、あなたたちではなく、神です。神がわたしをファラオの顧問、宮廷全体の主、エジプト全国を治める者としてくださったのです」

(45:7–8)。すべてが神の「手」に収められている。キリスト者はその中で生きることができるのである。

参考文献

G. フォン・ラート『創世記　私訳と註解　下』(ATD 旧約聖書註解) 山我哲雄訳、ATD・NTD 聖書註解刊行会、1993 年

W. ブルッグマン『創世記』(現代聖書注解) 向井考史訳、日本キリスト教団出版局、1986 年

『ルター著作選集』ルーテル学院大学／日本ルーテル神学校、ルター研究所編、2005 年、教文館、2012 年

出村　彰『総説 キリスト教史 2　宗教改革篇』荒井献／出村彰監修、日本キリスト教団出版局、2006 年

創世記 41章1-36節

藤掛順一

夢の主人ヨセフ

　古代の世界において「夢」は神のみ心、ご計画を告げるものと考えられていた。聖書にもそのような話がいくつかあるが、ヨセフ物語において夢はとりわけ重要な役割を果たしている。ヨセフは、両親や兄弟たちが自分の前にひれ伏すようになることを意味する夢を見て、それを語ったために兄たちの激しい憎しみを受け、奴隷として売られてしまった（37章）。その場面で兄たちはヨセフのことを「例の夢見るお方」（37:19）と呼んでいる。ここは口語訳聖書では「あの夢見る者」と訳されていたが、原文を直訳すれば「夢の主人（バアル・ハハローモート）」である（フォン・ラート『創世記　下』653頁）。この言葉の真実の意味が40、41章において明らかにされている。ヨセフは単に「大それた夢を見る者」なのではなくて、夢において神からの示しを受けると共に、神が夢においてお示しになったみ心を解き明かすことができる者という意味で「夢の主人」だったのである。

40章

　与えられているテキストは41章1–36節であるが、40章がその前提であり、そこに語られていることが41章を理解するための土台となっているので、この2章は合わせて読む必要がある。40章においてヨセフは、「侍従長

の家にある牢獄」(3節)に捕らえられている。それは39章に語られていた事情によってだった。ファラオの宮廷の侍従長ポティファルの信頼を得て、その家や財産の管理を任されるまでになったヨセフだったが、ポティファルの妻に言い寄られ、それを断ったために恨みをかい、無実の罪で牢に入れられてしまったのである。その牢獄の中で彼は、ファラオの宮廷の「給仕役の長」と「料理役の長」の見た夢を解き明かした。そのことが、2年後にファラオの見た夢を解き明かし、エジプトの宰相へと抜擢されることへとつながっていったのである。その事情を40章から詳しく見ていきたい。

ヨセフが捕らえられている牢獄に、ファラオの「給仕役の長」と「料理役の長」が新たに入れられてきた。「侍従長は彼らをヨセフに預け、身辺の世話をさせた」(4節)。ヨセフが身辺の世話をしているこの2人の囚人が同じ夜に夢を見た。「朝になって、ヨセフが二人のところへ行ってみると、二人ともふさぎ込んでいた」(6節)。ヨセフが「今日は、どうしてそんなに憂うつな顔をしているのですか」(7節)と尋ねると彼らは「我々は夢を見たのだが、それを解き明かしてくれる人がいない」(8節)と答えた。彼らがこの朝特別にふさぎ込んでいたのは、明らかに何かを告げていると思われる夢を見たのに、それを解き明かしてくれる人がいなかったからである。エジプトにおいて、夢の解き明かしは素人ができることではないと考えられていた。それは「魔術師と賢者」(41:8)が専門的知識を駆使してする一種の科学だったのである。彼らが嘆いていたのは、牢獄の中にそのような専門的知識を持っている人がいるはずはなく、したがってその夢を解いてもらうことができないからだった。しかしヨセフは彼らに「解き明かしは神がなさることではありませんか。どうかわたしに話してみてください」(8節)と言った。これが41章16節につながる、この箇所の中心となる句である。夢は神がみ心をお示しになるためにお用いになる手段であり、その夢を解き明かすことも人間の知識や知恵や技術によってできることではない。神ご自身がその解き明かしをも示してくださるのである。神が示してくださるなら、どのような人でも夢を解き明かすことができる。夢を解き明かすことができるかどうかは、知識や技術の有無ではなく、神を信じ信頼しているかどうかにかか

っているのである。ヨセフは神を信じ、神と共に生きていたので、神が解き明かしを示してくださることに信頼して「わたしに話してみてください」と言うことができたのである。

ヨセフの信仰
　ヨセフがこのように神を信じ、信頼して生きていることは驚くべきことだと言わなければならない。彼は元々そのような信仰に生きていたわけではない。彼は17歳の時、兄たちによって奴隷に売られた（37:2以下）。その頃彼は、父の寵愛をいいことに、自分の見た夢を兄たちの前で無神経に語り、兄たちの心を逆撫でするような鼻持ちならない若者だった。そのために彼は奴隷に売られてしまうという苦しみのどん底に陥ったのである。それから時は流れ、ファラオに抜擢されて宰相となった時、彼は30歳になっていた（41:46）。40章の時点はその2年前であるから（41:1）、今彼は28歳である。奴隷に売られて11年、その間の苦しみによって彼は変えられ、成長したのである。それは単に苦しみによって鍛えられたということではない。39章には、主が売られてきたヨセフと共にいてくださり、彼を守り導いてくださったことが語られている（2, 21, 23節）。「主が共におられ、主が彼のすることをすべてうまく計らわれ」（3節）たので、彼は侍従長の信頼を得ることができたし、その妻の憎しみによって獄に捕らわれてからも、他の囚人たちの身辺の世話を委ねられたのである。彼はそのように周囲の人に信頼される人となった。そのことは、給仕役の長と料理役の長がある朝「憂うつな顔をしている」（7節）ことにすぐに気づいて声をかけたことから具体的に知ることができる。彼は自分に委ねられている人の様子をしっかり見ており、その小さな変化にも気づいて声をかけ、世話をすることのできる人となっていたのである。理不尽な苦しみの中で絶望して自暴自棄になっても不思議でないのに、彼がこのように他人のことに気を配ることができ、人から信頼され、人を支えることができる人となれたのは、主が共にいてくださり、導いてくださったからである。厳しい試練の中で主はヨセフを育み、育て、鍛えて、主なる神に信頼して生きる信仰者へと成長させてくださったのである。その

主が共にいてくださることへの信頼のゆえに彼は、「解き明かしは神がなさることではありませんか。どうかわたしに話してみてください」と語ることができたのである。

二年の後

ヨセフが解き明かした通りに、給仕役の長は3日目に赦されてその職に復帰し、料理役の長は3日目に首をはねられた。ヨセフは給仕役の長に、あなたが職務に復帰したら私のことを思い出してこの牢から出られるように取り計らってくださいと願った。しかし彼は牢から出ると無情にもヨセフのことを忘れてしまった。ここまでが40章である。これを受けて、「二年の後、ファラオは夢を見た」と41章は始まる。ファラオが夢を見たことによって、給仕役の長がヨセフのことを思い出し、それによってヨセフの運命が転換するのである。しかしそのことが起こったのは「二年の後」だった。ヨセフは給仕役の長が職に復帰して以来、牢からの解放を今か今かと期待して待っていただろう。しかし2年の間何も起こらず、期待は裏切られた。しかし人間の思いや計画や期待が潰えたところで、主なる神のみ業が始まるのである（左近淑『旧約の学び　上』79頁以下参照）。

ファラオの夢

ファラオが夢を、しかも明らかに同じことを告げていると思われる夢を続けて見た。それはプライベートな出来事ではない。エジプトの国の運命に関わることがそこに示されているのであって、その夢は直ちに解き明かされ、それに応じた政策が取られなければならないのである。「ファラオはひどく心が騒ぎ」（8節）とあるのは、あの給仕役の長たちが「ふさぎ込んでいた」（40:6）のとはレベルの違う、国家の一大事なのである。直ちにエジプト中の魔術師と賢者がすべて呼び集められ、夢の解き明かしが命じられたが、誰もその夢を解き明かすことはできなかった（8節）。

ファラオが見た第一の夢は、つややかなよく肥えた7頭の雌牛がナイル川から上がって来て草を食べ始めたが、その後から醜いやせ細った7頭の

雌牛が上がって来て、よく肥えた7頭の雌牛を食い尽くしてしまった、というものだった。第二の夢は、太ってよく実った7つの穂が1本の茎から出てきたが、その後から、干からびて実の入っていない7つの穂が生えてきて、先の7つの穂をのみ込んでしまった、というものだった。雌牛も穂も豊かさ、収穫を表しているし、ナイル川は「エジプトはナイルの賜物」と言われるようにエジプトの豊かさの源である。それゆえにこれらの夢はエジプトの豊かさ、収穫に関係するものであることは明らかである。しかしその夢が何を告げており、どのような行動を促しているのかを明確に示すことができる者は一人もいなかった。

解き明かしは誰がするのか

　ここに至ってようやく、あの給仕役の長がヨセフのことを思い出した。「そういえば、私が見た夢を見事に解き明かし、彼の言った通りになった男が侍従長の家の牢獄にいます」。ファラオは直ちにヨセフを呼び寄せた。「散髪をし着物を着替えてから」（14節）によってリアリティーのある物語の運びとなっている。ファラオはヨセフに「わたしは夢を見たのだが、それを解き明かす者がいない。聞くところによれば、お前は夢の話を聞いて、解き明かすことができるそうだが」と言った（15節）。ヨセフは「わたしではありません。神がファラオの幸いについて告げられるのです」と答えた（16節）。給仕役の長との会話（40:8）によって備えがなされているこのファラオとの会話に、この箇所の中心的な主題が示されている。

　ファラオは、夢の解き明かしは人間がその能力によってするものと考えている。その前提には、人間は「占い」や「魔術」などの何らかの知識や技術によってこれから起こることを知ることができ、それに備えることができる、という思いがある。彼は「エジプト中の魔術師と賢者」たちのそのような能力に期待したが、彼等はその期待に応えることができなかった。それで今度は給仕役の長の証言から、ヨセフがそのような能力を持っているのではないかと期待しているのである。それに対してヨセフは「わたしではありません（ビルアーダーイ）」と応えた。「ファラオは、人間の業と特別に習練さ

れた占いの技術によって未来を知ることができるという、見当違いの仮定に立っているからである。この誤りは、呼び出されてきたヨセフに向けられたファラオの言葉に印象的に表現されている。ファラオははじめ、ヨセフもまたそのような業に通じた専門家の一人であり、ただ彼はそれほど力を使わなくとも易々と解き明かしができるほどの非常に優れた技術を持っているのだ、と勘違いしたのである。ヨセフは、決然としてそのような考えをはねつける(『ビルアーダーイ』とは、文字通りには『私なしで、私は別として』を意味し、すなわち、私のことなど考慮に値しない、ということである)」(フォン・ラート『創世記 下』694–695頁)。「わたしではありません」は謙遜の言葉ではない。ヨセフはここでも、「解き明かしは神がなさることではありませんか」(40:8)と言っているのである。夢でこれから起こることを告げておられるのは主なる神であり、その解き明かしも人間の力によってではなく、主が示してくださることによってのみ与えられるのである。

運命ではなく摂理

それは更に掘り下げれば、この世界と人間を本当に支配し、導いているのは主なる神なのであって、運命や偶然が支配しているのではない、ということである。この「摂理」の信仰こそ、ヨセフ物語全体の主題である。ヨセフが兄たちの嫉妬によって奴隷として売られてしまったことも、そのことを用いてイスラエルの民を飢饉から救ってくださった主なる神のご計画によることだった。神はそのように人間の罪やそれによる悲惨な出来事をも用いて救いのみ業を行ってくださるのである。その摂理はヨセフ自身にも今はまだ隠されている。しかし彼は、主なる神こそが夢の解き明かしを与えてくださるという信仰を言い表したことにおいて、神の摂理を信じて生きているのである。

「エジプト中の魔術師と賢者」たちが力を合わせてもファラオの夢を解き明かすことができなかったのに、ヨセフ一人がそれをすることができたのは、ヨセフの力がエジプトの魔術師や賢者よりも偉大だったということではない。「わたしではありません。神がファラオの幸いについて告げられるの

です」というヨセフの言葉は、主なる神の力こそが、エジプトの（つまりは人間の）占いや魔術の力や知恵に勝利していることを言い表している。占いや魔術によって人間がこれから起こること（運命）を知り、それをコントロールするようなことはできないのである。なぜなら運命ではなく神の摂理こそがこの世と私たちの人生を支配し、導いているからである。占いや魔術であれ、科学であれ、人間の知恵や力で将来を正確に見通して対処することなどできない。主なる神こそがこの世界と人間の歩みを導いておられることを信じて、み心を求めつつ神と共に歩むことによってこそ、人はこの世界と自分の人生に起こるさまざまな出来事と正しく向き合い、本当に適切に対処することができるのである。

ヨセフの解き明かし

ヨセフは「神がこれからなさろうとしていることを、ファラオにお告げになったのです」（25節）と語り、ファラオの夢は、今から7年間大豊作が続くが、その後7年間は、先の豊作のことが忘れ去られてしまうほどの激しい飢饉が襲う、という神からの示しであると解き明かした。この解き明かしはそんなに難しいものではないように私たちには感じられる。エジプトの魔術師や賢者たちはどうしてこれくらいのことが分からなかったのだろうか、とも思うのである。それは事の結末を知っているから言える、いわゆる「コロンブスの卵」ということかもしれない。しかしここでむしろ注目すべきなのは、ヨセフの解き明かしには、「これからの豊作の7年の間に、毎年収穫の5分の1を蓄えておけば、その後の7年の飢饉によって国が滅びることはないでしょう」という具体的な提案が含まれていたことである。ヨセフは、神が既に決定しておられ、間もなく実行されようとしておられること（32節）を告げただけでなく、それに対応して人間がなすべきことを示したのである。この点にこそ、ヨセフの解き明かしの独自性がある。そしてこのことは、ヨセフがどのような思いでファラオの前に立っていたのかを示している。彼は、夢を解き明かす自分の力をファラオに示すことによって、奴隷に売られ、無実の罪で捕らえられている牢獄からの解放を得ようとしているのでは

ない。つまり彼は自分が苦しみから抜け出すことを第一に考えて生きているのではなくて、主なる神が自分にお示しになるみ心に従おうとしているのである。そのような思いをもってファラオの前に立ったからこそ彼は、主がファラオにこの夢を見させられたのは、これから起こる激しい飢饉を告げ、適切な備えをさせることによってエジプトの人々を救おうとしておられるからだ、ということを知ることができたのであり、その主の恵みのみ心に基づく具体的な提言をすることができたのである。彼のこの解き明かしは、神を信じ信頼し、自分の思いや願いよりもみ心に従って生きようとしている者のみが語ることのできたものであり、その意味でこれは驚くべき解き明かしなのである。

　もしもヨセフが、自分の苦しみからの解放のみを求めていたとしたら、このような解き明かしはできなかっただろう。そのような思いでいたとしたら、彼にとってエジプトは自分を不当に捕らえ、奴隷にしている敵でしかないのであって、その王であるファラオやエジプトの人々がどうなろうと知ったことではないのである。しかしヨセフは自分の歩みが主なる神の導きの中にあることを信じていた。つまり自分が今エジプトで捕らえられていることも、自分には分からない主のみ心によることであると受け止め、主によって与えられた現実の中でそのみ心に従おうとしていたのである。それゆえに彼は、ファラオとエジプトの人々の幸いを願うことができた。「神がファラオの幸いについて告げられるのです」（16節）という言葉はそういう彼の思いを示している。ヨセフがこのようにファラオとエジプトの人々の幸いを願うことができたのは、彼が元々優しい寛容な人だったからではない。彼は兄弟の妬みをかうようなことを平気で口にする無神経な若者だったが、常に彼と共にいてくださった主なる神が、試練の中で彼をこのように育ててくださったのである。

主なる神こそがまことの主人

　そしてそこには、ご自分の民イスラエルを守り、幸いを与えてくださる主の恵みのご計画があった。ファラオの夢の意味を解き明かしただけでなく、

それに基づく適切な提案をも語ったヨセフをファラオは「神の霊が宿っている人」(38節)と認め、「宮廷の責任者」とした(40節)。ヨセフによってエジプトは大飢饉から救われたのである。そしてそのことによって、父ヤコブとヨセフの兄弟たち、つまり後にイスラエルの12の部族の先祖となる人々が飢饉から救われ、エジプトにおいて大いなる民へと殖え広がる道が開かれたのである。ヨセフがエジプトに売られたことの背後には、そのことによってご自分の民を守り、導いてくださる主なる神のみ心、ご計画、すなわち摂理があったのである(45:5)。

　ヨセフは自らも夢を見、また他の人の夢を解き明かすことのできる「夢の主人（バアル・ハハローモート）」だった。この箇所はヨセフが「夢の主人」としての力をいかんなく発揮したことによって、獄に捕らえられた奴隷の身からエジプトの宰相となったことを劇的に描いている。しかし夢もその解き明かしも主なる神こそがお与えになるものであり、主は「夢の主人」ヨセフを用いてイスラエルの民に対するご自身の救いのご計画を前進させてくださったのである。主なる神こそ、この世に起こるすべての出来事と私たちの人生のまことの「主人」であられる、そのことがこの箇所の中心的メッセージである。

参考文献

G. フォン・ラート『創世記　私訳と註解　下』（ATD 旧約聖書註解）山我哲雄訳、ATD・NTD 聖書註解刊行会、1993 年

左近　淑『旧約の学び　上　序・ヨセフ物語』日本キリスト教団出版局、1982 年

創世記　41章 37-57節

石井佑二

1　「死」から「生命」へ。支配の逆転の鍵となる「知恵」

　C. ヴェスターマンは、創世記41章についてこう言う。「ヨセフ物語の中心に位置する41章では、この物語全体を規定している二つの線が結び合わされている。一方は、異邦人から連れて来られ、顧みる者もなかった一奴隷の人生における運命の転換であり、彼の大臣への昇進によって、やがて彼の一族の生が保たれ、その家族の中の亀裂が癒されることになる。他方の線は、神の祝福のはたらきであり、それはヨセフの助言を通じて、大エジプトの民を飢饉の破局から救うのである」(『創世記Ⅱ』246頁)。この41章で語られるのは、ヨセフ自身の人生とイスラエルの民の存続についての転換点であり、またそれは、エジプトをも救う神の祝福、大国エジプトの権威を超える真の権威としての神が明らかにされる出来事である。またW. ブルッグマンは言う。「創世記41章における論点は……権力の著しい逆転である」(『創世記』544頁)。1–8節で、王は夢を見る。それは帝国エジプトの豊穣をもたらす、帝国の力の表現であったはずのナイル川からはじまる飢饉、「死」のしるしであった。しかし王も、どの知識人も、その夢の意味がわからず、困惑させられるばかりであった。その時、ヨセフが出現する。「物語は、エジプト人の専門的知識の無益さと、地を生命の賦与を可能とするものへと変えるヨセフの能力とを対比している。ヨセフ以前 (1–8節) には帝国の死がある。ヨ

セフが現われて後（46–57節）には生命がある」（同書547頁）。我々のテキストは、ヨセフ物語全体における転換点、さまざまな「逆転」が起こる部分である。「帝国の死」が「生命」に変えられる。その物語と共に、これまでのヨセフの人生、その「死」を思わせる現実も、「生命」を与える祝福の現実へと変えられる。いや、その「死」の中にあってなお「生命」を与える祝福を示し続けた神が明らかにされ始め、遂にはヨセフをして「わたしをここへ遣わしたのは、あなたたちではなく、神です」（45:8）と言わしめるに至る、その最初が我々のテキストである。

ここで語られる「死」の支配から「生命」の支配への「逆転」はどうして起こったか。その鍵となる言葉が「知恵」（41:39）である。ここにおいては「夢の解き明かし」と重なる、ヨセフに与えられた知恵を、真の神の知恵として捉え直すことで、この「逆転」は起こっていると言える。知恵。それが我々には賜物として与えられている。しかし如何なるものとしてその知恵を用いているだろうか。その結果、この地上世界に何を生み出しているだろうか。知恵は支配をもたらす。誤った知恵は「死」、滅びの支配をもたらす。真の知恵は「生命」、祝福である神の支配に我々を生きる者とする。我々はどちらにあるのか。我々のテキストは「死」の知恵、罪の中にある我々を暴き出し、しかしそこで語られる「生命」の知恵、神のご支配を語り、そこに生きることができるよう、我々を招いているのである。

2　知恵に対して、誤って生きるか。正しく生きるか。

「ヨセフは、エジプトの王ファラオの前に立ったとき三十歳であった」（41:46）。ヤコブの子ヨセフの人生が語られ始めたのが17歳の時であった（37:2）。あれから13年の年月が流れた。それは厳しい時であった。兄たちから恨まれ、「穴に投げ込」まれ（37:24）、奴隷としてエジプトに連れて来られ、濡れ衣によって「監獄に入れ」られることとなった（39:20）。穴や牢獄に落とされる。このような人間としての最低の身分にまで陥れられた13年間であった。しかしそれが今、一切逆転しようとしている。それがファラオの見た夢を正しく解き明かすことによって示されるのである。ここで私た

ちは気が付く。ヨセフが奴隷の身分に落とされた切っ掛け、それは兄たちに示した夢の解き明かしによることであった。しかしそれが同じ夢の解き明かしをもって、全く違う結果をもたらそうとしている、ということである。この二つの夢の解き明かしという事柄についての連続と非連続がある。それは何によることであるのか。この対比の中で、創世記は、神に対して我々はどこに立つべきなのか、ということを語っている。

　創世記37章5節以下で語られる最初の夢の解き明かしがあった。夢の解き明かしの力。それはまぎれもなく神からの賜物である。しかしヨセフはこの時、明らかに親、兄弟を見下し、自分の支配を確立するものとして、この夢を解く賜物を用いてしまった。誤った知恵の用い方をしてしまったのである。その結果、「死」と滅び、牢獄に落とされる人生を歩むこととなった。しかし13年間、奴隷として生き、また牢獄の中で、その下働きとして重ねた労苦が、ヨセフに真の知恵に生きるとはどういうことかを良く知らしめたのである。今、ファラオの夢を解く。しかしその解き明かしは、創世記41章16節にて「わたしではありません。神がファラオの幸いについて告げられるのです」と言わしめるものであった。「わたしではありません。神が」。もはやここには、その知恵、夢を解く賜物を自分の支配を確立するものとして用いたヨセフの姿はない。神こそが我々を真実に支配し、導くお方であると語る謙遜さと神信頼の信仰に満ちている。そしてその神信頼の謙遜さと信仰が「神がファラオの幸いについて告げられるのです」という言葉まで生み出すのである。ファラオの幸い（シャーローム）のために、他者のために、自らが用いられることを良しとする。そしてその際に語っていたのは、一切自分に利益を求めず、エジプトのため「聡明で知恵のある人物」を見出し、その者に国を治めさせ、また国中に監督官を立てることを進言する言葉であった（33-34節）。このことのために、夢を解く賜物、知恵が用いられた。すなわちそれは、他者に仕え、他者に神のシャーロームが与えられるために、その知恵を用いる、ということである。そこに神の御心があると信じ、信頼する。そのことによって立ちながら知恵を用いる。その時に、ヨセフは「死」から「生命」の中に引き上げられ、さらに、その知恵によって、ブル

127

ッグマンの言う、「死」の中にあったエジプトが、神によって新しく他者に「生命」を与えるものとして用いられることとなるのである。その知恵によって7年の豊作を過ごし、迎えた7年の飢饉の中で、エジプト自体が生かされ、そして飢饉に苦しむ「世界各地の人々」(57節)をも生かすものとして、このエジプトが神に用いられるものとなるのである。ここで、あのアブラハムに主が約束された言葉を思い起こせる。「地上の氏族はすべて　あなたによって祝福に入る」(12:3)。この約束が、今ヨセフを通じて示されている。

　我々はここで注意したい。このような知恵、「他者に仕え、他者に幸いを与えるために用いられるべき知恵」というものを、ただの世俗的な処世術だとして、切り捨てることは許されない。なぜならそのことでこの創世記が語るのは、罪の悔い改めの中でのみ、真の知恵への立ち帰りはあり得るのだ、ということだからである。それは神への畏れである。「主を畏れることは知恵の初め」(箴言1:7)。箴言に代表される知恵文学との関わりも、我々のテキストにおいて考える必要がある。

　知恵文学はイスラエル王国成立以前、ソロモンの前後、捕囚期と、変遷をたどっているので、その定義は難しい。しかし左近淑は、G. フォン・ラートの言葉をもって、一つの知恵文学の形態を次のように紹介している。ソロモン以前のイスラエルは、聖なる伝承に生きていた。しかしソロモン時代に、社会体制の変革、国際化や経済の発達のゆえに、俗なる領域が拡大した。この拡大、世俗化した時代に、聖なる伝承はどのような意味を持つのかが問題化した。その時、預言者が古い伝承に、ラディカルな再解釈を施す者が生まれた。しかしその一方で、世俗世界の中にも神の導きがあるはずであると信じ、それを観察し、思索する。そのことによって現実の問題を解決しようとする者たちがあった。そこに知恵文学があった。このように言うのである(『旧約聖書緒論講義』372頁)。

　我々の現実は、如何に知恵を誤って用いているか。社会体制の変革著しいこの現実において、神の導きを信じること無く、神への畏れ無く、「生命」ではなく「死」を、この地上にもたらす知恵の言葉を用いるものとなってし

まっている。ここでの創世記の言葉は、その我々の罪を、そしてまたその罪を唯一乗り越えさせる神への立ち帰り、神への畏れの道を言い表している。我々の説教において、このような神の導きの出来事を確かに言い表すものとなっているかどうかが問われる。それが説教の言葉を、真の神の知恵の言葉とするか、陳腐なこの世の知恵の言葉とするか、その分かれ目となるであろう。

3　ヨセフの2人の息子――自己相対化としての知恵

　真の神の知恵によって言い表される、ヨセフの人生の逆転は、2人の息子の誕生の記述によって、一つの区切りとなる。1人目の子がマナセ「忘れさせる」と名付けられたことについて、またその時にヨセフが語った「神が、わたしの苦労と父の家のことをすべて忘れさせてくださった」（51節）という言葉について、G. フォン・ラートはこう言う。「ヨセフの言葉は、厳密な意味での父の家を――いささか苦々しい含蓄を込めて――『忘れる』と言おうとしているのではない。それどころか、物語のこれに続く部分は、彼がどれほどそれに執着しているかを示すことになる。したがって、ここで言う『忘れる』とは、『思い出さない』という意味ではなく、もはやそれを持っていないという意味である」（『創世記　下』700頁）。つまり、神のご支配の下に自分を置き、そこから、この「死」ばかりを思わせられた人生を見つめ返すならば、と言うのである。そこには確かに厳しく苦しい現実があったことを思い出す。しかし、にもかかわらず、なおそこには神の祝福があったのだ。その神の祝福を再発見するものとして、自分の人生を見つめ返すことが出来る様になる、と言うのである。自分では気付かなかったけれども、あの「死」、罪と滅びばかりが思い返される自分の人生なのに、既にそこに「生命」を与える神の祝福があった。そのことを新しく知ることが出来る。そう創世記は語ろうとして、ここに真の神の知恵に立って人生を生きるヨセフに、マナセとエフライム（増える）と名付けられるべき子が与えられたのだ、と言うのである。

　そしてまた、ここで語られている真の神の知恵に立って、この記述を見る

時、なお加えて気付くことがある。この2人の子は、ヨセフとエジプトの祭司という異教の娘との間の子である。しかしこのマナセとエフライムが、創世記48章にてヤコブの養子とされる。そしてこの2人が、イスラエル十二部族のうちの2つの部族の祖先となる。特にエフライムは強力な部族となり、王国分裂時には北イスラエルを代表する部族となった。これが意味することとは、聖書の読み手が持っている、民族的な意味での救いの絶対化、選民思想に対して問いを投げ掛けているのである。洗礼者ヨハネは、ユダヤの人々にこう言った。「蝮の子らよ、差し迫った神の怒りを免れると、だれが教えたのか。悔い改めにふさわしい実を結べ。『我々の父はアブラハムだ』などと思ってもみるな。言っておくが、神はこんな石からでも、アブラハムの子たちを造り出すことがおできになる」（マタイ3:7–9）。異国の祭司の娘との間に生まれた子どもが、民族の純血性を誇るユダヤ人の祖先として置かれている。そのことを良く知るべきだ、と創世記は言う。救いとは、ヨハネの言葉を用いれば、「我々の父はアブラハムだ」と語ることによってあるのではない。そして石ころからでも救われる民を起こせる、そのような神を畏れ、その神のご支配の下に自らを置き直すべきだ。創世記は既に旧約聖書のこの所で、そのことを語っているのである。これは、まさに支配の逆転、神の知恵のご支配の下に自らを置くからこそ得られる視点である。選民思想的自己絶対化からの解放としての自己相対化が言われている。真の神の知恵に立つ時、人間に知らされる救いは閉鎖的なものとして示されることはない。むしろ神がアブラハムに示された様に、全世界の祝福をもたらす神の道具として、他者のために、自分自身を差し出すことができる者へと変えられる救いだ、と知らされるのである。

　我々は自らの歩みについて、課題、厳しい現実を生み出した自身の問題点を見つめることを拒もうとする。あるいはその課題を無かったことにして、その事実を否定し、また同じ過ちを繰り返す。個人においても。国の歴史においても。しかし真の神の知恵は、必ず神の祝福につながるものとして、自らの歩みを振り返る勇気を与える。神を畏れ、悔い改めが求められる。それは課題が課題として浮き彫りにされるのだから、痛みを伴うものとなる。し

かしそこにこそ、我々に託されている新しい「生命」を与える務めが示される。自己閉鎖的な、排他的な自己絶対化の思想は取り払われる。それはただ、真の神の知恵に立ち帰ること以外にはない。教会がそのことの証言者として、この地上に立てられていることを思わないではいられない。

4　竹森満佐一、Ｉコリント 1:18-25 説教

　教会が証言者として語る真の神の知恵と言う時、コリントの信徒への手紙一１章 18-25 節が思い起こされる。パウロはそこで、「神の知恵」と「宣教の愚かさ」とを一つのこととして語る。宣教の言葉、十字架の言葉は愚かな言葉としか、この世の者は捉えない。救いのしるしを求めるユダヤ人、知恵を求めるギリシア人にとっては、一人の人が罪人のために死ぬこと、そしてそれがすべての人間の救いであるなどということは全く愚かな話でしかなかった。そのユダヤ人、ギリシア人の心は、今日の我々の考えを代表するものである。しかしパウロは、まさにそこにこそ、真の神の知恵があったと言うのである。教会がキリストの十字架による救いという、この世からすれば愚かな言葉を信じ、真の神の知恵とすることができるのはなぜか。それはただ召され、神に招かれたからである。教会はそのことを宣言し続ける。そのことこそ、神の知恵にかなった、教会の使命なのである。竹森満佐一はこう言う。「宣教するという字は、宣言する、という字なのでありました。こういう出来事がありました、と言って、宣言し、告げ知らせることであります。それが説教であります。その内容は、何でしょう。イエスという人が、神の御子として来られて、罪人のために十字架につけられた、ということであります。まことに、単純な話であります。神を求める知恵に比べて、これは実に、簡単な報告でしかありません。しかし、これは、事実の報告であります。神がなさった事実の報告であります。事実の宣言であります。人には、愚かしく見えるかもしれません。しかし、ここにこそ、神の知恵があるのであります」(『講解説教・コリント人への第一の手紙』47-55 頁)。神の子イエス・キリストが十字架につけられた。教会はその「愚か」と見られることにこそ、真の知恵があると信じ、それを説教し続ける。その神の救いのご計画に相応

ずることこそ、真の神の知恵にかなった生き方だと信じる。ヨセフはこれと同じ知恵に生きた。自分に利益を与えるのではなく、エジプトに、他者に、利益が、「生命」が与えられる選択をする。目に見えるものとしては「愚か」である。しかしそこにこそ神の知恵にかなった、救いのご計画に相応ずる、真の神の知恵に生きる姿があるのである。そこに立つ者こそが、この世の知恵を超えた真の神の知恵に生きることができる。

5 ヴァイツゼッカー大統領の言葉。預言者として生きる

加藤常昭が、1986年10月、ハイデルベルク大学の客員教授としてドイツに滞在していた時、ハイデルベルク大学創立600年記念式典が行われた。その時、リヒャルト・フォン・ヴァイツゼッカー大統領が祝辞を述べ、このように語ったと言う。「科学者の皆さん、今一度、天地の万物を造り、支配される方への崇敬と謙遜を回復していただきたい。そうでなければ現代の危機を克服することはできないでしょう」(「私たちは遺志を継げるか　フォン・ヴァイツゼッカーさんを喪い」、『福音と世界』2015年5月号、38–39頁、他)。この言葉にはさまざまな背景がある。一つには同じ年の4月、チェルノブイリ原発事故が発生し、ヨーロッパ中に深刻な放射能汚染が広がった、ということが挙げられる。ヴァイツゼッカー大統領は、人間の持つ科学、その知恵が、その粋を集めた原子力発電所を生み出し、しかしそれがまた、放射能汚染という悲劇を生み出していることを、信仰者として悲しみ、訴えるのである。それは素朴な信仰の証言である。天地を造られた神のご支配のもとに帰ろう。そうであってこそ、人間の知恵は真の知恵であることができる。加藤は言う。「大統領は、今日のドイツが原子力発電を断念する道を預言したとも言える」(同『福音と世界』)。

真の神の知恵に生きる者は預言者として生きる。人間の認識できる歴史を超えてお働きくださる神の言葉を語る。我々のテキストは、そのような真の神の知恵の下でヨセフの人生を、そして我々の人生を見つめ返し、将来に向かって進むことを求める。ヨセフが17歳の時、兄弟たちは夢みる者ヨセフを、「ヨセフに仕えるようになる」という憎き夢の内容ごと「死」へと葬り

去った。しかしそうではなかった。時が経った今、不思議な仕方でその夢が実現されることとなる。しかもイスラエルの民の救いの出来事として、そのことが実現される（ブルッグマン『創世記』556 頁）。我々の人生にもこの出来事が起こる。真の神の知恵に生きる教会は、歴史を超えてお働きくださり、しかし歴史を用いて、歴史の中で、私たちに救いと「生命」を与える神の出来事に信頼し、預言者としてその証言に生きる。

参考文献

C. ヴェスターマン『創世記Ⅱ』（コンパクト聖書注解）山我哲雄訳、教文館、1994 年

G. フォン・ラート『創世記　私訳と註解　下』（ATD 旧約聖書註解）山我哲雄訳、ATD・NTD 聖書註解刊行会、1993 年

左近　淑『旧約聖書緒論講義』教文館、1998 年

竹森満佐一『講解説教・コリント人への第一の手紙』新教出版社、1988 年

加藤常昭「私たちは遺志を継げるか　フォン・ヴァイツゼッカーさんを喪い」、『福音と世界』2015 年 5 月号、新教出版社、38–39 頁

W. ブルッグマン『創世記』（現代聖書注解）向井考史訳、日本キリスト教団出版局、1986 年

創世記　42章1-38節

橋谷英徳

1　はじめに

　与えられたテキストからの説教は本書のように42章全体でなされることも、より広く42–45章までより広い区分で説教されることもある。より短く、21–22節、または28節を説教テキストとして選択し、そこから全体に触れていく道もあるかもしれない。いずれの選択も可能であろう。
　42–45章は、37章からのヨセフ物語においてのクライマックスに位置づけられる。ヨセフとその兄弟たちがここで再会を果たし、ヨセフのあの夢がここで実現する。同時に、このことが、出エジプトの出来事、イスラエルの救いへの道備えとなっていくのである。
　物語が非常に長いスパンで進行していることには特に注意を払いたい。再会は、あの悲劇的な別離、ヨセフがエジプトに売られてから20年以上の時を経て果たされている。あのとき17歳であった人が、今はもう37歳を越えている。かつて青年であった人は、もう壮年になっている。

2　エジプトへ

　ヨセフは、ファラオの夢を解き、エジプトの宰相となっていた。彼の見た夢のとおり、エジプトに飢饉が起こった。この飢饉は、世界規模の大きなものであった。そして、穀物を蓄えていたエジプトの倉は、飢饉に苦しむ他国

の人たちにもまた開かれた（41:57）。古代世界の巨大な国家エジプトが、自国の利益の追求だけに生きていないことに驚かされる。飢饉のなかで「分かつ」ことが起こされている。ここにもまた神がお働きになっておられ、神の御心が示されていると言えよう。造り主である神は、人間のパンのことを軽視されることはない。私たち人間が収奪に生きることではなく、分かつことに、倉を開くことに生きることを求められる。

　この世界への言及は、意味深いことである。さらにこのことについては後に触れることにしたい。

　物語は、不信仰から開始される。飢饉の中、エジプトの倉が開かれていることが、飢饉に苦しむ、ヤコブとその子どもたちにも伝えられる。そこでヤコブは、息子たちに、「どうしてお前たちは顔を見合わせてばかりいるのだ」と語りかける（1節）。この窮地において、互いに「顔を見合わせる」兄弟たちの姿は、他人まかせで、優柔不断の姿を示す。彼らは人の顔ではなく神のみ顔をこそ仰ぎ見、神にこそ頼るべきであったが、そのようにはしない。ただヤコブは、速やかに息子たちをエジプトに送る決断をする。しかし、彼は、末の子のベニヤミンだけはどうしても行かせようとしなかった。その理由は「何か不幸なことが彼の身に起こるといけないと思ったから」（4節）とある。20年以上の時を経ても、なおあの出来事は、イスラエルの家に暗い影を与えている。時間は彼らを癒やしてはいない。

3　隠れておられる神

　10人は、穀物を求めて、エジプトに来て、宰相ヨセフの前に立つ、否「ひれ伏す」（6節）ことになった。こうして、あのヨセフがかつて見た夢が実現しつつある。ヨセフはすぐに、やってきたのが兄たちだとわかったが、兄たちは弟ヨセフに気づかない。このようなことは全く予想もしなかったからであろうし、長く苦労したヨセフはおそらくその風貌まで変化していたのではないか。ヨセフは知らない振りをして「厳しい口調で」（「はげしい言葉で」関根訳）、通訳をとおして、兄たちに語りかける。

　「お前たちは、どこからやって来たのか」（7節）。

「お前たちは回し者だ。この国の手薄な所を探りに来たにちがいない」（9節）。

なぜ、ヨセフはこのように兄たちに厳しい態度を取ったのだろうか？　なぜ直ちに兄たちに自分の身を明かさなかったのか？　なぜ駆け寄って、父ヤコブ、そして姿の見えない弟ベニヤミンの安否を問わなかったのか？　彼は、なぜ素知らぬ顔をするのか？

この時、ヨセフは、深謀遠慮の人となっていた。彼は、少年時代に軽率に兄たちに夢の内容を語った人ではもはやない。直情的に行動したりはしない。しかし、また同時に彼は血の通わない人ではない。そのことは何よりもこの後に密かに離れたところで彼が「泣いて」いることからもわかる（24節）。彼は、感情を喪失しているわけではない。

しかし、彼の心の内を推察することよりも大切なことは、このヨセフを通してお働きになっておられる生ける神を見出すことである。このテキストにおける主人公は、ヨセフでもなければ、ヤコブの兄たちでもなく、主なる神である。ただ、ここで神は隠れておられる。ここでは見える仕方で現れられることもないし、言葉を語られることもない。にもかかわらず、神は働いておられる。

リュティは、その説教において、このヨセフの「厳しさ」に神を見ている。神は、「慈しみ」と「厳しさ」を持っておられる。この神が、本来は優しさをもったヨセフに厳しい態度を取らせていると言っている。ヨセフ自身、ここで「わたしは神を畏れる者だ」（18節）と語る。この神への畏れにおいて、ヨセフは振る舞い、語っているとも言えよう。

「神の慈愛と峻厳とを見よ」（ローマ 11:22、口語訳）。ヨセフは神の存在を体現している。このヨセフが、彼らを試していく。彼らが今、どのような状態にあるのかを問い、また彼らの真実を問う。「お前たちは回し者だ」とヨセフから問われた兄たちは、それを否定し、自分たちは「正直な人間」（11節）だと語るが、「それは本当か」と問うのである。これは真実を問う問いである。「あなたがたは真実か」、「真実さをもって生きているか」、そのことがここで問われている。

このヨセフの問いは、その説教において問われるべき問いでもある。「あなたは何者か」、「あなたは真実か」、この問いは神からの私たちへの問いかけでもある。これまでの人生の歩みのすべてを貫いて、このことが神から問われていることを語りたい。

4　罪の告白

ここではヨセフと兄たちの対話のなかで次第に、彼らの病根が明らかにされていく。20年以上前の出来事である。おそらく表面的には、彼らは、そのことに何の影響も与えられていないかのように生きていたであろう。しかし、その封印し、隠蔽していた彼らの過去の罪の記憶がここでの対話によって呼び起こされていく。20年以上の時の経過の中で、罪は消えてはいないし、その影響力を失ってはいなかった。罪は過去のものではなかった。

「僕(しもべ)どもは、本当に十二人兄弟で、カナン地方に住むある男の息子たちでございます。末の弟は、今、父のもとにおりますが、もう一人は失いました」（13節）。

兄たちは、ここで自分たちが「十二人兄弟」であることを打ち明け、さらに失われた「一人の弟」についても打ち明けはじめる。

ヨセフは、3日間、彼らを牢獄に監禁した後、シメオンを人質に1人残して穀物を携えて家に戻り、今度は末の弟のベニヤミンを連れて来るようにと提案する。彼らはそれに同意し、互いに言う。

「ああ、我々は弟のことで罰を受けているのだ。弟が我々に助けを求めたとき、あれほどの苦しみを見ながら、耳を貸そうともしなかった。それで、この苦しみが我々にふりかかった」（21節）。

あの時にも一人を残したのである。この「一人を残す」ことによって、20年以上前の出来事が想起されてきた。あの時もヨセフを一人残していったのである。さらにルベンは、このことがヨセフの「血の報い」であるとも語る（22節）。

彼らはここで自分たちの罪を告白するに至る。この21、22節がこの42章の中心である。この罪の告白こそ、神の「奇蹟」（リュティ）である。神

が働いておられるがゆえに、このことが起こった。20年以上の間、隠し通されてきた罪をここで告白する。罪は、人がそれを隠し、無かったかのようにしようとしても、その力を振るう。否、隠せば隠すほどに人を蝕んでいく。ヨセフの兄たちにおいても彼らがそれを隠している間、傷口は塞がれてはいない。罪はヨセフの兄たちを、確実に傷つけ、蝕み続けていた。外側では何食わぬ顔をして生きているように見えても、内側は違った。罪は彼らの人生、その家族を暗いものにしていた。罪の解決に時間は全く役立っていない。罪に時効ということはない。罪は言い表され、明らかにされ、ただ神に赦しを与えられることによるほか解決されない。

　この罪の告白の出来事のなかに神が働いておられる。人が罪を認め言い表すようになる、それは神の働きである。ここで、この罪の告白は、「一人を残す」ことでもたらされていることに注意したい。自分たちのために「一人を残す」こと、そのことによって、告白がもたらされていることは大切なことであるように思われる。「一人を残す」ことによって、自分たちが身代わり、犠牲を必要としている存在であるということが明らかにされている。私たちにとって、この「一人」は、十字架のキリストである。

　私たちも、自分の罪のゆえに「一人を残す」ことをしたのである。

　この方が、私たちの身代わりになられて十字架につかれた。そのことにおいて、私たちの罪深さは明らかであり、私たちに言い逃れの余地はないのである。

　ここを読むときに、若い日のことを思い出す。学生時代に洗礼を受け、教会生活を始めた。その後、牧師となる志を与えられて神学校に学びはじめた。しかし、一度、神学校を中途で止めた経験がある。なぜ中途で止めたのか、その理由は、いくつかあるが、一番大きな理由は、罪の問題であった。福音がわからなかったためであると言ってもいい。罪を認めず、自分で自分の罪を覆い隠して生きようとしていた。内面においては、おどおどし、ビクビクしながら若い日を生きていたように思う。幸い、一旦道が閉ざされたその後に、再び神学校に戻り、牧師となる道が開かれ、説教者を続けることのなかで福音の恵みにあずかっていくことになった。自分が罪人であることを認め

て、主のみ赦しのもとに生きていくところで生き方が変えられていった。

　このテキストにおいて、罪は非常に大きな力を持つものとして語られている。この罪の力に人間は抗うことはできない。蓋をして無きものにすることもできない。この罪の解決は、ただ神によるほかない。そして、この主なる神のもとには赦しが存在する。

　このことと関わることが、ヨセフの兄弟たちが、飢饉の穀物を求めて、エジプトにやってきたということである。彼らが必要とし求めていたのは、日毎の糧であった。しかし、彼らが本当に必要としていたこと、それ以上に必要としていたことがあった。このことをこのテキストは語っている。それは、罪の赦しである。罪を認め、それを言い表し、赦しをいただくことである。

　主の祈りでは、日毎のパンを求める祈りの後に、罪の赦しを求める祈りが続いている。そのことは無意味なことではないであろう。次のような祈りがある。

　「主よ、わたしたちに無くてはならぬものが二つあります。それらをあなたの憐れみによって与えてください。日ごとのパンと罪の赦しを」。

　一度、この祈りを教わってから度々思い出す。私たちは皆、「罪の赦し」なくして、生きることはできない。ただ日毎の糧と罪の赦しの間には明確な違いがある。パンに飢えることには気づかないものはいないが、赦しの方はなかなか気づかない、自覚がないことがある。少なくとも表面的には、何食わぬ顔をして生きることはできる。しかし、罪の問題の解決のないところに、人間の真実ということはない。本当の健やかさも、人生の充溢もそこにはない。

　だからこそ、主イエスはこうお語りになられた。

　「人はパンだけで生きるものではない。神の口から出る一つ一つの言葉で生きる」（マタイ 4:4）。

　この神の口から出る言葉こそ罪の赦しの言葉、「あなたの罪は赦された」という言葉である。

　先に神は穀物を、全世界の民にお与えになることをご自身のみ旨としておられることに言及した。この糧の話は、罪の赦しとも結びついている。およ

そすべての人に今や、主イエス・キリスト、この方において罪の赦しの道は開かれている。「世界各地の人々」が穀物を求めてヨセフのもとにやってきたように、すべての人々がこのキリストのもとに来ることに招かれている。主は、すべての人を招かれる。「疲れた者、重荷を負う者は、だれでもわたしのもとに来なさい」（マタイ 11:28）と。

5　神が我々になさったこと

　兄たちはヨセフの提案を受け入れて、ただ一人シメオンを残して家路に着く。帰る途中で彼らは袋に銀が戻されていることを発見する。彼らは驚き震えながら、こう言った。

　「これは一体、どういうことだ。神が我々になさったことは」（28節）。

　先に 21、22 節がこのテキストの中心であると述べたが、この 28 節もまたこのテキストにおいて、鍵となる句である。彼らは、罪を告白し、それと共に、神のなさったこと、神の行為、神の業に心を向けるようになる。互いの顔を見合わせていた兄たちが、ここでは神に向かっている。このことにはっきりとした答えが与えられるのはもう少し後のことである。「神がわたしをあなたたちより先にお遣わしになったのは、この国にあなたたちの残りの者を与え、あなたたちを生き永らえさせて、大いなる救いに至らせるためです」（45:7）。このヨセフの言葉によって、神のなさったことは何かとの答えが与えられるようになる。しかし、このことに先立って、ヤコブの子どもたちはここですでに「神のなさったこと」に注目し始めているのである。

　私たちは、このことがどのような意味を持つことなのかをこの時の彼ら以上に知っている。神のなさったこと、それはイスラエルの救い、「大いなる救い」である。この出来事は、神の救いのみ業を語っている。神の救いの歴史における大切な出来事なのである。神がすべてのことを備え、神が導き、神が救いのみ業を果たされる。

　この 28 節の言葉ととてもよく似た言葉が創世記にある。1 つは、エデンの園で、禁じられた木の実を食べた女に神が語られた言葉である。神は「何ということをしたのか」（3:13）。もう 1 つは、カインが弟アベルを殺した

時に、神はカインにも「何ということをしたのか」と語られている（4:10）。原文ではほぼ同じ言葉が用いられている。ただ3章、4章とこの42章とでは主語が異なる。前者の主語は人間であるのに対して、後者の主語は「神」である。このように主語が入れ替わった言葉がここで用いられていること、それはとても興味深いことではないであろうか。神に背を向け、兄弟を憎み殺す、人間の罪の行為に対して、その罪を覆う神の行為がここでなされていると言えないであろうか。

「神が我々になさったこと」、それは、罪の赦しであり、救いのみ業である。この神の救いのみ業は、主イエス・キリストにおいて、その十字架の死と復活において成し遂げられた。

パウロは、コリントの信徒への手紙一15章3節以下で、このように語っている。

「最も大切なこととしてわたしがあなたがたに伝えたのは、わたしも受けたものです。すなわち、キリストが、聖書に書いてあるとおりわたしたちの罪のために死んだこと、葬られたこと、また、聖書に書いてあるとおり三日目に復活したこと、ケファに現れ、その後十二人に現れたことです」。

このようにして「神が我々のためになさったこと」が語られている。そして、神はなお今も、聖霊において、私たちに御業をなされている。聖霊は、私たちをキリストに導く。日毎に、キリストの赦しにあずかり、それによって生きることに私たちは招かれる。

説教は、この「神が我々のためになさったこと」を語る。それはすべての民のための救いのみ業である。そして、私たちは礼拝において、この神のみ業をほめたたえる。

このテキストからの説教は、この神の福音の全体を説くことが求められよう。私たちの罪のために、十字架にかかられたキリスト、ただ一人残されたキリストを指し示す説教をしたい。罪を覆い隠すことの悲惨を説き、自らの罪を告白し、赦しをいただくことに、人びとを招きたい。その意味では、伝道説教が生まれるテキストであることを覚えたい。

フランスのコルマールのウンターリンデン美術館を訪ねたことがある。そ

こにあるイーゼンハイムの祭壇画を見るためであった。それは最も悲惨な十字架の画であると言われる。寒さが厳しかったためか、美術館には誰もいなかった。どういうわけかしばらくの間、ただ一人、この絵の前に立たされることになった。十字架にかかられたキリストの体には、あちこちに棘が刺さり、その体はすでに腐りはじめているかのようであった。このキリストを洗礼者ヨハネの指が指していた。「見よ、世の罪を取り除く神の小羊だ」（ヨハネ 1:29）。カール・バルトはこの絵のレプリカを、書斎に掲げていたそうである。この絵を見上げては、説教が、この十字架のキリストのことを指し示す指のような役割を果たすものであることを覚えたのである。

この十字架のキリストのもとで、私たちはこう言うほかない。

「これは一体、どういうことだ。神が我々になさったことは」。

主な参考文献

W. ブルッグマン『創世記』（現代聖書注解）向井考史訳、日本キリスト教団出版局、1986 年

G. フォン・ラート『創世記　私訳と註解　下』（ATD 旧約聖書註解）山我哲雄訳、ATD・NTD 聖書註解刊行会、1993 年

W. リュティ『ヤコブ　教会のための創世記講解 3』宍戸達訳、新教出版社、1974 年

玉林憲義／山中良和／城崎進／小林信雄『創世記　聖書共同研究』日本キリスト教団出版局、1970 年

佐藤俊男他『説教者のための聖書講解　創世記』日本キリスト教団出版局、1984 年

創世記 43章1-34節

高橋 誠

テキストの手触り

　私たちのテキストは家族の物語である。創世記ははじめから家族を語るが、語られるのは模範的家族像ではない。どこか壊れている家族である。このことは、読み手の心に深く食い込んでくる。ヤコブの子どもたちの兄弟関係や、あるいはヤコブ自身の兄弟関係をテキストに説教をすると、しばしば聴き手からのレスポンスがある。自分のきょうだいの関わりを思い起こすというのである。その意味で、私たちに与えられているテキストは、聴き手の経験を呼び覚ましつつ深く食い込んでいく力を持っている。語られているのは、複雑な家族模様に隠された神の支配である。45章において、ヨセフが自分自身のことを兄弟たちに対して明らかにするまで、彼はしつこく引き延ばす。その姿に、彼が兄たちから受けた仕打ちに対して持つ思いの複雑さを読み取ることができる。この複雑さにからみつくような神の摂理の支配が描かれる。読み手は自分の家族の関わりにも隠れている神の摂理を思い起こすことができる。こうしたところに、このテキストの力があると思う。

　ブルッゲマンは42章から44章までを一纏まりに捉え、その関連を、次のような図式で示す（『創世記』558頁）。

```
37章　支配についての夢 ─────────┐
  39章-41章　帝国に対する支配 ──┐  │
  42章-44章　家族に対する支配 ──┘  │
45章　夢の明白な成就 ─────────────┘
```

これに従えば、私たちのテキストは「家族に対する支配」に属する。「帝国に対する支配」においては、ヨセフは紆余曲折を経て、揺るぎない地位を確立する。一方、家族に対しての支配は、ヨセフの人間としての揺らぎが見えている。ヨセフばかりではなく、家族全員が揺らいでいる。ブルッゲマンは家族の力の相互作用というが、たしかにベクトルの異なる複数の力を寄り合わせるような神の隠れた支配は、次第に明らかなものとなってゆく。

　私たちのテキストにおいて、見かけ上、ヨセフは支配者である。しかし、その支配は兄弟をおびえさせるようなものである。兄弟たちを教育的に悔い改めに導く意図を読む理解も聞いたことがあるが、どこか暗いものが透けて見える。兄たちへの仕返しと読む方がすんなりと読める。18節で兄弟たちがおびえて言う「連れ込まれようとしている」という言葉は、フォン・ラートの解説によれば、原文で「転がし回る（ヒースゴーレール）」という意味を持つ。兄弟たちの内面の不安を語る言葉であると言う。兄弟たちの恐れの反応は、支配者ヨセフのここでの振る舞いが有能で合理的な政治的支配者の姿とは裏腹の、どこか不気味なものを帯びていることを示す。国に対する支配では理路整然とした采配を見せたヨセフは、43章の家族に対しての支配になると異なる姿を見せる。彼のもっとも深い感情である「懐かしさ」（30節）が、実のところ深く彼を捉え込んでいる。有能な支配者が奥の部屋に入って泣く。自分のコントロールに苦慮するのである。この支配を乱す懐かしさは弟を巡るもの、つまり、血の関連を巡るものであり、結局世界を深く捉えて動かす民族主義的な郷愁に視野を開くだろう（詳細後述）。ヤコブがレアよりも愛したラケルの忘れ形見のベニヤミンを重んじ、シメオンをエジプトに置き去りにしてしまうようなこだわりも、こうした懐かしさに類するものと言える。とにかく、心のままの懐かしさが家族の相互作用を複雑にするの

である。そうした中に、「全能の神」（14節）の「憐れみ」（同節）と「恵み」（29節）が織り込まれている。全能の神は、家族をゆがめる力を、家族を結ぶ力へと変えてくださるのである。破れている家族が飢饉に迫られて、仕方なし神にゆだねる。しかし、このような形で神にゆだねることも、信仰であると語られている。
　以下の構成で味わってみることにする。
　1　家族間の相互作用。
　2　家族間の力の正体「懐かしさ」。
　3　全能の神（エルシャダイ）にかける信仰。

1　家族間の相互作用

　ブルッゲマンは言う、「『家族の政治』を取り扱うことによってこの抜け目のない語り手は、相互作用というものはすべて力の動きであり、それは同時に、信仰の動きであり、また、絶望の動きであることを観察している」（『創世記』561頁）。確かにそのとおりで、イスラエルの父祖の家族は、純粋に信仰だけに生きているのではない。つまり、家族の誤りなさが神の民の証しではないことを物語るのである。これは読み手を励ます。説教でヤコブの家族間相互に働く力をトレースすることが、生い立ちにおいて、あるいは今現在の家族関係において悩みを持っている聴き手を引きこむのを感じる。
　父はかつての傷に恐れを深めている。自分の愛する者を失った悲しみは、飢饉の状況下、取るべき選択を《ためらう》（10節）。家族を守る力が込められてはいる。しかし、それは恐れからであって、家族の守りとして有効なものとはならない。本来、家族の守りのために父がなすべきは「全能の神」の手にゆだねることであるのだが、愛とそれゆえの恐れの中からそうしたゆだねる地点への距離はずいぶんある。
　しかもその家族への愛は偏っている。人質のシメオンはまるで忘れられているようである。考えてみれば、もし飢饉が解消してベニヤミンをエジプトに送らずに済むようになったとすれば、それでもシメオンを取り戻すための努力がなされたのだろうか。そう考えてみると、父ヤコブの愛の濃淡が見え

てくる。家長としてのヤコブの支配が、どれほど心許ないものかが見えてくる。あるものに向けてとても濃くなる彼の愛ではあるが、結局恐れに立ち尽くしてしまう。この強いけれども小さな愛は、相手を自分の思い通りに守ろうと独占しているだけのことかもしれない。少なくとも父の強く小さな愛は、家族に安らぎや喜びを与えるものではなかったとテキストは告げている。すでに30歳代に達していたであろうベニヤミン（フォン・ラート）が、家族から「あの子」（8節）と呼ばれ、自分で一言も発しないのは、神経質で過干渉な父の愛が作った彼の立場とも言えるだろう。愛の名で呼ばれる支配だったのかもしれない。

　兄弟たちは罪責に怯えている。かつてヨセフを隊商に売り渡したとき彼らが見送った弟の背中は、彼ら自身の罪責となっている。エジプトでのヨセフの家への得体の知れない招待は、彼らにとっては「ここに連れ込まれようとしている」（18節、原文は「転がし回る」）という受け止め方となる。何か外的な力に引きずり回されている。それが神の関与であることに気づかない。神の関与を証言するのは彼らではなく、ヨセフの家の執事である（23節）。弟に対する罪責が、神の御手が動き続けているのを見えなくしてしまう。あるはずもないことだが、彼らのうちでは罪責が神の全能よりも大きくなっているのである。そうだとすれば彼らの回復の道は、神の全能が彼らの罪責よりも大きいことを見る正しいまなざしの回復であることもわかる。

2　家族間の力の正体「懐かしさ」

　恐れ、罪責、愛の濃淡などの家族の力の相互作用のなかで、ヨセフの力は特筆すべきである。物語で、この家族の見かけ上の支配者はヨセフである。彼は「弟懐かしさ」（30節）に突き動かされている。そうすると、実際、物語を動かすのは人間の深い感情としての懐かしさである。これについてブルッゲマンは、「〔原文の〕kmr（RSVは『なつかしむ』）という語は、ホセア書11:8でただ一度並行的に用いられているが、そこではイスラエルに対するヤハウェの熱い思いが言及されている」（『創世記』567頁）と言う。BDBには「熱くなる」という説明を見いだす。ホセア書でのこの言葉は、神の行為

を規定する熱情を語っている。神の民への熱情である。不貞のゴメルが象徴する御自身とは全く別の岸に立つ人間を、どうしようもなく愛する愛である。それに対し、ヨセフの抱く懐かしさは、どうしようもない愛とも言えるのであるが、しかし神が御自身とは全く異なる人間を愛するのとはちがって、自分と同じ血が流れている弟を愛するのである。自己愛の拡張である。懐かしさが、理性的な宰相を不自由に引き回し、展開を乱している。もちろん、物語を最も確かにとらえるのは隠れて働き給う摂理の神であるから、ひとすじの摂理の物語へと導いている神との相互作用を深層部では見ておくべきだろう。表層部では、ヨセフは懐かしさにほだされた心で物語の展開を乱したり、遅らせたりする。

27節で、彼は父の安否を問う。ヨセフは父がまだ生きているかを心配している。しかし、真実に父の痛みを理解しない。ベニヤミンを連れてこいという命令が、父にどれほどの恐れや悲しみを与えるかがわからないのである。政治家が当然備えておくべき、家族のなかで動く人の心を読み取る洞察力が、ここでは停止している。弟に会いたいという懐かしさが、冷静な宰相をかき乱し、家族の痛みを生じさせつつ、物語を引っ張る。

私たちのテキストを支配するこの強い感情、懐かしさはどこからやってくるのか。それについてテキストは「同じ母から生まれた弟ベニヤミン」(29節)と語る。たしかに、これまでの兄たちとの再会には、ヨセフのこうした深い心の動きはなかった。そうすると、「弟懐かしさ」というのは、単に昔を懐かしむという意味合いではないことがわかる。もっとヨセフの本質に触れる心が言われているだろう。手許の国語辞典を調べても、昔を懐かしむというのは、この言葉の意味する領域の一部である。心が引かれること、慕わしいこと、親しみを持つことなどの意味がある。これまで他の兄たちとの再会においては決して語られなかった彼の涙を伴う深い心の動きは、同じ血を愛する愛に帰因している。帝国の支配者は政治家として理性的かつクレバーに振る舞えるが、家族の支配者になったとき、理性を超える何ものかに操られ始める。そのような人間の深くに巣くう熱く、しかも御しがたい心が、父や他の兄弟の恐れに目を閉ざさせている。もちろん、兄弟たちへのヨセフの

振る舞いは、血が流されるほどはっきりした敵意を見せているわけではない。しかし、ここにうごめいている同族の血をめぐる懐かしさは、侮れない。人間の理性を凌駕する血の熱情を語っている。しかしテキストは、人間が事態をつかんで支配することよりも、神の摂理の支配は強いことを告げている。

　政治家ヨセフを乱した理性を上回る血を愛する涙は、今の世界においても理性を乗り越える熱い涙を流させ、国家間、民族間の混乱を深めていると言えるだろう。「民主主義を成り立たせるのは、不当な扱いを受けているだれかがあなたであっても受けいれられるかという問いを受けとめる理性である」という説明に出会って、なるほどと思ったことがある。人種の別なく一個の人間としての尊厳を保障されることは、前世紀までの人類の悲惨な歴史を通して勝ち取られてきた目指すべき価値である。しかし、今世紀に入って、民主化運動と思われたアラブの春は、宗教を軸とした宗派間・民族間の対立に結果している。イスラム諸国のみならず、世界各国でナショナリズムを主張する政党が躍進している。同じ人物を父とする家族のなかにさえうごめく、同質なものをいとおしむ心は、人間存在につきまとうものなのである。

　しかし、血よりも強い神の支配がこの家族を守る。破れた家族、その家族を偏った愛に基づいて支配しようとする者、その支配のゆえに恐れや悲しみを深める家族、すべてが神の導きの中にある。家族の心はそれぞれが自分の思いに捕らえられるばかりであるとしても、そうした家族の力が神の導きを無にしてしまうこともない。ばらばらの稲わらを綯ってひとすじの綱を編むように、隠れた神の摂理がひとすじの神の救いの物語を編んでいるのである。このテキストが発している神の根強い導きの報告は、現代にも届いている。ナショナルなものが対立を生み出す。それによって世界が混迷を深める動きは強い。しかし、その混迷の力はすべてを束ねてひとすじの救いを描き出す御手の力には勝たない。人間が示しうるのは、御しがたい血による懐かしさのつくり出す動きでしかないかもしれないが、そうした人間を、大きく捕らえ込む強く確かな摂理の神の行動があることをテキストは語る。

3　全能の神（エルシャダイ）にかける信仰

そのように行動し続ける全能の神の摂理を信じるように、ヤコブは神からのチャレンジを受けている。「どうか、全能の神がその人の前でお前たちに憐れみを施し」（14 節）と言われている。つまり、カナンの片隅の一家庭で信じられている「全能の神」は、《天地の造り主、全能の父なる神》であるからこそエジプトの支配者の「その人の前」でも、変わりなく全能の神であるはずなのである。小さな家庭で信じられる神は、決して小さくはない。全能の教理の壮大さに思い至らず、ヤコブは長く《ためらう》（10 節）。

「全能の神」はエルシャダイである。七十人訳が「全能の神」と訳する。日本語訳もこれによるのだろう。フォン・ラートは、意味は正確にはわからないと言う。創世記 17 章 1 節の「わたしは全能の神である。あなたはわたしに従って歩み、全き者となりなさい」が初出である。壮大な全能を、一見それとは正反対の目の前の人の「歩み」のなかで信じることと関連している。全能を信じるとは、力の強さを信じることであると同時に、個々人の生活を立てるほどの細やかな神の配慮を信じるということでもある。フォン・ラートは言う、「(エルシャダイの) 啓示の瞬間にアブラハムに課せられた義務に (語り手は) 注目している。ここでは、啓示されたこの神の前でこれ以後生きられるべき、全生涯が差し押さえられる（人生は『歩み』であり、『歩き回ること』である！）」（『創世記　上』の 17:1 の註解、342 頁）。彼は、自分の跡取り息子という現実問題のなかで、神の全能を信じることが迫られているからである。歩むことは、地上を歩むことであり、そのどの一歩にも神の全能を知ることである。それが、今やヤコブの歩みにおいて問われる。

取るべき態度は、全能の神にゆだねることである。簡単なことではない。ヤコブが《ためらう》（10 節）のは、前述の目の前の歩みと神の全能との距離の大きさを物語っている。「あの子のことはわたしが保障します。その責任をわたしに負わせてください」（9 節）とまで息子に言わせていることは、父ヤコブの、息子を握りしめる不自由で頑なな愛の姿を物語る。世界にも、各々の不自由で頑なな懐かしさが渦巻いている。それらは他者の痛みや悲しみをわきまえない。ベニヤミンを求めるのは、エジプトの愛国者の宰相であ

る。自分が特別に愛し守るのと同じ価値を、エジプトの愛国者がこの息子に見いだすはずもない。この局面で神の全能にゆだねられるか。「このわたしがどうしても子供を失わねばならないのなら、失ってもよい」(14節)について、ブルッゲマンは言う、「その信仰は、望み得ない望みおよび皮肉な諦めと混り合っている」(565頁)。ゆだねはするのであるが、曇りない信仰を神に献げているというふうではない。如何ともしがたい状況に迫られて、自分が後生大事に抱えているものを、人間の損失や獲得を支配する方である全能者へと投げ出すかのようである。ヤコブは状況に追い立てられて全能の神にゆだねるのである。これは私たちのゆだねることの実相である。ある人が信仰を得て新しく覚えた言葉は《ゆだねる》という言葉だという内容のことを語っていた。確かに教会の外の生活で言う、ゆだねる相手を確かめてその内容を限定して行う委任や委託とはずいぶん趣が異なる。私たちのテキストでは、子供のいのちさえゆだねている。神にゆだねるのは、私たちの存在の根幹に関わることをゆだねるのである。ゆだねるべきものが自分の存在に深く関われば関わるほど闘いが生じる。ヤコブのためらいはよくわかる。

　そのような真剣で厳しい局面でゆだねるところに、私たちの存在やいのちに触れるような神との出会いがあることを、私たちのテキストは語る。ゆだねるということはゆとりのなかで多くの切り札を神に差し出してどれかを選んでもらうというようなことではない。全能の神にゆだねるとは、かけがえのないいのちや存在を神にゆだねるしかないという状況に追い立てられるなかで、「失わねばならないのなら、失ってもよい」と神に投げることなのである。ゆだねることへと追い込まれると言ってもよい。しかし、そうした状況下でなおまなざしを定めるべき存在があるということが、どんなにヤコブの歩みを確かにしているか。「この神（エルシャダイ）の前で……全生涯（歩み、歩き回ること）が差し押さえられる」（フォン・ラート）と言うときの全生涯は、とりわけその危機において、そこもまた神に差し押さえられていることを受けとめることである。つまり、ゆだねるとは危機において全能の神を信じ直すことである。ヤコブのエジプトに至る歩みがここに生まれている。

　ある時、古語における「歩む」と「歩く」の区別を、大学で日本古典を教

えている教会員が文献と共に教えてくれた。「《あるく》《ありく》が、散漫な移動や方々への徘徊をも表わすのに対し、《あゆむ》は一点を目標にした確実な進行を意味する」(『日本国語大辞典』第 2 版、小学館、「あゆむ」の項)。その意味では、ヤコブは方向さえ神に定まっていれば、それは神の求め給う「歩み」(17:1) なのである。エジプトに救いをおいておられる神を目指す歩みがここに始まる。背中を押されてはじき出されたヤコブは、体勢を崩して倒れつつも全能者に向けて足を踏み出す。神は彼のためらいも信じる心の揺らぎも絡め取るようにして、ご自身のほうへと導く。43 章において、ヤコブはもっぱらイスラエルの名で呼ばれる。この呼び名の統一は本章だけである。「イスラエル」の元来の意味の「神は支配し給う」(『新聖書大辞典』) ということが思い起こされているのかもしれない。複雑きわまりない家族模様に、隠されたひとすじの神の支配があるのだと、読み手の注意を促すのである。

参考文献

W. ブルッグマン『創世記』(現代聖書注解) 向井考史訳、日本キリスト教団出版局、1986 年 (文中は周知となった「ブルッゲマン」で表記した)

G. フォン・ラート『創世記　私訳と註解　下』(ATD 旧約聖書註解) 山我哲雄訳、ATD・NTD 聖書註解刊行会、1993 年

創世記　44章1-34節

楠原博行

1　神の計画

　父たち母たちの物語（創世記12章以下）の中で、しばしば現れ、登場人物に語りかけられた神は、ヨセフ物語には登場しない。ヨセフと対峙する中、神について最初に語ったのはヨセフの執事であった。43章、ヨセフの屋敷に連れて行かれ恐ろしくなった兄弟たちは、前回の旅で戻されていた銀のせいだと思い、そのことを自分たちを先導するヨセフの執事に申し出る。執事は答えた。「きっと、あなたたちの神、あなたたちの父の神が、その宝を袋に入れてくださったのでしょう。あなたたちの銀は、このわたしが確かに受け取ったのですから」(43:23)。ある出来事の背後に神のわざを認め、それを神がなさったことだとする発言は、ヨセフ物語ではとても重要な役割を果たしている。目の前で起こった出来事は理解し難いが、それは神がなさったこと。神のご計画のうちにあるのだという、信仰の告白である。何よりも、この言葉は、45章でヨセフ自身が兄弟たちにかける言葉となる。奴隷として売られてきたこと、20年にも及ぶエジプトの生活は、すべて神のご計画であったのだと、ヨセフは兄弟たちに語りかけ、そこに赦し合いが、和解が生じる。この言葉が、エジプトの執事の口から聞かされることは不思議なことかもしれない。すべての事が、その頂点へと、神の計画の中に進められている。「御安心なさい〔シャーローム・ラーヘム（あなたがたに平安があるよう

に）」(同)の言葉は、何よりも神の御手の内にある平安を言う言葉である。

　ここまでのところ「主が共におられる」と記されたのは、エジプトでのヨセフの姿を語るときのみであった。「神」について語られるのも、ヨセフ自身の言葉の中（40、41章）をのぞけば、42章で、兄弟たちに起きた不思議な出来事に対して「神がなさった不思議な出来事」と兄弟たちが語っただけだった。

　しかし43章は違う。ヤコブは全能の神に祈り、兄弟たちを送り出す。兄弟たちは不安の中、エジプトへ来るが、執事の言葉を通して、実は不安ではなく平安のうちにあることが告げられる。ヨセフは兄弟たちに家族の安否を問うが「平安（シャーローム）」という言葉が繰り返し用いられる。不安の中にある兄弟たちは、実は神の御手のうちにある、平安の中にある。これが43章の主題だと言ってよい。だからヨセフのベニヤミンに対する「わたしの子よ。神の恵みがお前にあるように」(43:29)の言葉は、ヤコブの祈りに呼応する言葉であり、これこそが43章全体の中心にある言葉である。不安や恐怖を乗り越える、それらに打ち勝つことをうたうのではなく、不安と恐怖の中にこそ神がおられる。「御安心なさい。心配することはありません」との執事の言葉は、そのことをはっきりと言い表している。

2　ヨセフの計画

　ヨセフと共に楽しむ酒宴の場面で閉じられた43章に続く44章の冒頭、見送りさえ受けて囚われの身であったシメオンと共にエジプトを旅立つ兄弟たちの背後で、進行しているのは実はヨセフの計画であった。自分の執事にていねいに指図して、銀の杯を兄弟たちの荷物に紛れ込ませたのだった。ヨセフの指示通りに執事は兄弟たちに言う。「どうして、お前たちは悪をもって善に報いるのだ」(44:4)。兄弟たちはヨセフの計画であることをもちろん知らない。盗みの嫌疑も、自分たちの潔白に自信を持っているから、「僕どもの中のだれからでも杯が見つかれば、その者は死罪に、ほかのわたしどもも皆、御主人様の奴隷になります」(9節)と答えたのに違いない。執事もその罪に対する罰を言い渡す。杯を持っていた者は奴隷になる。しかし他の

者は無罪であると（10節）。兄弟たちが自ら提示した罰の方が、はるかに重いことが際だっている。兄弟たちが自分たちの無実を確信していたからであろう。兄弟たちは、自分たちの手で、袋を降ろし、自分たちの手で袋を開ける。ここにも、兄弟たちの無実の確信が背後にある。一方の執事は年上の者から順々に検査をする。こちらは逆に、作為的、わざとらしい。読者はこの事件が陰謀であることをますます確信する。年長の者の荷物から銀の杯が出てくるはずはない。そして最後のいちばん年下のベニヤミンの荷物を調べたときに、ついに銀の杯が出てくる。

　兄弟たちは、衣を引き裂く。兄弟たちの悲嘆、絶望を意味している。聖書は淡々と事実だけを描く。「彼らは衣を引き裂き、めいめい自分のろばに荷を積むと、町へ引き返した」（13節）。兄弟たちの絶望する様子が、7節以下の兄弟たちの潔白の表明とも対比され、かえって効果的に描かれている。

3　兄たちの変化

　兄弟たちはヨセフと対峙する。たいへん緊迫した場面が描かれる。兄弟たちが戻ってくると、ヨセフは彼らを待ちかまえている。そして兄弟たちを「お前たちのしたこの仕業は何事か」（15節）と言って非難をする。兄弟たちを代表してユダが答える。申し開きのしようがないと言うのである。「今更どう言えば、わたしどもの身の証しを立てることができましょう。神が僕どもの罪を暴かれたのです。この上は、わたしどもも、杯が見つかった者と共に、御主君の奴隷になります」（16節）。ユダは、この事件に関する兄弟たちの共同責任を告げる。「神が僕どもの罪を暴かれたのです」という言葉は、文脈から言ってピンと来ない。兄弟たちは何もしていないからである。少なくとも、この銀の杯に関しては無実である。しかしユダははっきりと「神が僕どもの罪を暴かれたのです」と言う。その意味がこれから明らかになっていく。

　ヨセフが、この「銀の杯盗難事件」に対して言い渡す罰は、「杯を見つけられた者だけが、わたしの奴隷になればよい」（17節）というものだった。つまりベニヤミンだけを奴隷として自分の手元に残せと言う。一方、ユダの

兄弟たち全員が共同責任であるとの申し出に、ヨセフは「そんなことは全く考えていない」と否定する。

　18節からはじまるのはユダの長い熱弁である。16節の兄弟たち全員の共同責任を再び力強く言い表す。いままで兄弟たちがしてきたことすべてについての罪の告白がここから語られている。兄弟たちは、杯が見つかったベニヤミンを見捨てることもできたはずである。シメオンが人質になったときのように、また帰って父を慰めることもできた。しかしそうすることをせずに兄弟たちすべてが共同で責任を負おうとした。だから「神が僕どもの罪を暴かれたのです」の言葉は、もう銀の杯とは何の関係もなく、37章以下でヨセフに対して犯した罪、いやそればかりではなく、今まで犯したすべての罪を、神は暴かれたと懺悔しているのである。

　もしかしたらヨセフは兄弟たちが、ベニヤミンを見捨てて、エジプトを去ることを期待していたのかもしれない。しかしそういう思惑があったとしても、ここですべてが砕かれてしまったことになる。だから兄弟たちが、自分たちの罪を認め、それを告白し、兄弟たちがばらばらにではなく、ひとつとなって、自分たちの罪を共同で背負うことを言い表したとき、確かに、兄弟たち全員が、神の前で打ち砕かれたのだと言ってよい。そしてそのとき、他ならぬヨセフも、同じように打ち砕かれていく。そういう過程にあったと言ってよい。

　もしかしたら、ヨセフのこの計画は、実の弟のベニヤミンだけを手元に残しておこうという計算と、さらには兄たちに対しての復讐の思いもあったかもしれない。確かに最初のところはうまくいった。ベニヤミンをエジプトに連れてくることに成功したのだから。しかし、一手一手確かに打っていた布石がまさにここで打ち砕かれてしまっている。かえって兄弟たちの父に対する愛情と、ユダの、ベニヤミンの身代わりになるという申し出を目の前にすることになる。

　ヨセフは次章、45章の和解へと至る。ヨセフは兄弟たちの前で声を上げて泣き、身を明かす。「しかし、今は、わたしをここへ売ったことを悔やんだり、責め合ったりする必要はありません。命を救うために、神がわたしを

あなたたちより先にお遣わしになったのです」(45:5)。ヨセフが神の業を語ることになる。

　18–24 節では、かつてなされたヨセフと兄弟たちとのやりとりが、25–29 節では兄弟たちと父ヤコブとのやりとりが語られる。42 章、43 章の出来事がかいつまんで述べられるが、特に父ヤコブのヨセフとベニヤミンの 2 人の兄弟に対する愛情が語られる。20 年以上も昔、それは自分たちの家族を崩壊させた出来事であったはずである。父のこの偏愛こそが、兄弟の間の不和、そしてヨセフに対する実力行使となり、ついにはヤコブの家庭は崩壊した。しかしユダの言葉には、かつての父親に対する反感はなくなっている。すなわち 20 節、「そのとき、御主君に、『年とった父と、それに父の年寄り子である末の弟がおります。その兄は亡くなり、同じ母の子で残っているのはその子だけですから、父は彼をかわいがっております』と申し上げました」。そして 22 節、「わたしどもは、御主君に、『あの子は、父親のもとから離れるわけにはまいりません。あの子が父親のもとを離れれば、父は死んでしまいます』と申しました」。ここにはユダの、そして兄弟たちの父ヤコブに対する深い愛情がこめられている。そのことが 30、31 節にも表れている。

　長い間、兄弟たちは父を赦さなかった。ヨセフ物語の発端の 37 章ばかりでなく、43 章でも父を批判し続けていた。「こんなにためらっていなければ、今ごろはもう二度も行って来たはずです」(43:10) とベニヤミンを連れていくことを拒み続ける父を批判していた。しかしここに至り、もう兄弟たちは、かつて、ルベンがしたように「あのときわたしは、『あの子に悪いことをするな』と言ったではないか。お前たちは耳を貸そうともしなかった。だから、あの子の血の報いを受けるのだ」(42:22) などと言って仲間割れはしない。むしろ父ヤコブに対する深い愛情を示すばかりである。

　ユダは神が自分たちの罪を暴かれたと告白した。そして兄弟たち全員がその罪を共に担おうとする。この兄弟たちの変化が、このユダの言葉の中に表れている。そしてユダの発言はそれだけでは終わらない。「何とぞ、この子の代わりに、この僕を御主君の奴隷としてここに残し、この子はほかの兄弟たちと一緒に帰らせてください。この子を一緒に連れずに、どうしてわたし

は父のもとへ帰ることができましょう。父に襲いかかる苦悶を見るに忍びません」(44:33-34)。

4　38章と変えられていく人格

「ヤコブの家族の由来は次のとおりである」(37:2)の表題通り、「ヨセフ物語」と呼ばれる創世記37-50章は「ヤコブの家族の物語」である。だから、いわゆる「ヨセフ物語」開始直後の38章でユダの物語だけが語られてもおかしくはないし、この44章でユダの物語が中心的に語られても決しておかしくはない。

創世記38章についてゴードン・J. ウェナムは、ユダとタマルのエピソードは「ヨセフ物語」を理解するための重要な助けになると述べ、もっとも明瞭な例として彼が挙げるのが、タマルの「どうか、このひもの付いた印章とこの杖とが、どなたのものか、お調べください」(38:25)とヤコブの息子たちの「あなたの息子の着物かどうか、お調べになってください」(37:32)の対比である。「ヤコブは父イサクをだました。次にヤコブが息子ユダにだまされ、今度はユダ自身が義理の娘にだまされる。3つのエピソードすべてにおいて、だますために山羊と衣服が用いられている」(Wenham, p.364)。

より一般的には、不正は正されるべきこと、そして悪事を行う者は自分の悪行を認めるべきだということを、この物語は示しているとウェナムは言う。

「ユダがここで『わたしよりも彼女の方が正しい』(38:26)と告白するように、ヨセフの兄弟たちも皆、いつかはヨセフに対する自分たちの罪を認めることになる。……37章終わりに描かれる、ヨセフの『死』に対するヤコブの慰めようのない悲しみと、38章7-10節で描かれる、自分の息子2人を失っても悲しむことのないユダとの間には著しい違いがある。ユダは冷酷で非情な男のようである。彼はヨセフを奴隷に売って金儲けをしようと提案した1人だったのである。おそらくは、ルベンが考え直そうと言ったにもかかわらず、ヤコブをだます計画に全く賛成したのだろう。この物語の中でも2人の息子の死を嘆かないばかりか、義理の娘を即座に焼き殺すよう命じさえしている。

われわれが 44 章 18–34 節で出会うユダと何と異なっていることか？　そこでは大きな愛をもって、ヨセフがいなくなり、ベニヤミンのカナンへの帰還まで許されないなら、悲嘆のうちに死んでしまうだろうと、父の苦悶を告げて、あたたかく、やさしく、ベニヤミンの解放を訴える。最後に彼は、ベニヤミンのかわりに奴隷となって自分が残ろうとさえ言う。明らかにユダは変えられたのである。そして彼が『わたしよりも彼女の方が正しい』(38:26) と認める 38 章の物語は、彼の変化のはじまりを示している。義理の父親を恥じ入らせるこのタマルの出来事がなければ、われわれはユダの性格／人格の変化を説明するのが困難になり困ってしまうだろう。そして物語描写においての性格／人格の変化は、創世記が最も大切にしていることである。アブラムはアブラハムになり、ヤコブはイスラエルになる〔本書 53 頁以下、筆者の担当箇所（創世記 32 章 2–33 節）も参照！〕。特にヤコブの家族においてわれわれは、いくつもの性格／人格の変化の例を見ることができる。父の側女を冒瀆したルベンは、後にヨセフと父に対して大きな心配りをするようになり、成り上がった高慢なヨセフは、兄たちを許す賢明な政治家となる。このように 38 章は、これに続く物語の成り行きを明らかにする最も重要な役割を担っている。これなしではわれわれはその展開を説明できないのである」(Wenham, pp.364f.)。

このモティーフが間違いなくわれわれの創世記 44 章にも続いている。

5　ヨセフの厳しさ／神の厳しさ

「ヨセフは残酷では？」の指摘について。兄たちをスパイと呼び、シメオンを人質に取る仕方。2 回目の訪問では、いったん帰国させようとしながら、ベニヤミンの荷物に銀の杯をまぎれこませる仕方。これらはヨセフの復讐であるとさえ理解できる。しかしヴァルター・リュティは、本当はヨセフは優しいのだと言う。陰に隠れて泣くヨセフ。そんなヨセフがただ残酷なはずはないではないかと言う。そのような優しいヨセフに、兄たちにとって、一見、厳しい態度を取らせる。その場面で、その状況で、一番、厳しいのは神だったのではないかとリュティは問いかける。

「事実、ここでヨセフの心の冷酷さを非難するのは、当を得たことではありません。もしもここで冷酷な者がいるとすれば、それはヨセフではなくて、神です……〔なぜあえて〕ヨセフ自身の優しい心根に逆らって、かれに冷酷な行動をとらせたのか、それには、はっきりとした確かな理由があるのです……われわれの永遠の救いに問題がかかわる時には、神は厳しくあられるのです。まことに厳しくあられます、最後的に、あの——聖金曜日に明らかとなったごとくに」(リュティ『ヤコブ』282頁以下)。

「神は、御自身のおつくりになった人類が滅びゆくことをお望みになりません。それゆえに、神は厳しくあられます。犯された過去の罪をあばき出されます。それらの罪を、御子の献身と犠牲を通して、おゆるしになるためです。神の『浄化装置』というのは、赦しのことです。そして、まさに、この神の『浄化装置』のなかに、ここでヨセフの兄たちや、さらには父ヤコブまでもが採り入れられているのです。その際、神はその作業にゆっくりと時間をかけられます……神は、われわれがおのが罪を認めるようになるのを、お待ちになります」(同書285頁以下)。

「ヨセフは厳しい態度を保持し、そして待ちます。神が待ち、そして厳しくあられるからです……奇跡が生じます。それは、地上にあって考えうるうちで最大の奇跡です。——ヨセフの兄たちは自分たちの罪を告白するのです。人びとは、かれらがこの瞬間に神に出会ったことを知るでしょう」(同書286頁以下)。

ヨセフも予期していなかった、兄たちの罪の告白。自分がいなくなったことが象徴するように、バラバラであった、父とも仲違いしていた兄たちが、ひとつとなり罪を悔い改め、年老いた父への愛情を示す。しかしここまで至らせるには、この神の厳しさが必要だった。その厳しさが、われわれを、われわれの現実へと目を向けさせる。本当に自分の罪を悔い、本当に神へと目を向け、本当の人間と人間との関係、まじわりへと向かわせる。神の厳しさが、約束の家族、ヤコブの家族を、回復させた。リュティはその説教をこう閉じる。「きょう、われわれはさまざまの罪過を担ってこのところへやってきました。神ゆるし給うならば、われわれは、ヨセフの兄たちのように、心

にゆるしを得て家路につくことができるでありましょう。アーメン」（同書290頁）。

　この箇所を説教する人に向け記さないではいられない。かつて政治的な立場を異にする人は教会から去ってもらって構わないと教会で語る牧師と向き合ったことがある。しかし私は信じる。人はただ主キリストにあって一つであることが礼拝において求められる。教会員同士の不和、親子あるいは兄弟の仲違い。牧師として何度経験したことだろう。しかし厳しい顔で訴えていた人も次の日曜日の礼拝に出席する。神は働かれる。説教者を含めた罪人たちにまなざしを向けながら主キリストは十字架にかかられたお姿で招いておられる。「御安心なさい。心配することはありません。きっと、あなたたちの神、あなたたちの父の神が、その宝を袋に入れてくださったのでしょう」。主日の礼拝において祈り願いたい。父なる神のご計画のうちにあり、主キリストにあって集うすべての者たちが平安にあるように。

参考文献

W. リュティ『ヤコブ　教会のための創世記講解3』宍戸達訳、新教出版社、1974年

Gordon J. Wenham, *Genesis 16-50* (WBC), Word Books, 1994.

創世記　45章1-28節

宮井岳彦

隠れた歴史支配者

　聖書の中でも他には無い特徴と輝きを放つ創世記であるが、その50章に及ぶ記述の中でも最も長い物語は、今我々に与えられている「ヨセフ物語」である。この物語を何と呼ぶべきかということも既に一つの問題であるのかもしれない。聖書それ自身は、創世記37章2節において「ヤコブの家族の由来」、即ち「ヤコブのトーレドート」と呼んでいる。創世記は「天地創造のトーレドート」(2:4)、「アダムのトーレドートの書」(5:1)、「ノアのトーレドート」(6:9)、「アブラハムの息子イサクのトーレドート」(25:19) など、さまざまなトーレドートを記録してきた。ヨセフの物語は創世記が伝える最後のトーレドートである。このまことにP典らしい「トーレドート」という言葉には系図や由来などさまざまな訳語を当てることができるであろう。創世記はいくつものトーレドートを記して歴史を刻む。歴史の中で働く神の御業に私たちの目を向けさせる。

　しかし、実際にはヨセフの物語の大半を占める資料は、フォン・ラートによればJ典やE典であり、成立の背景となった時代はソロモンの時代と推察される。イスラエル史の絶頂の時代である。ブルッゲマンはこの年代決定については証明できないと注意を払いつつも受け入れて「人間は自分たちの未来を自律的に選択でき、操作することができるという考え方を、この物語が

論破している。それは、傲慢で耳障りな巧妙さと直面しても、永遠のみ霊はご自身の意図を貫かれる、ということを断言している」と解説する。成立年代についてはどこまでも推測の域は出ないであろうが、この指摘は非常に重要である。

　繰り返すが、創世記はその 50 章の内の記述の中で実に 14 章を割いてヤコブのトーレドートを伝えている。これは著しいことである。しかも、例えば天地創造のトーレドートと比べると、今我々に与えられている物語には大きく異なる特徴がある。例えば 1 章 1 節は「初めに、神は天地を創造された」と神のなさったことを前面に伝えているわけであるが、我々のテキストはそうではない。ヤコブのトーレドートにおいて神は徹底して隠れておられる。そのお働きはなかなか見えない。例えば 39 章 21 節以下には主が牢獄のヨセフと共におられたと注意を促すが、何か奇跡的な出来事が起こって牢から出られるわけではない。この物語ではただヨセフだけが隠れた神のお働きを信じている。「夢」という隠された仕方で神の御心を知らされ、そのことによって歴史が動いていく。創世記は一貫して神の主権を力強く証言する。しかしその記述は天地創造のトーレドートとヤコブのトーレドートとではずいぶんと違っている。

　今回我々に与えられているテキストは、この物語の隠れた支配者が神であられることを実に鮮やかに証言するものであり、このトーレドート全体の中心的な位置を占めるものである。まさにブルッゲマンが我々に注意を促すとおり、神のご意志がこの歴史を通して貫かれていることを我々に知らしめる力強い物語であるのだ。

摂理における神の同伴

　私たちが今直面しているのはある兄弟である。しかも、ただならぬ出来事の当事者である。他の 11 人の兄弟たちの前に立つ 1 人の男はエジプトでは「ファラオの顧問、宮廷全体の主、エジプト全国を治める者」と呼ばれている。しかし他の 11 人はカナンで飢饉のために死にそうになり、その時代に食糧豊かであったエジプトへ生き延びるための買い出しにやって来た辺境

の人々である。ヨセフ1人だけがかつて見た夢の意味を知り、他の11人は今自分たちがいかなる出来事の当事者となっているかを知らない。しかしそれでも兄たちの1人のユダは、そうとは知らずに目の前に立つ支配者ヨセフと同じ母から生まれた末弟を父のために帰してくれるようにと請うている。これらの出来事は「ただならぬ出来事」であろう。しかし急所はここで起きている出来事がいかにドラマチックであるかということではない。むしろ、兄たちの前に立つ弟ヨセフの口から出た言葉によって表されている事実である。「わたしはあなたたちがエジプトへ売った弟のヨセフです。しかし、今は、わたしをここへ売ったことを悔やんだり、責め合ったりする必要はありません。命を救うために、神がわたしをあなたたちより先にお遣わしになったのです」。この兄弟は神の出来事の当事者だ。これが核心、これこそ「ただならぬ出来事」に他ならない。

　かつて兄たちはヨセフに対して悪をたくらんだ（50:20）。しかし、悪意に始まった一つひとつの出来事が不思議に組み合わされて、ヨセフはエジプトの支配者になった。兄たちだけではない。ポティファルの妻の激烈な思い、牢獄で出会い釈放された給仕役の失念。それらどの一つがかけても、このような出来事は起こらなかった。ヨセフを取り巻く人々だけではない。ヨセフ自身はどうであろうか。自分の前にひれ伏す兄たちへの思いはいかなるものだったか。彼はベニヤミンだけを手元に置こうと企んだ。しかしそれら全てが「命を救うために、神がわたしをあなたたちより先にお遣わしになったのです」という一句に集約していく。

　キリスト教会はここに端的に表された神の御支配を「摂理」と言い表してきた。使徒パウロはこのように言う。「あなたがたのために神がわたしに恵みをお与えになった次第について、あなたがたは聞いたにちがいありません。初めに手短に書いたように、秘められた計画が啓示によってわたしに知らされました」（エフェソ3:2, 3）。摂理における神の計画は実に「秘められた計画」であり、私たちには神秘である。なぜ、兄が弟をエジプトに売ったという悪が「命を救う」ための出来事となり得るのか。なぜ、高官の妻が使用人を陥れたことがそのような意味を持ちうるのか。なぜ、これから6年間も

飢饉が続くことを知りながら弟以外の家族を助けようとしなかったヨセフの言動が、あのような結末にいたり得たのか。そこに秘められている計画は人間には知り得ない神秘であり、私たちはそれを畏れつつ受け取る以外にはないのである。

　カール・バルトがこのように言っている。「神はその被造物に同伴し給う。したがって、（1）神は被造物を確かに、それを、いわば〔動きの中に入れて〕行進させた時、自分自身の活動にゆだねるために、保持し給うのではない。既に、神が被造物――その現実存在と活動のすべての瞬間においてそのことを必要としている被造物――を各瞬間ごとに、保持し給う時、神は被造物を被造物自身にまかせてしまわず、むしろ被造物と共に〔道を〕進み行き給う」。我々の営みは人間の営みでしかない。常に混乱しているし、その混乱の背後には悪が潜んでいる。しかしそのような者に対して神が同伴してくださっている。神は私たちを、私たちがするままに任せてしまうことはなさらず、ご自身の憐れみ深い御心によって同伴してくださっている。

　バルトは続けて言う。「神は、その被造物に同伴し給う。そのことは、（2）神は、その被造物の自主的な実在を、そのようにしてまた、その被造物の自主的な働きそのものを、肯定し、是認し、承認し、尊重し給うことを意味している。神は、暴君として被造物に対し行動し給わない」。そして更に「神は被造物と一緒に働き給う」とまで言う。これは救済論ではなくただ摂理論の文脈でだけ言えることだろう。神は私たちが働くことを許してくださっている。神は私たちを自由にしてくださった。神の自由と人間の自由は「あれかこれか」という事柄ではない。むしろ、神は私たち被造物の自主的な実存を肯定してくださっていて、私たちと共に働いておられるのである。「神を愛する者たち、つまり、御計画に従って召された者たちには、万事が益となるように共に働くということを、わたしたちは知っています」（ローマ 8:28）。

　更にバルトは言う。「神は、その被造物に同伴し給う。そのことは、それから、もちろん、（3）神は主として、その被造物の傍らを進み行き給うことを意味している」。ここで言う「傍ら」は、生半可なものではない。実に「神は被造物を、ご自身を被造物と連帯責任あるものとされることによって、

愛し給う」とまで言うのだ。驚くべき言葉だ。父の偏愛や兄弟たちの憎悪と悪意、エジプトでの日々、そのすべてに神は傍らにおられた。あの穴の中にも、牢獄の中にも神は共におられた。その場所において、神はヨセフの歩みに責任を持ってくださっていた。ここまで深く神は同伴してくださっている。被造物の悪や被造物を捕らえる虚無の中にまで、神は来ておられる。

　当然のことではあるが、摂理への徹底的な信頼は、悪の正当化にはならない。これは「必要悪」だと言ったり、「しかたなかった」としたりしてはならない。「あなたがたはわたしに悪をたくらみました」という事実は消えない。悪は悪だ。しかし、神がそれを「善に変え、多くの民の命を救うために、今日のようにしてくださった」のである（50:20）。むしろここには悪や虚無への神の戦いがある。神は悪を悪のままに放ってはおかれない。虚無が私たちを蝕むことをお許しにはならない。「確かに被造物の影の局面が、神の退けたもう虚無的なものを私たちに想起させるということ、そして虚無的なものが被造物の影の局面に接しているということもまた事実である。しかし重要なことは、たとえ罪という人間の不可解な現実が生起したとしても、それによって神の創造の良き業が破壊され取り消されるわけではなく、神ご自身がその不可解な危機から人間と被造物仲間とを救い出そうとする特別の歴史が始まっており、そこに神の同伴があるということ、そしてそれまで世界は神によって保持されているということを信じることなのである」（芳賀力）。ここで明らかなとおり、摂理はキリスト抜きに考えることはできない。このヤコブのトーレドートを支配しておられる神はキリストにおいて私たちと同伴してくださっている神に他ならない。この事実において、神の摂理が悪との戦いであることが鮮明になるのである。

　歴史はしばしば不条理であり、不可解である。ヨセフが陥ったような不幸を神はなぜお許しになるのか。私たちも時に不条理の当事者としてそのように問う。私たちの説教の聞き手の中にも、そのように問いつつ礼拝に上ってくる人がいる。私たちの周りを悪が取り囲んでいる。不条理や苦しみをなめつつ日曜日の朝を迎えている。私たち説教者にはそのことをごまかすことは許されない。そうかといってうまい答えを出してみせることもできない。神

は、私たちには不条理に見える方である。しかし、もしも神が私たち人間の論法に従って応報的な方であったら、何が起こるのか。私たちの有様は「正しい者はいない。一人もいない」（ローマ 3:10）のであり、神が因果応報の条理に基づいて私たちを裁く方であれば「罪を犯して神の栄光を受けられなくなって」（ローマ 3:23）いる私たちには滅び以外の何も残されてはいない。ところが私たちは「わたしたちの主イエス・キリストによって神との間に平和を得て」（ローマ 5:1）いる。私たちではなくキリストの真実が私たちを救ってくださった。キリストにおいて神が私たちを前もって（pro）見てくださる（videre）。ここに摂理（providence）という神の手が働いてくださっているのだ。

異郷に形成される教会的実存

ここにおいて更に注意を払わなければならないことは、摂理の信仰は、ただヨセフ一人の心の安寧のための考え方や物の見方の類いではない、ということである。ヤコブの家は一度壊れた。ヨセフが裾の長い晴れ着を身にまとい、自分の見た夢を兄たちに自慢し、兄たちが弟を捕らえて穴にほうり込み、行方不明になった弟の晴れ着を血に浸して父のところへ持っていったとき、この家族は壊れてしまった。ユダがタマルに酷い仕打ちをしたという記述がヨセフ売却の次に記録されているところに、象徴的に現れている。家族は壊れ、共に生きる共同体は壊滅した。やがてヨセフはベニヤミンだけを手元に置きたいと願った。共同体が崩壊した世界を、自分の根源的な孤独感を癒やすことで生きようともがく姿ではないだろうか。

しかし、ここに至ってヨセフは新しくなったのである。「わたしはヨセフです。お父さんはまだ生きておられますか」「神がわたしをあなたたちより先にお遣わしになったのは、この国にあなたたちの残りの者を与え、あなたたちを生き永らえさせて、大いなる救いに至らせるためです」。摂理の信仰に立ったとき、ヨセフの目には自分だけでなく、あるいはベニヤミンだけでもなく父が映り、兄たちが映っている。かつて自分をエジプトへ売った兄たちの命をも救うために、神が私を先にお遣わしになった。今やヨセフは神の

民を形成する祝福の源（創世記 12:2）とされている。神の摂理への信仰が生み出した実りである。

　ここでのヨセフの視野の広がりには時間的な広がりもあることが興味深い。左近淑がこのように指摘している。「神の光で生きる目的をとらえると、自分の命がただ目先の現在のことにとどまらず、長い歴史、時間的長さの中に位置づけられるようになります。ヨセフは繰り返して、『あなたがたよりさきに』と申します（5, 7 節）。そして、『あなたがたのすえ』と申します（7 節）。これは未来の神の救いの歴史の中に自分の一個の生を位置づける考え方です」。

　民としての広がり、しかも歴史において広がる救い。ここには摂理の歴史を生きる神の民である教会の姿が見えてくるのではないだろうか。

　ヨセフは兄たちに言う。「急いで父上のもとへ帰って、伝えてください。『息子のヨセフがこう言っています。神が、わたしを全エジプトの主としてくださいました。ためらわずに、わたしのところへおいでください。そして、ゴシェンの地域に住んでください。そうすればあなたも、息子も孫も、羊や牛の群れも、そのほかすべてのものも、わたしの近くで暮らすことができます。そこでのお世話は、わたしがお引き受けいたします。まだ五年間は飢饉が続くのですから、父上も家族も、そのほかすべてのものも、困ることのないようになさらなければいけません』」。

　このヨセフの言葉に促されて、ヤコブの家はエジプトのゴシェンへ移ることになる。やがてモーセと歩む旅がここに始まった、とも言える。旅する者たちとしての神の民が形成されていく。エジプトというこの世に、摂理の信仰に生きる神の民が侵入した。神の歴史の担い手として神がここに遣わしてくださった。今やヨセフ一人ではない。神の民が異郷で形成されたのである。熊野義孝は言う。「神学的摂理論は具体的な背景をもっている。いわば『生活の座』（Sitz im Leben）を持っているのである。そして古来、この神学論の生活の座が、殉教者の血をもって彩られる教会史的存在に求められたことは、今日だれも知るとおりである。われわれの摂理論は神学的な現実存在（theologische Existenz）にかかわる理説でなければならない。この世のくにぐ

にの興亡のなかで、ときには暴君の圧政のもとに、その恥知らずの残虐に苦しめられながら、なお毅然として福音の信仰を言いあらわし、キリストの十字架を旗印として苦難の足跡をつみ重ねてきた教会史こそ、神学的摂理論にむかってゆるぎない座を提供するものである」。神の民がエジプトに生み出された。やがてエジプトは暴虐なファラオの支配するところとなる。しかし、ここには神の民がいる。そうであるからこそ、それでもなお神が摂理の手をもって世界を統治しておられることが証しされるのである。

摂理信仰の利益

ハイデルベルク信仰問答は摂理についてこのように証言している。

問28　神の創造と摂理を知ると、どのような利益が、われわれにあるのでしょうか。

答　われわれは、あらゆる不遇の中にも、忍耐深く、幸福の中には、感謝し、未来のことについては、われらの依り頼むべき父に、よく信頼するようになり、もはや、いかなる被造物も、われわれを、神の愛から、離れさせることはできないようになるのであります。それは、すべての被造物は、全くみ手の中にあるのですから、みこころによらないでは、ゆるぐことも動くこともできないからであります。

神を信じる者はこのように明るい眼差しを持って生きることができる。何という喜びであり、慰めであろうか。

この信仰告白の言葉を一読すればすぐに明らかであるが、この告白の一つの根拠はローマの信徒への手紙8章38–39節である。「わたしは確信しています。死も、命も、天使も、支配するものも、現在のものも、未来のものも、力あるものも、高い所にいるものも、低い所にいるものも、他のどんな被造物も、わたしたちの主キリスト・イエスによって示された神の愛から、わたしたちを引き離すことはできないのです」。やはり、この信仰の確信はキリスト抜きにはあり得ない。キリストにおいて示された神の愛、つまり神の摂理であるからこそ、神が決して私たちを捨ててしまうことはないと確信することが許されるのだ。

2011年8月のことであった。鎌倉の十二所(じゅうにそ)で開催された説教者トレーニングセミナーで、3月11日の震災のことが話し合われた。私は、4月に被災地でボランティアをし、仙台市の海岸付近の惨状を目の当たりにした。そのことを報告し、言葉を失ったと私は言った。これを聞いた加藤常昭先生から厳しい叱責を受けた。「『言葉を失った』というのは人としては誠実なのかもしれないが、説教者としては不誠実極まりない。どのようなときにもあなたには語るべき言葉があるはずだ」。今、私は自らの不明を深く恥じている。

「われわれは、あらゆる不遇の中にも、忍耐深く、幸福の中には、感謝し、未来のことについては、われらの依り頼むべき父に、よく信頼するようになり、もはや、いかなる被造物も、われわれを、神の愛から、離れさせることはできないようになるのであります」。この言葉を深く心に刻みたい。キリストにおいて表された神の愛を現実存在とする教会が証言する言葉は、希望の言葉以外にはないはずである。ヤコブの家の醜聞をもお用いになった神である。この世界を造り、保持し、同伴し、統治しておられる神である。十字架にかけられて殺された御子を救い主とお定めになった神である。このお方においてしか語り得ない希望を拓く福音を私たち説教者は託されている。

参考文献

G. フォン・ラート『創世記　私訳と註解　下』(ATD旧約聖書註解) 山我哲雄訳、ATD・NTD聖書註解刊行会、1993年

W. ブルッグマン『創世記』(現代聖書注解) 向井考史訳、日本キリスト教団出版局、1986年

左近　淑『旧約の学び　上　序・ヨセフ物語』日本キリスト教団出版局、1982年

『ハイデルベルク信仰問答』竹森満佐一訳、新教出版社、1961年

K. バルト『教会教義学　創造論Ⅲ／1』吉永正義訳、新教出版社、1985年

熊野義孝『教義学　第二巻』新教出版社、1959年

芳賀　力『神学の小径Ⅲ　創造への問い』キリスト新聞社、2015年

創世記　46章1-34節

徳田宣義

　アブラハムとその子らへの神の関わりは、神の世界への関わりの通路である。この民はもろもろの民を祝福に与らせる源である。

（芳賀力『歴史と伝承』教文館、2008年、243頁）

テキストの射程
　族長たちへの約束に関して、最も重要な叙述はアブラハムへの約束が語られた創世記12章1-3節である（G. フォン・ラート『旧約聖書の様式史的研究』荒井章三訳、日本キリスト教団出版局、1969年、136頁参照）。このアブラハムの契約（創世記12、15、17章参照）は、出エジプトの際、イスラエルがヨシュアに導かれてカナンの地に入り、土地を各部族に分配して成就する（ヨシュア記19:51）。天地創造の祝福がヨシュアの土地取得において実現したのである。
　創世記は、族長たちの物語をとおして、この約束を何度も確認する。当該箇所においても、アブラハムの物語とイサクの物語をなぞるような書法が随所にある。ヤコブの物語は、神の救済史の中にあることを表すためであり、それが当該箇所の主要な主題であるとわれわれは受け止めることができるであろう。

1-5節　エジプトへ

「イスラエルは言った。『よかった。息子ヨセフがまだ生きていたとは。わたしは行こう。死ぬ前に、どうしても会いたい』」（45:28）。このようにヤコブは願いエジプトに向け「一家を挙げて旅立った」。ヤコブの「旅立った」（46:1）は、12章4節のアブラハムの「旅立ち」と同じ語が用いられている。しかし、2人の旅の質は大きく異なる。アブラハムは、神の言葉に従って旅立ったのに対し、ヤコブの旅立ちは愛する息子ヨセフに会いたい一心によるものであったからである。

ヤコブには心にかかることがあった。アブラハムは、かつて飢饉の際、エジプトに下り、エジプト人もアブラハムたちも不幸になる災いに遭った（12:10以下）。ヤコブの父イサクは、飢饉に際し、神からエジプト行きを禁止され、神が命じた土地に留まることを命じられていた（26:2）。アブラハムやイサクが、約束の地を離れる。それは、神の御心に適うことではなかった。したがって、ヤコブのエジプト行きも、約束の地を離れることであり、神に背くことになるのではないか。ヤコブは深く悩んだのである。

自分の進みたい道が、本当に進むべき道なのか。神の名を忘れ、自分の願いが叶うことに夢中になっていないか。自分の願望に従うという偶像礼拝に生きていないか。これらのことを神に確かめるため、ヤコブは「ベエル・シェバ」に立ち寄る。自分の心が本当は何を願っているのか分からないわれわれに、ヤコブの礼拝は、神の御心を聴くことこそが大切であると示しているのである。

「ベエル・シェバ」は、かつてアブラハムが「永遠の神、主の御名を呼んだ」（21:33）場所であり、ヤコブの父イサクもかつて天幕を張り滞在した所である（26:23-25、28:10）。ヤコブは、アブラハムとイサクにとって大切な場所で、一度立ち止まり、エジプトへ下ることについて神の許しを得ようとする。壇を築き、神にいけにえをささげる。この自分は一体誰であるのか。何をしようとしているのか。このまま行ったらどうなってしまうのか。その夜、神は幻の中（15:1参照）で、ヤコブに答えてくださった。

2節に「ヤコブ、ヤコブ」「はい」とある。かつてアブラハムにとって重

大な場面で、神は幻の中「恐れるな、アブラハムよ」(15:1) と語りかけてくださった。アブラハムがイサクをささげようとする箇所 (22:1) では、当該箇所と同様の書き方がなされている。さらに、ベエル・シェバに上ったイサクに対して神は、夜の闇の中で「わたしは、あなたの父アブラハムの神である。恐れてはならない。わたしはあなたと共にいる。わたしはあなたを祝福し、子孫を増やす　わが僕アブラハムのゆえに」(26:24) と言葉をくださったことがあった。アブラハムの契約を確かなものとするため、イサクに言葉を語られた神は、当該箇所で、ヤコブに「わたしは神、あなたの父の神である。エジプトへ下ることを恐れてはならない」と言われる。イサクは、そこに祭壇を築き、主の名を呼んで礼拝したのである（同25節）。

　3節で、さらに神は語られる。「わたしはあなたをそこで大いなる国民とする」。これは創世記12章2節にある「わたしはあなたを大いなる国民にし　あなたを祝福し、あなたの名を高める」というアブラハムへの約束と同じものとなっている。

　4節で、さらに「わたしがあなたと共にエジプトへ下り、わたしがあなたを必ず連れ戻す」と神の言葉が続く。エジプトへ下ることは、神の約束された祝福を失うことではない。再びカナンに戻る許可が与えられている。アブラハムの約束は、無効になることなく、神のなさり方で進むというのである。

　したがって、ヤコブの自分中心の人生の台本は、神中心のスクリプトに上書きされた。ヤコブの思いを、神は用いてくださり、さらによいものに変えてくださったのである。

　族長物語は、アブラハムに対するカナンへの出発命令 (12:1–5) によって始まり、エジプトへ下るヤコブへの導き (46:1–5) によって締めくくられている。当該箇所は、族長物語の最後においても、救済史の連続性を強調するため、アブラハムとイサクの重要な場面をなぞるのである。

　4節後半の神の約束は、ヤコブの体が埋葬のために戻される (50:4–13) ことよりも、出エジプトの出来事と関連している。「あなたの子孫は異邦の国で寄留者となり、四百年の間奴隷として仕え、苦しめられるであろう……その後、彼らは多くの財産を携えて脱出するであろう」(15:13以下) とアブラ

ムに予告されていたことが、ここで語られているのである。

4節の最後に「ヨセフがあなたのまぶたを閉じてくれる」とある。年老いたヤコブにとって、最大の不安を神は取り除いてくださる。神はエジプト行きを祝福された上に、愛する息子ヨセフに最後をみとってもらうことができるとまで約束してくださるのである。

信仰の不安のうちにあったヤコブは確信を与えられ、一族をあげ、全財産を携え、エジプトの地へ向かう。今や、成立しつつあるイスラエル民族の決定的な第一歩は、ヤコブの思い込みによって始まるのではなく、神が、命令を通して、イスラエルの歩むべき道を示してくださることで、踏み出されたのである。

ヤコブは夜夢を見て、朝を迎えた。これまでとは違う朝である。行くべき道を示されて一族と共に「ベエル・シェバを出発した」(5節)。この「出発した」には「行動を開始した」という意味がある。このような力を、ヤコブは神から与えられた。もう悩むことはなかった。自分を超えて広がる神の導きに新しく目覚めたからである。「大いなる夢を共有し、神と共に夢見る民となって、地上でまことの希望を担うように」(芳賀力『大いなる物語の始まり』197頁)ヤコブは招かれたのである。

こうして救済の歴史は、ヤコブの生涯を超えて進み行く。聖書は、そのことを、実際のイスラエルの歴史をとおして明らかにされる。ヤコブだけの小さな自分史ではなく、大いなる神の救済史がはっきりと姿を現したのである。

6-27節　名簿

ヤコブとその一族は、ついにエジプトへ向かう。その一族の名簿が、ここに記されている。

レアの息子たち33名。ジルパの息子たち16名。ラケルの子どもたち14名。ビルハの子どもたち7名。総数66名。これにヤコブ自身、ヨセフ、ヨセフの2人の息子マナセとエフライムを加えると、総勢70名ということになる。

この名簿の目的は、エジプトに行き、定住することになったヤコブとその

一族の総数が70名と示すことにある（出エジプト記1:5）。70という数字は完全数であり、多数を意味する。もちろん、一族すべてではない。女性や使用人を含めるとさらにその数は増える。しかし、70という数を示すことで、ヤコブの一族がエジプトへ赴くことにおける神の御業の完全性が示されているのである。

一家の全成員が列挙されていることは、ヤコブのエジプト下りと共に、新しい時代が始まることを表現しようとするものであろう。やがて国民としてのイスラエルの母体となる部族の構成につながる者たちが示されているからである。

7節の「連れて……行った」は、「導き出す」（出エジプト記3:10-12他）に呼応している（月本昭男「創世記」、『旧約聖書Ⅰ　律法』岩波書店、2004年、123頁）。出エジプト記における救済されたイスラエル物語と当該箇所が、救済史の連続性の中にあることが、ここにおいても示されているのである。

当該箇所は、70人の名前を具体的に記す。神の民は、こうして一人一人名前を呼ばれるようにして導かれる。現代を生きるわれわれも、神によって一人一人名前を呼ばれて、神の民としての教会の中に加えられ、神の民の一員とされているのである。

28-30節　ヤコブとヨセフの再会

ユダを一団の先に送る。ユダは終始兄弟たちの代弁者となっており（43:3以下、44:18以下）、ヨセフをゴシェンにいる家族のもとへ連れて行く役目を担う。ヨセフは、20年以上も会っていない父に会うため、急いでゴシェンへ上っていく。

ヨセフが、父親と再会した場面は、感動的なものであるが、次のことに注意する必要がある。ヨセフの第二の夢「太陽と月と十一の星」と正反対のことが起こっているからである。兄弟たちがヨセフにお辞儀をするという、ヨセフの第一の夢は、すでに実現していた。しかし、今回、ヨセフは第二の夢が実現するのを、急いで防いだ。「ヨセフは父を見るやいなや、父の首に抱きつき」は「ヨセフは彼の所に現れ、彼の首の上に倒れ」とすることができ

る。ヤコブが頭を下げる前に、ヨセフは、首のところに倒れ込んで泣いたのである。

　神に対する真摯な態度と神への畏れを失う時、人間関係は基盤を失ってしまう。ヨセフは、かつて家族に対して軽率であったことを認めている。エジプトの宰相ヨセフは、カナン出身の年老いた父ヤコブに抱き付き、抱擁した。和解の最後の行為がこれでなされた。こうして、ヤコブの家族の和解は完成したのである。

　救済史の中で、失われていた家族を発見する。親子が互いに互いを受け取りなおす。親と子が、成熟した交わりへ解き放たれるのである。

31-32節　ヨセフの考え

　父とその家族を迎え喜ぶヨセフは、彼らをどこに住まわせるか、すでに心のうちに決めていた。そのことは、すでに兄弟たちに明らかにしていた（45:10）。実現するかどうかは、ファラオの考え次第である。

　ヨセフは、まず父の一族の到着をファラオに報告する。その際、兄弟たちが「羊飼いで、家畜の群れを飼っていた」牧畜民であることを強調する。ファラオには、自分の兄弟たちが、弟の援助で、高い地位に昇ろうとする野心を持っていないことを知らせておいた方がよいからである。

33-34節　ヨセフ、計画を授ける

　ヨセフは、ファラオが、父と兄弟たちを召した場合を想定し、模範解答を授ける。ここにもまた、宮廷と家族、双方にとって最もよい道を探ろうとする成長したヨセフの姿が示されている。

　ゴシェンを選ぶ理由も、宰相として政務を処理するために、隈なくエジプトを巡察した経験が生かされている。ゴシェンは、エジプトの東端の辺境の地で、ナイルのデルタ地帯の豊かな土地と違う。荒野に隣接する牧草地帯である。しかし、ゴシェンは、遊牧生活をする者には最適地であり、家族は、ヨセフの側で暮らすこともできる（45:10参照）場所なのである。

　土地を耕作する農民にとって、家畜を放牧する牧畜民は迷惑な存在であっ

た。ナイル川の肥沃な農耕地以外は、不毛の砂漠である。農耕に従事しない遊牧民は、エジプト人の眼には、ナイルの恩恵から疎外された卑しむべき階層に映ったことだろう。土地を持たず、平気で他人の土地の草を食む牧畜民の生活は「いとうべきものであった」のである。

不要な衝突を避けるためヨセフは、彼の一族を階級意識の強いエジプトの豊かな農耕地帯に住まわせず、ゴシェンというエジプト人との接触が小さく済む地帯に住まわせようとする。さらにヨセフの考えは深い。ゴシェンに滞在することによって、イスラエルの人々をエジプト人の生活の中に埋もれさせないようにし、イスラエルの固有性と主体性を維持できるようにしたからである。ヨセフは、契約の民の一員であることの自覚を決して失っていなかったのである。

救済史の中にあって

当該箇所で示されているように、神の救済史は、最短距離を急ぐものではない。「直線的でない歴史を生きたがゆえに、それ自体多様な側面を持つ民であることが明らかにされた。そしてこの歴史記述は、そのイスラエルを、これもまたきわめて複雑な様相を持つ現実に直面させ、神の民としての存在のあり方を極端から救う機能を果たしたと言える」(大住雄一「民の選びの歴史」、『旧約聖書を学ぶ人のために』世界思想社、2012年、84頁)のである。

「地上の氏族はすべて　あなたによって祝福に入る」(12:3)。アブラハムに与えられた神の約束のゆえに、神の民が保持されることによって、地のすべての人々に祝福と救いが行きわたるようになる。神の民が、最短距離を直行するのではなく、遠回りをするのは、世界が救われるためである。神は背後で大きな導きをなさる。この神の計画は、主イエス・キリストを遣わすところまで進むことになるのである。

当該箇所では、この大いなる救済史の中に、家族の物語と礼拝の物語が設置されている。神が共におられることを約束する救済史は、共にあるべき親と子の交わりも、回復されるべきものであると指し示している。したがって、家族の中での力争いで傷つけ合い、家族の外での競争に疲れ果て労わり合う

ことができなくなった現代の家族にも、この物語は届けられることを願っているのである。成長したヨセフは、兄弟と父ヤコブとの和解を経て、やり直そうとする。それも複雑な異国の状況の中で、宮廷（仕事）と家族の問題、隣人と家族の問題に、見事なバランス感覚を見せる。それだけではない。神の民として異教の世界の中で埋没しない道を選んでいく。このように神と隣人のために自分を役立てようとする人生がある。小さな家族の物語が、大きな神の民の救済史の中へと解き放たれていくことの意味は、まことに大きいのである。

　われわれを救うために、独り子を遣わしてくださる神の愛の物語を、まだこの国の多くの人々は知らない。「啓示された世界の秘義を世界の果てにまで知らせることが教会の使徒的使命」（芳賀力『神学の小径Ⅰ』キリスト新聞社、2008年、43頁）である。この世界に、まことの礼拝が必要なのである。

　自分本位の目標と自分だけの成功と引き換えに、神に造られた人間らしさを失っていないだろうか。神の原作を脚色し、自分勝手で自分だけの人生の脚本を書こうとしていないだろうか。神はこうしたわれわれに向かって語りかけてくださる。礼拝ごとに御旨を示してくださる。アブラハムとイサクに語られた言葉とヤコブに語られた言葉は異なっていた。今日、この自分に語られる神の言葉は何であろうか。われわれ神の民は、神の言葉から耳を離すわけにはいかないのである。

　「神は、世界に救いをもたらすその歴史の遂行を身をもって体験し、証言し、物語らせるために、一つの民をその証人として用いようとしておられる」（芳賀力『歴史と伝承』245頁）。神は、この国で、新しく神の民とされたわれわれをも用いようとしておられるのである。

　アブラハムの契約を進めるために、ヤコブの旅があった。われわれ説教者は、この契約が、正しいものとなるために主イエスが到来したことをも語り得るであろう。

参考文献

G. フォン・ラート『創世記　私訳と註解　下』（ATD 旧約聖書註解）山我哲雄

訳、ATD・NTD聖書註解刊行会、1993年

G. フォン・ラート『旧約聖書神学Ⅰ』荒井章三訳、日本キリスト教団出版局、1980年

W. ブルッグマン『創世記』（現代聖書注解）向井考史訳、日本キリスト教団出版局、1986年

C. ヴェスターマン『創世記Ⅱ』（コンパクト聖書注解）山我哲雄訳、教文館、1994年

デレク・キドナー『創世記』（ティンデル聖書注解）遠藤嘉信／鈴木英昭訳、いのちのことば社、2008年

野本真也他「創世記」、『新共同訳　旧約聖書注解Ⅰ』日本キリスト教団出版局、1996年

芳賀　力『歴史と伝承――続・物語る教会の神学』教文館、2008年

芳賀　力『大いなる物語の始まり』教文館、2001年

George W. Coats, *Genesis, with an Introduction to Narrative Literature*, Eerdmans, 1983.

創世記　47章1-12節

浅野直樹

きっかけは飢饉

ヨセフは、エジプトでナンバーツーの地位に上り詰めた。いうなれば官房長官の実権を握るに至った。折しも当時、飢饉が世界各地で発生し、エジプトもカナンもその例外ではなかった（41:53–57）。エジプトの窮地を救ったのがヨセフだった。ヨセフはファラオの夢を解き明かすことで飢饉を予測し、的確なアドバイスをして食物を蓄えて備えることができた。ヨセフの兄弟たちはエジプトに穀物があると聞き、はるばる買い付けに出向いたところ、そこで偶然ヨセフと遭遇する。仲違いして以後、行方不明となっていた血のつながる兄弟との再会、そして最終的には和解、さらには父ヤコブとの感動的邂逅のきっかけをつくったのは、皮肉にもなんと飢饉だった。

人と人のつながりという地平だけでみるならば、これは数奇な運命のひとことで済ませられるかもしれない。けれどもこの家族、ヤコブとその12人の息子たち一族が、たとえ兄弟間の争いゆえに関係が途絶えていたとしても、彼らは父祖アブラハムとイサクから受け継いだ主を信じる信仰を共有している。この信仰による神との、そして家族間の霊的結びつきを考えたとき、これは単に数奇な運命というより、神が約束どおりに導いた結果の救いの出来事だったということができる。そしてそれは46章2–4節にあるように、神がイスラエル（ヤコブ）に語った契約の成就でもあった。「わたしは神、あ

なたの父の神である。エジプトへ下ることを恐れてはならない。わたしはあなたをそこで大いなる国民にする。わたしがあなたと共にエジプトへ下り、わたしがあなたを必ず連れ戻す。ヨセフがあなたのまぶたを閉じてくれるであろう」。ヤコブはじめ家族全員が、飢饉の試練を通して受けとったこの神の祝福を証したのである。

ファラオと兄弟

本箇所には、ヨセフの家族とファラオとのいくつかの会見と対話が組み合わさっている。順番にあげるとまずヨセフとファラオ、次にヨセフの兄弟とファラオ、そして父ヤコブとファラオの対話が出てくる。11、12節では、そうした話し合いの結果を執筆者が手短にまとめている。

ファラオが「お前たちの仕事は何か」（3節）と質問したとき、選ばれた5人の兄弟たちは、一瞬緊張が走って身構えたに違いない。それはヨセフの指示で前もって予習しておいたとおりの質問だったのだが、大国の国王の前で、エジプト領内で住まわせてもらうよう平身低頭お願いするわけだから、下手なことを言ったら命はないというほどの覚悟であったのではないか。「先祖代々、羊飼いでございます」（3節）との返答は、打ち合わせでヨセフのアドバイスに従ったとおりである。46章33節以下にヨセフと打ち合わせた内容がある。領内での生活の許可をもらうために、彼らは自らを先祖代々羊飼いと名乗ったのである。このように言うことで、兄弟たちがヨセフの庇護を得て、行く末エジプトの行政にまでのし上がるつもりは決してないと、ファラオを安心させることができた（ヴェスターマン）。「羊飼いはすべて、エジプト人のいとうものであった」（46:34）という説明は、彼らがそれほどに卑しい身分でしかないことを強調するためであろう。

ファラオに対して羊飼いと名乗り、「あなたの僕(しもべ)」といい、しばらくの間ゴシェンにただ寄留させていただければそれでけっこうです、というへりくだりは、ファラオを十分安心させた。その安心は、まずは彼らがヨセフの兄弟であるという事実のうえに成り立っていることは言うまでもない。確かに国を治める者が初対面の人に対して、言葉のやりとりだけで心を許すのは危

険である。ヨセフへの絶大な信頼があったからこそ、彼らは王の厚遇を得ることとなった。ヘブライ語で「真実＝エメット」は、「信頼＝エムナー」と語根が共通で、さらに「アーメン＝真実なり」という感嘆詞とも共有しており、いずれも「アマン＝堅固だ、真だ」という言葉の派生語である（手島）。信頼は、出来事の真実（事実）と固く結びついて築かれる。

ファラオのオファー

ファラオが示した待遇は、予想をはるかに上回るものだった。寄留する間しばし滞在させてほしいという希望に対して、王は「最も良い土地に父上と兄弟たちを住まわせるがよい」と語り、そのうえに「一族の中に有能な者がいるなら、わたしの家畜の監督をさせるがよい」という（6節）。これは単に気前がよいだけではなく、仕事を手伝ってもらいたいと期待をかけている。ヨセフの兄弟なのだから等しく有能な人がいるかもしれない。そうであれば是非とも協力してもらいたいというオファーである。11節によれば、この言葉はやがてヨセフによって実行に移され、父ヤコブと兄弟たちはエジプトに所有地を得て、申し出た寄留者以上の厚遇を受けることになった。そこは「ラメセス地方の最も良い土地」だった。彼らが住み着いたゴシェンとは書かれてないが、ウェンハムは、ラメセスは出エジプト記1章11節、12章37節にあるように後代に名付けられた都市で、ゴシェンはその近郊だという。ただヴェスターマンが指摘するように、ラメセスという地名は後代の命名なので、ヨセフの時代とはそぐわず時代錯誤となる。ヴェスターマンは、「所有地＝アフーザ」がP文書の特徴を示す語句であることにも触れており、それを踏まえるならば、ヨセフの時代ではなく後代に執筆された創世記という前提に立って考えればよいわけで、時代錯誤というよりも、「今はラメセス地方に属する土地」程度の意味で理解すればよいのではないか。

王によるもうひとつのオファー、「わたしの家畜の監督をさせるがよい」についてはどうだろうか。それらしき記述は見あたらないが、ヴェスターマンは、ラメセスが穀物倉庫のあった都市だったことを指摘しているので、兄弟のうち誰かがそうした地位を得たことも考えられる。

難民ヤコブ一族

ここまではもっぱらファラオとの交渉が中心で展開しており、そこに信仰的要素は見あたらず福音説教への広がりが難しいのだが、これを現代社会の問題と照らしてみるとなにが見えるだろうか。ひとつには、ヨセフも含めてヤコブ一族が難民という立場でエジプトにやって来たという点をあげたい。

現代の難民をヤコブ一族にそのまま当てはめることはできないにしても、そもそも創世記というのは難民の物語だというドゥ・ラ・トーレの指摘は刮目に値する。文化や言葉や肌の色を異にする移民、特に生活の手段を奪われてしまった難民を、社会が成熟した国がどう受け入れていくのか。キリスト教の立場は、良きサマリア人のたとえがすべてを物語る。これに従えば移民、難民は間違いなく隣人である。けれども現実には、それだけで答えは出せないのは明白である。そうであっても、彼らがやむなく生活する異文化社会の中で不当な扱いを受けたり、差別されたりすることはあってはならない。難民や移民の人権が奪われるようなことがあってはならない。2016年の米国大統領選挙の際、「無宗教層」の3分の2はクリントンを選び、対照的に白人福音派の81パーセントはトランプを支持したという調査結果がある。福音派の著名な伝道者たちの中には、トランプの勝利を「神の直接的介入」と言った人もいたそうだ。福音派ジャーナリスト、フィリップ・ヤンシーは「左翼かぶれの共産主義者」と罵られながらも、福音派のこうした現状を嘆いている。いかなる説教者も、良きサマリア人に示された真の福音に立つことに揺らぎがあってはならない。

生涯を振り返るヤコブ

ファラオが年齢を尋ねたとき、ヤコブは130年の短い生涯だったと答えた。常識的長さからいえばありえない長寿だが、アブラハムの175年、イサクの180年と比較すると確かに短い。それがあっと言う間の一生だったということを言いたかったのだろう。ヤコブはまた先祖と比較しながら、自分の一生は取るに足らず苦しみが多かったと人生を振り返る。これは、ひと

つにはファラオの前で示したヤコブの自己卑下、謙遜ともとれよう。しかし5人の息子がファラオの前で、「あなたの僕」(4節)と言って示した謙遜とは内容的に少し違うだろう。息子たちには、過剰な要求をすると王の機嫌を損ねることになりかねないという心配があった。ヨセフのアドバイスもあった。けれどヤコブの自己卑下には、そのような護身的配慮はない。130年の生涯を振り返って、素直な心から感慨深げに言った一言と感じられる。偽らざる本心が表れている。エサウの殺意からの逃亡、伯父ラバンの嫉妬をかって背負い込んだ苦労、シケムでの息子たちの蛮行、そしてヨセフの行方不明等々。これだけ数えても一人の人間の生涯にはあまりにも過酷な試練の数々は、苦しみ多い人生だったことをそのまま物語る。

人生は寄留生活

ヤコブは自らの人生を旅にたとえた。旅路と訳されたメグレーの元来の意味は寄留である。この言葉は、ヤコブの人生そのものが実際に逃亡や放浪の寄留生活だったという現実を語るだけではない。ヤコブにとって地上での寄留生活はまた、神がアブラハムに約束しヤコブへと受け継がれた祝福の土地を目指して進む日々でもあった。人生の最終段階を迎えた今、その寄留生活に終わりを告げて一族はエジプトに安住した。そうした安堵感からほっとしてこぼれた一言のようにも聞こえてくる。けれども同時に、そこは主がアブラハムに約束した地ではないことをヤコブはよく承知している。ヤコブは息子たちに見守られるなか息を引き取るのだが、遺言として自分を先祖代々の墓地マクペラの洞窟に葬るようにと伝える。ヤコブの寄留生活は安住の地エジプトで終わらなかった。神の約束の地で終えたのだ。

「この世は来世への入り口である。大広間(来世)に入るために、入り口で準備せよ」というタルムードを引用し、手島は「人生を寄留の場と考えることは、その後のユダヤ教の基本思想」という。このことから現世での寄留生活メグレーは、天国を目指す旅路でもあることをも暗示している。そうであるならば、寄留生活での数々の試練は耐えるに値する。「私の生涯は短く苦労が多かった」という心情の吐露は、自分の人生を悔いているわけではな

い。むしろよくここまで来ることができたという驚きと、精一杯生きることができた感謝が滲んでいるといえないか。エジプトという異国の地ではあったが、今や息子ヨセフによって安住の地を得て、齢130にして寄留生活から解かれた喜びもあったろう。そしてなによりも、そのすべてを主なる神が導いてくださり大いなる祝福があったのだという実感さえこもる万感の思いが響いてさえ来る。

ヤコブの祝福

　場面は移り7–10節ではヤコブとファラオが顔を合わせる。ヨセフがヤコブをファラオのところへ連れていき、三者が一堂に居あわせた。ヨセフのエジプトでの活躍から、ヤコブは王の前で息子ヨセフを誇らしげに思ったことだろう。ヨセフも父を紹介したかったに違いない。ここに流れている空気は、ファラオの面前で緊張の面持ちの兄弟たちと違い、とても和やかで穏やかである。兄弟たちが自分のことを「あなたの僕」と名乗ったのに対して、ヤコブは年齢を問われたとき、「わたしの旅路」、「わたしの生涯」、「わたしの先祖」と答えているところからも、リラックス感が伝わってくる（Wenham）。130歳の高齢者がかもしだす威厳は、エジプト王の権威に見劣りすることはなかった。そしてこの高齢者にはもはや余計な緊張はない。恐れる者もなにもない。失うものもなにもない。ヨセフとの再会がかなって、「わたしはもう死んでもよい」（46:30）と述懐する。満ち足りた思いを胸いっぱいに受け止めて、ヤコブは神の祝福に浸っていたのだ。

　その喜びに包まれながら、ヤコブはファラオに「祝福の言葉を述べた」。挨拶代わりの祝福である。使われている動詞はバラク。確かにバラクは、サムエル記や列王記下などでは簡単な挨拶として使われている（ヴェスターマン）。この動詞は、10節の2人の対話の締めくくり、すなわち別れの挨拶でも使われており、新共同訳は「別れの挨拶をした」と訳している。NRSVではblessedである。これが祝福なのかそれとも単なる挨拶なのかについて議論があるようだ。しかしヴェスターマンは、そうした議論の余地なくこれは祝福だとする。挨拶の言葉だったとしても祝福がこもっており、特にこの

ような特別な状況では、なおのこと祝福の色合いが強いとする。天地創造にあって、神が人を創造したあと祝福するが（1:28）、バラクはそこでも使われている。祝福に満たされたヤコブが、エジプト王に向けて同じ動詞バラクを用いて祝福の挨拶を送っている。それは確かに、単なる挨拶以上のメッセージとなって届いてくる。

不条理と向き合う

　ファラオとの会見が実現したのは、ヨセフの活躍があったからである。けれどもそれをヨセフの力と才能だけに帰してしまうなら、一人の人間の優れた努力を賞賛するだけの物語でしかない。テレビドラマのハッピーエンドで終わってしまう。神学的にはそこから一歩踏み込んで、神の救済史の視点からこの祝福の出来事を吟味しなければならない。では具体的にどこまで踏み込むのかというと、ふたつあげるとすればヨセフの災難と飢饉とである。

　ヨセフの災難とは、兄弟から受けた虐待とその後の難民生活である。現代の言葉でいうならば、これは明らかにいじめであり虐待である。家族内で起きたＤＶとも言うことができる。そうした言葉は聖書には無論ないが、兄弟全員が計画的に、寄ってたかって彼を穴に投げ込むという行為は、いずれの用語もあてはまる。

　飢饉は自然災害のひとつである。飢饉は気象の影響が大きく、地球温暖化のことを考えると一概に自然災害と呼んでしまっていいのか難しい現状ではある。また今日では灌漑技術が進んだことで飢饉の被害拡大を未然に防げてもいるのだが、聖書時代の飢饉に限っていえば、自然災害といって差し支えない。また我々に最も身近な自然災害といえば、地震や津波、台風が思い浮かぶ。いずれの災害も、生活するうえで許容できるものではない。けれども自然の驚異に日頃から曝されて生きねばならない宿命をもつ人間は、これを克服する術を見いだすか、それができないのなら、災害と共に生きていくしかない。それが、昨今の災害への備えであり危機管理である。少しでも被害を食い止める努力、被災してしまった地域や人々への支援こそ、共に生きていく姿である。ヤコブと息子たちもカナン地方を襲った飢饉に際して、エ

ジプトで穀物の買い付けをすることで備え、危機管理を徹底させたといえる。そして、そこからヨセフとの再会が始まったのだ。

　自然災害もいじめも虐待も不条理の極みである。神さまが共にいて、なぜこんなに酷いことが起こるのか。そうした声があちらこちらから聞こえ出す。キリスト者はそれに対する答えに窮する。神学的に応えようとすると護教的になり、信仰の外側で生きる人には通用しない。神学的に十分説明し尽くせるとも思えない。けれども神学者や説教者は、この「なぜ」と問い続けることを怠ってはならない。ただ問うだけでなくヨブのように、常に神の視座で考え続け、語り続けていかねばならない。神義論に固執せず、けれども神のインマヌエルにこだわって、世の不条理と向き合っていきたい。

試練の中のインマヌエル

　この出来事のうちにインマヌエルを見てみよう。虐待を受けたヨセフだったが、よく読むと救いの手も差し伸べられた。ルベンは「命まで取るのはよそう」と進言した。ユダも、「弟に手をかけるのはよそう」と言った。そしてそれら一言が、他の兄弟たちを思いとどまらせた。憐れみを示す言葉を発したことが、ヨセフを救ったのである。憐れみの言葉を通して神が共にいた。

　災難を被ることを信仰に絡めて因果応報的に説明しようとするのは、神学的に適切ではない。災難は信仰あるなしにかかわらず起こるし、人はすべて罪から免れないからである。聖書の登場人物たちも皆そうである。罪ある姿を随所に露わにしつつ、それでも神を信頼し、目の前の試練と向き合いながら生きた。聖書時代の彼らが、苦難や試練を信仰によってどのように受け止めながら生きたか。それを探ることこそ、信仰者がインマヌエルを踏まえて応えていく道筋ではないだろうか。今日の信仰者が不条理に向き合って生きるヒントは、ここに隠されているように思う。

　飢饉は、ヤコブと息子たちに移住を決断させた。ただヤコブだけは、約束の地カナンを離れ去ることに躊躇した。それでも最後には、やむなく息子たちと旅に出る。神はアブラハムへの約束を反故にするのか。約束の地とはカナンではなかったのか。そういう疑いがヤコブの心によぎってもおかしくな

かった。彼らは飢饉という現実をくぐり抜けて必死に生きたのだ。途中、目に見えない神に対して信仰が揺らぐこともあったろう。それでも難を逃れて生き抜くために、敢えてエジプトでの難民生活を選ばざるを得なかった。ところが、そこにヨセフとの再会が用意されていたのである。エジプト避難は、ヤコブの思惑ではヤハウェ信仰を貫く生き方とは相容れなかったかもしれないが、神の大いなる祝福は、人間のはかりごとのうちにはなく、やむなく選んだ旅の中に溢れていた。

確かに、飢饉がきっかけでヤコブとヨセフの出会いは起きた。しかしながら、だからといって飢饉が2人を出会わせてくれたということはできない。ヨセフが穴に突き落とされたのは、結果的によかったとはいえない。それらは断じて受け入れることはできない。そうした罪悪を正当化することはできない。暴力を容認するような発言や、成功のためなら多少痛い目にあってもよいという声は、信仰者の立場からは封じ込めねばならない。いじめやDVが成功や幸福と論理的に結びつくことはない。いじめや虐待は神の試練ではない。人間から出た悪である。

参考文献

野本真也他「創世記」、『新共同訳 旧約聖書注解I』日本キリスト教団出版局、1996年

手島佑郎『創世記 下』ぎょうせい、1990年

Miguel A. De La Torre, *Genesis* (Belief: A Theological Commentary on the Bible), Westminster John Knox Press, 2011.

Gordon J. Wenham, *Genesis 16-50* (WBC), Word Books, 1994.

Claus Westermann, *Genesis 37-50*, First Fortress Press edition, 2002.

創世記　47章13-26節

小泉　健

　ヨセフ物語は創世記37章から50章にわたる長大な物語である。基本的にはヤコブの家族の物語であり、ヨセフと兄たちの間の葛藤、そこで犯された罪と赦し、そして兄弟の和解の物語である。しかしその背景をなしているのは、国家的な規模での災厄であった。7年間の飢饉はあまりにも激しく、かつては収穫があったということを忘れ果てるまでになる。人々はつい数年前には豊作を経験したはずなのに、豊作はまるで夢の中のことのように思われ、そんな時があったことをもう信じることができない。この飢饉は、ついには国を滅ぼしてしまうほどのものである（41:30-31）。

　ヨセフはファラオの夢を解き明かすことによって、7年の豊作とそれに続く7年の飢饉をもたらそうとしておられる神のご計画を知り、さらに飢饉への対策をも進言することができた。その知恵を認められたヨセフは、自ら飢饉に対する対策の責任者となることをファラオに命じられる。その対策とは、飢饉の前の豊作の間に食糧をできるかぎり集め、備蓄し、ファラオの管理の下に置くという、徹底した計画経済であった（41:34-35）。

　これを実現するためには、絶対的な権限をふるうことが必要となる。それゆえヨセフは「宮廷の責任者」とされ、名目上はファラオの家臣ではあっても、実際上はファラオと等しい権力を与えられる。ヨセフはエジプト全国の上に立つ者となった。王位はないが、事実上はエジプトの王になったのであ

る（41:40–44）。

　ヨセフは計画どおりに国中の食糧をできるかぎり集め、その食糧を町々に蓄えさせた。それゆえ、いよいよ飢饉が始まっても、エジプトには十分な食糧が備わっていた。ヨセフは穀倉を開いてエジプト人に穀物を売り、また世界各地の人々にも穀物を売ることができた（41:56–57）。

　創世記 47 章 13–26 節は、以上のことが語られた 41 章を受け継ぐ内容である。なお続く飢饉への対応を語っているだけで、兄たちやヤコブは登場しない。それだけに、ヨセフ物語の本筋にとってはあまり意味のない、背景の話をしているように感じられてしまう。しかも、続く 27 節はヤコブの家族がゴシェンの地に住んだことを語っていて、1–12 節で語られたことの続きをなしている。13–26 節が途中に割り込んできたようにも見える。それゆえ注解者たちの中には、エジプトの税制についての原因譚が後から挿入されたのだとみなす人たちもいる（たとえばヴェスターマン）。それ以上の意味はないと考えるのである。

　そのような読み方に異を唱えているのが、「ヘルダー神学的注解書」シリーズで創世記の注解をしたユルゲン・エーバハ（ドイツ・ボーフム大学福音主義神学部教授）である。本来は、釈義には立ち入らずに、説教黙想のみを記すべきなのだが、ここではまず、エーバハの注解に耳を傾けてみたい。

問題設定

　エーバハは、この段落とヨセフ物語全体とに文学的な並行関係を見る。すなわち、「そうすれば、わたしどもは死なずに生きることができ（るでしょう）」（19 節）というエジプトの人々の言い方には「そうすれば、我々は死なずに生き延びることができるではないか」（42:2）というヤコブの言葉が響いているし、「あなたさまはわたしどもの命の恩人です（あなたはわたしたちの命を保ってくださった）」（25 節）と語るエジプト人のヨセフへの感謝からは「あなたたちを生き永らえさせるため（あなたたちの命を保つため）」（45:7）というヨセフの言葉が聞こえてくる。

　さらに、「わたしどもはファラオの奴隷（アバーディーム）にさせていただ

ヨセフの政策

きます」（25節）という人々の申し出は、ヨセフ物語の締めくくりにおいて「私どもはあなたの僕（アバーディーム）です」（50:18）とヨセフに言う兄たちの言葉と響き合う。もっともこちらの場合は、エジプト人は実際にファラオの奴隷になったのに対して、イスラエルの息子たちがヨセフの僕になることはなかった。

これらの類似と相違は何を語っているのだろうか。この段落のヨセフは、エジプト人のための配慮に満ちた扶養者として登場しているのか。それとも、エジプトの精神にふさわしい奴隷保有国家を造り上げた人として描かれているのか。それとも両方のことが言われているのであって、扶養のためには相応の代価が払われねばならず、生き延びるためには支配を受け入れなければならなかったということなのだろうか。

ファラオの支配にも両面がある。ヨセフの時代のファラオは思いやりのある人物であり、ヤコブの家族に親切にした。しかし「ヨセフのことを知らない新しい王」（出エジプト記1:8）は専制君主的で、イスラエルの人々を過酷に扱った。別の王ではあっても（さらには別の王朝であったとしても）同じエジプトの王制が問題になっているのである。

わたしたちの段落で、ヨセフはエジプト的な王として現れている。それと同時に、ヨセフがしたことはすべて、民が奴隷になることまで含めて、民自身の望みによることだったことも強調されている。この段落のほんとうの意図はどこにあるのだろうか。重要な発言がヨセフ物語の他の箇所と響き合っていることからして、この箇所がエジプトの社会制度について語る孤立した物語だとは考えられない。むしろイスラエルの王制に光を当てるものであるに違いない。それなら、この段落はイスラエルにとってどういう意味を持つのだろうか。

この段落はエジプトのことを語りつつ、イスラエルの王制のことも視野に収めているに違いないが、それだけではない。この段落は、ヨセフ物語そのものとも深く結びついている。ヨセフが王になることは、37章で語られたヨセフの夢とかかわるからである。兄たちは「お前が我々の王になるというのか。お前が我々を支配するというのか」（37:8）と言ったのだった。ヨセ

フの夢ははたして実現したのだろうか。実現したとして、どういう形でであったのだろうか。

「奴隷の家」と祭司たち

飢饉はあまりにも激しく、エジプトの人々は生き延びるためにできる限りのことをしなければならなくなった。第一段階で、人々はあらん限りの銀を支払った（14節）。第二段階では、家畜と引き換えにして食糧を得た（15–17節）。そして第三段階では、自分の体と命、そして農地のほかには何も残っていない。ついに人々は彼らの農地と自分自身を差し出すしかなくなってしまう（18–20節）。

こうして、エジプトの民はエジプト領の端から端まで奴隷となった。ファラオに買い取られた（21, 23節）。十戒の冒頭部分はエジプトの国を「奴隷の家」と呼ぶが（出エジプト記20:2）、それはイスラエル人だけに当てはまることではなく、エジプト全体に当てはまることなのである。

民とは対照的に、祭司は奴隷とならず、農地も所有し続けた。ファラオが与える給与があったからである。このことが、文脈を乱して指摘され（22節）、最後にもう一度念を押して語られている（26節）。

良い見本なのか悪い見本なのか

ヨセフが行ったことは、わたしたちの段落においては一貫して肯定的に受け止められ、評価されている。土地も自分自身までもファラオのものにされてしまったエジプトの人々自身が、ヨセフを命の恩人としてたたえている。死なずに生きることができるようにとの彼らの願いを（19節参照）、ヨセフは満たしてくれたというのである（25節参照）。

この段落とヨセフ物語全体との文学的な並行関係は、すでに挙げたもののほかにもう一つある、とエーバハは言う。エジプト人がヨセフに「御主君の御好意によって（わたしの主の目に恵みが見出されるなら）」と言うのに対して（25節）、すぐ後の箇所でヤコブもまたヨセフに「お前がわたしの願いを聞いてくれるなら（お前の目に恵みが見出されるなら）」と願う（29節）。ヨセ

は「御主君（アドーニー）」と呼ばれ、「恵み（ヘーン）」を施す者と見られているのである。ここでもまた、ヨセフがこの段落で、そしてヨセフ物語全体において、王として立たされていることが示されている。

奴隷／僕とは何者か

「奴隷」と訳されている語と「僕」と訳されている語とは、原語では同じ「エベド（複数形アバーディーム）」である。訳し分けられていることがすでに示唆しているように、「エベド」という一つの語が異なる意味で使われている。ヨセフと兄弟たちの関係で用いられている場合にも、よく読むと、はっきりと異なる2種類の使い方がなされている。

ヨセフの兄たちがエジプトに下ってきたとき、初め彼らは相手がヨセフであるとはわからず、エジプトの主君であるとみなして、自分たちや父ヤコブのことを「僕／僕ども（エベド／アバーディーム）」と呼ぶ（42:10, 13、43:28、44:18–34）。この場合は相手の身分を尊重して、へりくだったていねいな言い方をしているわけである。それに対して、文字どおり「奴隷」状態になるという意味で使われている場合もある（43:18, 44:10, 17）。そして44章では両方の意味が隣り合わせで出てくる。「この僕（エベド）を御主君の奴隷（エベド）としてここに残してください」（33節。9, 16節も参照）。兄たちは「僕」でいられるのか。それとも、（少なくとも1人は）「奴隷」にならなければならないのか。どちらの「エベド」なのか。ヨセフと兄たちの関係がどうなるのか、ヨセフの夢はどのような形で具体化されることになるのかは、この後も明らかにならないままである。

47章には、「僕」であることと「奴隷」であることとの結びつきが語られている。枠をなしている1–12節と27–30節では、ヨセフは家族を養っている。枠の中のわたしたちの段落（13–26節）でも、ヨセフはエジプトの人々を養っているが、それは彼らを皆奴隷にすることによってであった。

ヤコブの家族における（そしてイスラエルにおける）関係がどうであるべきなのかは、50章に至ってようやく語られる。兄たちはヨセフの前にひれ伏して、「私^{わたくし}どもはあなたの僕（アバーディーム。ここは『奴隷』と訳してもよか

ったかもしれない）です」(50:18) と言う。その直前の箇所では、兄たちは自分たちのことを「あなたの父の神に仕える僕たち」と呼んでいた（50:17）。ヨセフ物語の最後の最後の決定的な場面で、養うことと奴隷にすることとがどういう関係にあるべきなのかが、最終的に問題にされている。そこでこう語られる。ヨセフは家族全員を養うことを約束する。そして彼らを奴隷にすることは拒否する。彼らは「神の」僕でなければならない。しかし、「ヨセフの」奴隷であってはならないのである。

わたしたちの段落では、養われることと奴隷になることとが結びついていたが、ヨセフ物語の結びに至って、養われることは、もはやひれ伏すことや奴隷にされることとは結びつかなくなる。わたしたちの段落は、生き延びるための一つの道を示しているのだが、この道はヨセフ物語全体の中では決して最終的な答えではないのである。

イスラエルの王とは何者か

王は民を養わなければならない。その点で、ヨセフがエジプトで行ったことはイスラエルにとってもよい手本となる。しかし、王が権力をふるって民をひれ伏させ、民の土地や彼らの自由を奪うようなことをしてはならない。この点では、ヨセフの行いはイスラエルにおいては悪い手本である。

王を求める民に対して、サムエルは王制のもつ否定的な側面を語り聞かせた。

「……また、あなたたちの最上の畑、ぶどう畑、オリーブ畑を没収し、家臣に分け与える。また、あなたたちの穀物とぶどうの十分の一を徴収し、重臣や家臣に分け与える。あなたたちの奴隷、女奴隷、若者のうちのすぐれた者や、ろばを徴用し、王のために働かせる。また、あなたたちの羊の十分の一を徴収する。こうして、あなたたちは王の奴隷となる」(サムエル記上8:14–17)。

ここで語られているのと同じことが、わたしたちの箇所では肯定的に評価されている、と指摘されてきた。エジプトの人々自身がヨセフの政策を肯定的に評価したことは間違いない。しかし、ヨセフ物語がその全体の文脈の中

で、この評価を受け入れているのかどうかは、決して自明のことではない。

創世記47章とサムエル記上8章の該当箇所は、中核において同じ問題を扱っている。同一の（あるいはとても近い）成り行きに対して、エジプト人たちは肯定的な、サムエルは批判的な視点を提供している。どこに立つかで、見え方が違ってくるのである。サムエル記上8章に描かれている姿も、中央集権的な体制を支持する人々からは、肯定的に評価されることになるし、わたしたちの段落も、別の見方をすれば自由を失う恐ろしい光景だということになる。

サムエル記上8章やわたしたちの段落がいつの時代に文書化されたのかについては議論があるところだが、両者が問題としている中央集権化は、ソロモンやヤロブアム1世（ヨセフ族である。列王記上11:26参照）によって行われた。それは国の繁栄や国力の増強をもたらしたが、その否定的な面は、後の王たちの重税やバビロニア、ペルシアの支配においてより明らかに現れることになった。

養ってもらい生き延びることと、自由であり続けることとが対立してしまう。その時に何を重んじるかによって評価が変わる。わたしたちの段落がイスラエルと王にとってよい手本なのか悪い手本なのかにも、両方の側面がある。しかしわたしたちの段落だけを孤立させず、ヨセフ物語全体を読み、わたしたちの段落もまた、創世記50章の締めくくりの場面に至って述べられることになる結論を指し示していると考えるなら、わたしたちの段落が語る政策をイスラエルにとっての模範としているわけではないことになろう。

改めて、イスラエルの王とは何者か

以上、ユルゲン・エーバハの注解に助けられながら、ヨセフ物語全体の文脈の中で、またサムエル記上8章との対比において、わたしたちの段落を読んできた（エーバハが言っていることには前史があるし、さらにここまでの記述には私見も混在しているが、細かく注記することはしなかった）。エーバハの読み方の延長線上で、さらに黙想を進めることが可能であるように思われる。

サムエル記上はイスラエルの王についての複数の考え方を共存させている

が、8章においては王を立てることは全く否定的に語られている。民や長老たちは国力を高めるために強力な王を求めているのに対して、王の力は民を虐げる権能でもあることが 11 節から 18 節に具体的に列挙される。しかし、王の問題はそれだけではない。主はサムエルに向かって、王を求める思いの根源にある問題を指摘している。「(民は) 彼らの上にわたしが王として君臨することを退けているのだ」(7節)。

まことの王である神こそが民を養ってくださる。そして、わたしたちの富も家畜も土地も、さらにはわたしたち自身も神のものである。わたしたちは神の僕、神の奴隷である。神のみもとにであれば、わたしたちはこの身を投げ出してしまってもいい。神の前では、養われることと、自由であり続けることとは対立しない。神の僕であることこそ、わたしたちを本当の意味で自由にするのである。

人間は神に成り代わってはならない。イスラエルの王は、神の場所に立ってはならない。神の王的な支配に奉仕する者、神の羊たちを養うよい羊飼いでなければならない。

ヨセフがファラオに仕えつつ民を養ったのは、イスラエルの王の姿をおぼろに指し示す影のようなものであった。ヤコブの家族の中では、ヨセフは神の位置に立ちかねなかった。しかし、エーバハが指摘するとおり、ヨセフは「わたしが神に代わることができましょうか」(50:19) と言って、ただ養うことだけをしたのだった。

わたしたちの世界で

扶養者は養うことと引き換えに相手を奴隷にしようとする。相手もそれを喜んで受け入れてしまうこともある。こうしたことはあらゆる場所で起こり得る。親は子を、夫は妻を自分の意に従わせようとする。会社は従業員を拘束し、酷使する。ブラック企業ばかりではない。ごく普通の企業においても、雇われている者は雇った側の意向に従わなければならない。

そして、教会も例外ではない。牧師がすべてを自分のものであるかのようにふるまうことがあり得る。信仰の名による支配は、内面における反抗さえ

もとがめ、もっとも徹底的な奴隷化へと至りかねない。あるいは反対に、教会が牧師を雇い、養っているかのように錯覚するならば、あらゆることにおいて教会員（役員会？）の顔色をうかがう、奴隷化された牧師が生まれてしまう。

ヨセフはエジプトの人々を奴隷にした。しかしその話の途中に割り込むようにして、祭司のことが語られる。祭司は農地を売らなかった。奴隷になることもなかった。ファラオからの給与があったからである（22節）。いや、そうではない。神によって生きていたからである。祭司たちの姿に、滅んでいくのでなく、奴隷となって生き永らえるのでもない、第三の道が示唆されている。

扶養する者は、自らも神に養われる者であることを覚えて、神の賜物の忠実な管理人として他者を養い、生かさなければならない。養われる者は、すべてのものを神の御手から受け取り、祭司として神に感謝し、自由と愛によって扶養者にも、それ以外の人々にも仕えるのでなければならない。

参考文献

Jürgen Ebach, Genesis 37-50 (Herders theologischer Kommentar zum Alten Testament), Freiburg, 2007.

創世記　47章27節-48章22節

蔦田崇志

序

「夢見るお方」(37:19) ヨセフの夢は現実となり、彼はファラオの元で重宝され、エジプトを飢饉に備えさせる。かくしてヨセフの地位は確立し、それ故に彼は故郷で同じ飢饉に苦しむ一族を助けてエジプトの保護下に置くことに成功する。彼の夢は兄たちに対する己の野心を暗示するものではなく、彼の兄たちのみならず一族を助ける救い主のご計画を啓示するものであった。そのご計画は実現し、ゴシェンにて父ヤコブとの再会を果たす (46:28–34)。ヨセフはさらに一族とファラオとを引き合わせ、彼らの安住を確実なものにする (47:1–12)。その後彼は飢饉を逆手に取り、エジプトの実権をさらに拡大させる。

ヤコブの遺体を先祖と共に (47:27-31)

飢饉の中で安住の地を得た一族ではある。彼の地にて彼らは定住生活を営み、子孫も増し、民族としての勢力も著しく増大した。これはやがて大国エジプトにとって脅威となるが、それはまた次の書で扱われる主題である (出エジプト記 1:8–10)。しかし族長ヤコブには現世の安住に優る関心事があった。すなわち神から賜った相続地、そして神の祝福の継承である。死期を察した彼はヨセフを呼び寄せて、自らの遺体をエジプトの地ではなく先祖の墓に埋

葬することを誓わせる。

　その誓約の様式は、かつてアブラハムがイサクの伴侶を見出させるために、老いた僕(しもべ)に誓わせた時のことを彷彿させる（創世記 24:2–4）。手を腿(もも)の間に入れさせる行為は、生殖すなわち子孫にまで関わる重要事項としての約束事が交わされることを両者に確認させる。アブラハムは一人息子の子孫繁栄のために、そしてヤコブは自らの遺体を神が子孫のために与えられた祝福と相続に立ち戻らせるために、誓約を交わす。

　誓いが果たされる根拠が「慈しみとまこと」である点でも、アブラハムが僕に誓わせた誓約と通ずるところがある。リベカを見出した僕は神の慈しみとまことを称え（24:27）、彼女がイサクに嫁ぐことを願う際にも親族の慈しみとまことに依り頼んでいる（24:49）。ヤコブもまたヨセフの慈しみとまことを頼んで遺体の埋葬についての望みを託し、重ねて誓わせる（47:31）。

　ヘブライ書にはこの場面について「信仰によって、ヤコブは死に臨んで、ヨセフの息子たちの一人一人のために祝福を祈り、杖の先に寄りかかって神を礼拝しました」（11:21）との言及があり、族長たちが現世の安定や繁栄に増して神の約束と祝福を重んじた姿勢を「信仰」と称して賞賛する。

祝福の土台：神の約束（48:1–4）

　埋葬についての誓約からどれほどの年月が経ったのかは定かでないが、いよいよヤコブは病床に伏せて最期を迎える。知らせを受けたヨセフは 2 人の息子を連れて父の元へと赴く。祝福の継承がなされることを想定したためと思われるが、このような振る舞いに神の祝福を尊ぶ彼らの志を垣間見ることができる。エジプトに下る前に生まれた 2 人は、過去の苦悩を忘却させる恵みに応じて「マナセ」と名付けられ、また弟は繁栄の約束を確信して「エフライム」と名付けられていた（41:50–52）。

　彼らの到着がわざわざヤコブに知らされたのは、彼の視力が既に衰えていて目視で確認することができなくなっていたからか（48:10）。ヤコブの衰えようが容易に推察できるが、その彼が「力を奮い起こして、寝台の上に座った」（2 節）のである。今から施行される祝福の付与がヤコブにとって渾身

の行為となる心意気を読み取る。祝福の付与、信仰の継承、福音の継承はどの時代にあっても聖徒にとって力の限りを注ぎ出して取り組む価値のある尊いわざである。

　何故か。その祝福が神の約束の真実に基づくものであるからに他ならない。ヤコブはヨセフと対面して開口一番に神の約束の聖言を唱える（3–4節）。ルズの地すなわちベテルで、エサウから逃れ、愛する身近な人々と死別を重ねた時期に現れた全能の神からの約束である（35:9–12）。全能を名乗られる神はベテルでの顕現を想起させるだけでなく、彼の父イサクから受けた祝福の言葉の中に言及された「全能の神」を思い起こさせ（28:3）、さらには父祖アブラハムに全能の神として顕現された神を彷彿させる（17:1）。「全能の神」の顕現はまさにアブラハムからイサクへ、イサクからヤコブへと継承されてきた嗣業に他ならない。

　祝福の約束の内容は子孫の繁栄と所有地の永続であり（48:4）、ベテルでの約束とおおよそ内容は重なる。ベテルでの聖言の前半は多くの国民の群れが約束され（35:11）、後半では続く子孫に土地を付与すると確約がなされている（35:12）。しかし、ヤコブがヨセフに語る文言そのものは35章を再現したものであるよりはむしろ、前半「子孫を繁栄させ、数を増やし」「諸国民の群れとしよう」は、むしろイサクの祝福の言葉と重なり（28:3）、後半の「永遠の所有地」はアブラハムに対する神の契約を思い起こさせる（17:8）。

　つまるところ、ヤコブが継承しようとする祝福は、彼の人生の中で生じた一過性の、偶発的な出来事の数々の中で手渡された文言ではなく、聖徒たちが重ねてきた信仰の歩みの歴史の中で繰り返し示され、一貫して語られてきた確かな言葉なのである。

祝福の対象：エフライムとマナセ（5-6節）

　さて、ここでヤコブはヨセフが連れ立った2人の息子たちを自らの息子として迎える決意を言い渡す。これは言うまでもなく祝福の継承に備えての措置であるが、決して祝福がヨセフを飛び越えて次の世代に渡るということではない。後に2人への祝福はヨセフへの祝福として記録されていること

からも分かる（15 節）。この 2 人はルベンとシメオンと同等に列記され、彼らが他の息子たちと何ら分け隔てなく扱われることが約束される。さらにヨセフの他の子供たちまでもが「兄たちの名で呼ばれ」て祝福の継承に巻き込まれ、その特権に与ることになる。思えばヤコブはその母リベカと共に相続される祝福にこの上ない執着を見せ、兄エサウを欺いてでも自らのものとすることにこだわった。そのヤコブが今、その祝福を次の世代に託すのに再びこの上ないこだわりを見せる。祝福に対する執拗な野心を神は決して蔑まれない。

　この地点で既にヤコブはヨセフが連れて来た 2 人の兄弟の名を入れ替えて弟のエフライムを先に呼んでいる。詳細については後に言及することになるのでここでは展開しないが、少なくともこの世にあっての順列や優劣、道理や常識をもって、神の御心やご計画を測ろうとする限界を突きつけられる。これはとりもなおさず、神が定められる順列をこの世のものさしで測ろうと試みてはならない戒めともなる。イエスもまた「先にいる多くの者が後になり、後にいる多くの者が先になる」世界を（マタイ 19:30 他）弟子たちに示しておられる。

ラケルの死の回想（7 節）

　祝福や嗣業の継承は、とりもなおさず先代の、また現世代の去就を意味する。ヤコブの場合、最愛の妻でありヨセフの母となるラケルの死と埋葬の場が想起される（35:16–20）。そこはベン・オニ（苦しみの子）誕生の場であり、それはやがてエレミヤの時代になっても民の苦悩と悲しみを象徴させる場として歴史にその名を刻んだ（エレミヤ書 31:15）。イエス・キリストの誕生に際しても、ヘロデ王の怒りと妬みを買って 2 歳以下の男児の殺戮が命じられた時に、同じラケルの苦悩が想起される（マタイ 2:16–18）。ラケルが旅の道中、志半ばにして苦しみのうちに死を迎えたいたわしい境遇と、今故郷から遠く離れて望み半ばで死のうとしているヤコブ自身の境遇とが重なったか、祝福を次代に手渡す際に伴う痛みが記録されている。「メター・アライ・ラヘル」（直訳：「私の上でラケルは死んだ」）における前置詞「アラ」の含意を

特定するのは容易ではないが、新共同訳は「死なれてしまった」と訳し、また新改訳聖書（2017 年版）は「悲しいことにラケルが死んだ」として、どちらもヤコブの無念と悲しみを表現している。しかしこの悲しみは断じて弔いに止まるものではなく、死を越えて祝福の付与、次世代への希望へと繋がる。

この節はまた、母ラケルの埋葬場所をヨセフに示すものでもある。ヤコブはアブラハムが買い取ったマクペラの畑の洞穴に埋葬されるが（50:13）、ラケルの埋葬場所もまた、ヤコブの子孫は忘れない。

祝福の付与：長幼の逆転（8-14 節）

「これは誰か」という問いが祝福の付与の最初に投げかけられる。ヤコブの視力が衰えたために確認が要されたと取ることもできるが、恐らく祝福を付与する受取人を誤らないための念を入れた確認と受け止める方が自然であろう。ヤコブの父イサクは兄のエサウを祝福しているつもりで、欺くヤコブに祝福を譲渡してしまった。誰よりもその失態を間近で彼は見たのである。氏名の確認は祝福付与の儀式の一部であったとの説もある（Wenham, 464）。

さてここでヤコブが「イスラエル」と称されているのも興味深い。過去を振り返るならば、この物語はここでヤコブがペヌエルで神と顔を合わせて格闘をした結果祝福を得て新たに名を授かったこと（32:28-29）、さらに再びベテルにて改名を確認されたこと（35:10）を想起させ、またヤコブ（イスラエル）が他のどの息子よりもヨセフを溺愛していたことを思い出させる名称である（37:3, 13）。将来を見据えるならば、これから爆発的に勢力を拡大し、やがて国家を形成する民族の名称でもある。ヤコブは生前、この名で呼ばれることは数えるほどしかなかったが、その後彼の子孫が形成する民族がその名を引き継ぎ、神の祝福の継承者として時代の役割を担った。8 節以降、章の締めくくりまで、ヤコブは一貫してイスラエルと呼ばれる。

ヤコブの問いかけに対してヨセフは息子たちの名を言うことはせず、「神が、ここで授けてくださったわたしの息子です」と答えて、自らとの続柄を明瞭にした。この 2 人が正当な嗣業の継承者なのである。そのことを確認したヤコブはいよいよ祝福を施す。「彼らを祝福しよう」（9 節）。数える

ヤコブ、ヨセフの子らを祝福する

とヤコブの生涯の記録（27–50 章）の中で「祝福」への言及は 37 回、そのうちイサクからヤコブへの祝福付与の記事（28–29 章）とヤコブからヨセフへの祝福付与の記事（48–49 章）での祝福への言及が 28 回。なるほどヤコブが祝福を継承することにこだわりを抱いている様子が窺える。ヤコブは 2 人の継承者たちが近づくと「彼らに口づけをして抱き締めた」（10 節）が、これもまた祝福付与の儀式の一部だと言われていて、そうであれば祝福の付与は粛々と進んでいることになる。

ヤコブは改めてヨセフとの再会に触れて思いの丈を告げる（11 節）。兄息子たちの企てのためにヨセフは死んだものと知らされ、諦めていた年月は償われ、報われた。人によって被った不正は神の正義によって正された。神ご自身が「お前の子供たちをも見させてくださった」というのがヤコブの自覚であり、神への畏怖の念が言い表される。ヨセフは速やかに応答して、息子たちをヤコブから離れさせ、礼を尽くす（12 節）。

ここから祝福の儀は想定を越えた展開を見せる。通常長男に差し伸ばされる右の手が弟のエフライムに向けられ、左手は兄のマナセに届いた（14 節）。何が起きたのかを明らかにするべく、14 節後半で「つまり、マナセが長男であるのに、彼は両手を交差して置いたのである」と、状況説明を重ねる。弟エフライムが長子の受けるべき祝福を授与されるのは誤りではなく、意図的な変更であることがこの上なく明確に示される。また、ここにはヤコブが祝福を兄エサウから奪った時のような狡猾な欺きや偽りはない。あのような欺きの末に奪い取った祝福でさえ有効であるならば、幾重にも確認された、そして欺きのない意図を伴った祝福が無効になることがあろうか。祝福がもたらされる手順や方法は人の想定を越えるものであるかもしれないが、祝福を与える神の真実には偽りがなく、幾重にも確認されたヤコブの祝福に優って確かである。

祝福の内容：神を仰いで祈るヤコブ（15-16 節）

エフライムとマナセへの祝福ではあるが「ヨセフを祝福して」語られたものとして記録されている。前述したように、この祝福がヨセフを退けて次の

世代にもたらされたものでないことを表している。

　祝福の内容は呼びかけの三つ巴と祈願の三つ巴を合わせたものとなっている。

　第一の呼びかけはヤコブの先祖、アブラハムとイサクの名を挙げて、祝福の継承に見る神の真実を仰ぎながらの呼びかけである。彼らはこの神の御前を歩み通した。第二の呼びかけはヤコブ自身の生涯との関連から生まれたもので、神を羊飼いに喩えている。羊を導き養い、外敵から守る自らの生業を振り返りつつ、神の供給と加護の豊かさと確かさを想起しての呼びかけと言えよう。後にダビデが同様に神を羊飼いになぞらえ（詩編 23:1–3）、主イエスはご自身を「良い羊飼い」に喩えて（ヨハネ 10:10–15）、そのような羊飼いは羊をよく知っており（同 14 節）、羊のために命を捨てると説き明かす（11 節）。

　ヤコブが仰いだ「牧者なる神」にいかほど自己犠牲の愛が洞察されていたかは定かではないが、ラバンの地所で巧みに自らの羊の群れを繁殖させたことを振り返っているとすれば（創世記 30:37–43）、子々孫々を繁栄させ給う神を頼る呼びかけでもあったかもしれない。

　第三の呼びかけは「御使い」に対するものである。天使を思い描いていたのか、あるいは神の顕現としての御使いであったのか断定は困難であるが、窮地からの贖いが想起されているところから後者の方がより自然な解釈であるように思われる。ヤコブが窮地に立たされた時、彼を救い出してくれる親族は見当たらなかった。両親でさえ、家から密かに送り出すのが精一杯であった。そのような時に彼に伴い、加護を約束し、さらには将来に希望をもたらしたのは神ご自身の顕現であった。彼はかくして神に頼ることを知ったのである。

　そのような神を仰ぎつつ、ヤコブは 3 つの願いを唱える。第一にエフライムとマナセへの祝福の付与である。この願いこそこの祈りの主題である。加えて第二に、継承されてきた証しが引き継がれることをヤコブは祈る。そして第三に子孫の繁栄が神の約束の通りに実現することを願って祝福を捧げた。

祝福の内容：祝福を譲らない（17-20節）

　今度はヨセフが動く。彼もまた祝福の尊さを弁えていた。それで長子マナセが受けることが正当であると訴える。ヨセフの不満も、強引にヤコブの腕を移そうと試みる行為も、「これが長男ですから」という主張も、祝福が正しく施されることへのこだわりだと言える。ヨセフがそうならば父ヤコブもまた譲らない。「父はそれを拒んで」（19節）自らの言動を貫く。この祝福は断じて兄マナセから祝福を剥奪するものではない。その点で自分とエサウとの間を分けたイサクの祝福と大きく異なる（27:37「わたしの子よ。今となっては、お前のために何をしてやれようか」）。兄マナセもまた一つの偉大な国民となる。しかし大いなる祝福は弟エフライムのために用意されている。そのようにして父ヤコブもヨセフも共に、祝福を受けるべき正当な者のために譲らず向き合った。それほどに祝福を求め、尊んだのである。

　祝福の行方は変更されることがなかった。ヤコブが最終的に告げた言葉は、そもそも神がアブラハムを召し出された時に告げられた聖言を想起させる。

　　わたしはあなたを大いなる国民にし
　　あなたを祝福し、あなたの名を高める
　　祝福の源となるように。(12:2)

　ヨセフの子らは、イスラエルの民が、そしてイスラエルの民を通して万民が神の祝福を羨望する時に挙げる名前となって「名を高める」。そのようにして彼らは祝福の源とされて歴史にその名を残す。

　そしてその際に、それが人の想定や定めるところを越えて、神の御心と定めに従って遂行されること、そのことが明瞭にされるためにも敢えて弟エフライムの名が兄マナセの前に挙げられるのである。人の歴史の中に深く刻まれた神の爪痕だとも言える。

祝福の最後に（21-22 節）

　祝福は手渡された。そしてヤコブは息子ヨセフに告げる。自らの死と向き合って発せられる最後の言葉となる。さて、「間もなく、わたしは死ぬ」の内には、自らの死がエジプトの地での客死となることへの意識が脈々と流れる。それで、ヤコブの幻と確信が続く。神が再び一族を「先祖の国」へと導き戻してくださる。これはもはや自らの遺体がエジプトではなくカナンの地、アブラハムが墓地として購入した地に埋葬することを望むだけの祈願ではない。ここには既に一族が国家として、民族として神の契約の地に戻っていく預言的宣告がある。神の民に対する救いのわざを象り先取りする幻である。

　確かにヤコブの死後間もなくヨセフはファラオの快諾を得て、父ヤコブの埋葬のためにアブラハムが買い取った畑の洞穴に赴き、盛大荘厳に最期の営みを果たす (50:4–13)。しかし、これがヤコブの望みの成就ではない。彼の祝福に基づく祈願はそれからさらに 400 年の年月を経て実現を果たすことになる。そしてその出エジプトによる民全体の救出が、イエス・キリストによる罪からの贖いの青写真となるのである。

　神の祝福とそれをもたらす真実な契約があり、老いて弱ってもそれにしがみつく人がいて、その祝福は、そこに辿り着く救いの道と共に次の世代へと渡され続けて今日に至っている。ヤコブのヨセフに対する最期の言葉は、400 年後、彼らが先祖の国に戻った時の領地の分配に触れて終わる。それこそが「夢見るお方」に託す究極の幻であった。

参考文献

月本昭男『旧約聖書Ⅰ　創世記』岩波書店、1997 年

D. Kidner, *Genesis* (Tyndale Old Testament Commentaries), Tyndale Press, 1967.

G. J. Wenham *Genesis 16-50* (WBC), Word Books, 1994.

創世記　49章1–33節

小副川幸孝

祝福の継承

　「ヤコブの祝福」と新共同訳聖書が小見出しをつけている49章1–28節は、私たちにとっていったいどんな意味をもっているのだろう。

　もちろん、説教の黙想というものは、いつでも、聖書のどの箇所においても、その問いかけから始まるが、ことに、祝福もあれば、「呪われよ」（7節）という厳しい呪いの言葉もあり、語られている出来事の時代も、そしておそらくは、明らかに異なった伝承や資料から集められたと思われるこの箇所についての黙想で、何らかの統一的なまとまった意味を見出そうとするとき、私たちはある種の困難さに直面する。テキスト自体に連続性があるわけでも、統一した視点で語られているわけでもないからである。ことに3節から27節までに記されているのはヤコブの12人の子どもたち、すなわち、初期のイスラエルの12の部族の伝承や歴史であり、恐らくは、それぞれが個別の資料であったものを、ここで死に臨んだヤコブの最後のメッセージとして集めたものと思われる。それゆえ、この章全体を正しく理解するためには、初めに、諸資料を集め、この章を記した著者の意図というものを可能な限り明確にしていく必要があるだろう。

　個々の原資料を確定することには資料的困難さを伴うが、それらをここで集めて記した著者の意図は比較的はっきりしている。全体の構成を見れば、

1–2節で、まずこれが、ヤコブが死に臨んで子どもたちを呼び集めて、最後のメッセージ（遺言）として語ったことである、と述べられ、28節で「これは彼らの父が語り、祝福した言葉である。父は彼らを、おのおのにふさわしい祝福をもって祝福したのである」と記されて、その間にそれぞれの子どもたち（部族）への言葉がサンドイッチのように挟まれている。したがって著者の意図は「ヤコブが祝福した」ということを明言する点にあるとわかる。つまり、アブラハム、イサク、ヤコブと受け継がれてきた神の祝福が、このヤコブの最後の祝福の言葉によってヤコブの12人の子どもたち、つまりイスラエルの12の部族に継承されたということを示そうとするものであろう。

1節の「わたしは後(のち)の日にお前たちに起こることを語っておきたい」という「後の日（アハリート・ハヤミーム）」は、「終わりの日」としての終末を意味する言葉として用いられたりするが（イザヤ書2:2、エゼキエル書38:16など）、ここでは単純に「将来」というほどの意味であろう。それによって、神の恵みの祝福は今後の各部族においてやがて歴史的に明白になるという確証を与える。つまり、アブラハムに告げられた神の祝福は族長たちの歴史を通してイスラエルの12の部族に継承され、ことに、その12の部族のうち、ユダとヨセフが賞賛されることで、神の恵みの導きがこの2つの部族に現れることを示すものとなっている。そして、それによって出エジプトの出来事とその後のイスラエルの部族形成が、継続された神の祝福の中での出来事であることを示そうとしたのである。

そのユダとヨセフの特別の賞賛は、ユダが南ユダ王国の中心部族であり、ヨセフが北イスラエル王国の中心部族で、両者による統一王国の成立という背景があるからであろう。そしてさらにヨセフに特別な「祝福」が与えられるのは、ヨセフが祝福の継承者であることを明言するためであろう。ヤコブは、前章でヨセフの2人の子どものマナセとエフライムを特別に祝福したが、それを兄たちの前で公言することで、ヨセフが祝福の正統な後継者であることを宣言するという構成になっている。

したがって、ここで最初にはっきりさせておかなければならないのは、3–27節のそれぞれの子どもたち（部族）について語られていることが、単

なる部族の状況や歴史ではなく、父祖アブラハムに約束された「神の祝福」が、父ヤコブを経て、その子どもたち、特にヨセフに継承されたことを明言するためのものであるということである。その意味で、他の子どもたちではなく、なぜヨセフが「神の祝福の継承者」として選ばれたのかを明瞭にするものでもあるだろう。

長子ルベンについて

そこで、まず、最初に記されているのは長子ルベンについてである。初めにルベンが長子であることが強調されている。そして、その「長子」であることの意味が述べられている。おそらく、長子はその父親の資質を最も強く受け継ぐ者であるという一般的な理解があったのであろう。それが「長子の権利」ということの根拠でもあったであろう。長子としてのルベンの優位性が「気位が高く、力も強い」(3節)と表現されている。

しかし、ルベンはその優位性を失う。その理由として、「お前は水のように奔放で」、「父の寝台に上った」(4節)からであると言う。これは、35章22節で「イスラエルがそこに滞在していたとき、ルベンは父の側女ビルハのところへ入って寝た。このことはイスラエルの耳にも入った」と記されている出来事のことである。ルベンのこの行動は、ルベンが性的衝動に駆られたというよりも、父の権威を奪おうとした行動と理解されるかもしれない。いずれにせよ、そのことによってルベンは、父ヤコブの信頼を失ったのである。

ルベンは、当初は長子としての自覚をもち、その責任を取ろうとしたと思われる。ヨセフの兄弟たちによるヨセフの暗殺計画に対しては、何とかしてヨセフの命を守ろうとしたし(37:22)、エジプトで実質的な統治をするようになったヨセフが実弟のベニヤミンを連れてくるように言ったとき、必ずベニヤミンを守ると言ってヤコブを説得しようとした(42:37)。しかし、ヨセフを守ることはできなかったし、ヤコブはベニヤミンを守ると言うルベンを信用しなかった。こうしてルベンは、長子でありながらもヤコブの後継者であることから滑り落ちた。

このことは、おそらくルベンの部族の歴史と関連があるかもしれない。ヨシュア記によれば、部族としてのルベン族が居住したのはヨルダン川南部と死海北部の東岸一帯であったが（13:15-23）、士師時代の終わりごろには部族としては存続していない。民数記32章は、彼らの家畜の数が多く、彼らがヨルダン川を渡らずに、ヨルダン川の東岸に留まったことを伝えている。しかし、ルベン族が居住した地は天然の要害となるものがなく、東と南から容易に攻められたのである。彼らはイスラエルがカナン地方に定着する際の先住民族であったカナン人の将軍シセラとの戦いにおいて、人々と共に戦うとモーセに誓ったことを守らず、何も協力せずに、士師デボラの叱責を浴びている（士師記 5:15-16）。
　ここではそのルベン族に関する言葉が直接的に述べられているわけではないが、そうした部族の歴史が背景となり、長子であったルベンがその「長子の誉れを失う」（4節）と語られているのかもしれない。いずれにしろルベンは、自己保身と自分の欲求に従ったために「長子の誉れを失う」のである。

シメオンとレビについて
　シメオンとレビについてのヤコブの言葉は、34章で記されているシケムへのだまし討ちと虐殺行為を背景にしている。その記述によれば、彼らの妹ディナの結婚に際し、彼らはシケムの男性が割礼を受ければ、その結婚を認め、互いに交流すると提案し、シケムの人々はその提案を受けいれた。しかしそれにもかかわらず、割礼の傷の痛みを覚えている最中にシケムを襲い、皆殺しにして略奪したのである。父ヤコブは先住民たちとの争いを避け、平和と友好のうちに生活することを願っていたが、そのことによって危機にさらされていくことになる（34:30）。シメオンとレビについてのヤコブの言葉の5節の後半と6節はそのことを指摘したものである。34章は、彼らがそのような行為をしたのは妹ディナがシケムから辱めを受けたことに対する憤りからであったことを伝えるが、その行為は残虐で酷く、共同体全体の存立を危うくするものであった。
　それゆえここで、ヤコブは彼らの部族の離散を宣告するのである。7節後

半は、「わたしは彼らをヤコブの間に分け　イスラエルの間に散らす」と表現されて、この部族離散の宣告が神による宣告であるという形式をとっていると思われる。それら 2 つの部族の離散はそれほど決定的なものであるということであろう。

　もちろん、ここでもその部族史が根底にあることは容易に推測されうる。ヨシュア記 19 章 1-9 節によれば、シメオンの部族の居住地となったのはユダの部族の居住地の一部であり、「その嗣業の土地はユダの人々の嗣業の土地の間にあった」(19:1) と記されている。そして、この部族も早い時期に部族としては没落する。

　レビの部族は、後に「嗣業の地」をもたない祭司部族となっていくが、ここではまだその特別な地位は知られていない。民数記 26 章 62 節は「彼らはイスラエルの人々のうちに嗣業の土地が与えられなかったので、イスラエルの人々と共に登録されなかった」と記し、レビの部族がイスラエルの数に数えられなかったことを伝えている。

　シメオンとレビが、彼らの憤慨の理由は何であれ、神の御心に沿うのではなく、自らの計画と力によって残虐な報復を行ったこと。それが問題であり、「呪われよ」(7 節) と告げられるのである。

ユダについて

　他方、ユダについては、他の兄弟たちから敬意を払われ、伏し拝まれるようになることが告げられ (8 節)、強い「獅子」に喩えられる (9 節)。10 節の「王笏」や「統治の杖」、あるいは「ついにシロが来て」の「シロ」をどう理解するかは議論のあるところではあるが、いずれにしてもユダの部族が考えられないくらいの贅沢な繁栄をもたらすと語られる。ここで語られていることは個人としてのユダではなく、ユダの部族のことであり、ユダの部族から統一王国を成し遂げたダビデが出ており、南ユダ王国の王位がダビデの家系に受け継がれたことや「シロ」がメシアであることなどの解釈がなされたりする。しかし、いずれも確証されたことではない。確かなことは、ユダの部族が王権によって権威をもち、諸部族の支配者となるということであろ

う。

　もし、この箇所で個人としてのユダについて考えるとすれば、個人としてのユダの姿は、倫理的に見れば、賞賛に値するようなものではないだろう。彼は、父ヤコブの寵愛を受けるヨセフを妬み、ヨセフを殺すことには反対するが、ヨセフをイシュマエル人に売ることを提案する (37:26–27)。また、気づかずに行ったとはいえ、彼の子どもの嫁タマルとの間に子どもを儲けた (38章)。タマルはユダの長男の嫁であったが、長男が死に、次男の嫁となる。しかし、その次男も死に、レビラート婚（寡婦が死亡した夫の兄弟と結婚し、親族関係を保とうとする習慣）により三男の嫁となるはずであったが、ユダは三男が兄たちのように死んでしまうのを恐れてタマルを実家に帰した。彼女は三男の嫁となることが不可能だと知り、娼婦を装って妻を亡くしたばかりのユダと関係をもち、身ごもったのである。

　ただこの時、ユダは正直に自分の非を認める (38:26)。彼は「悔い改める者」なのである。そして、エジプトで実権を握っていたヨセフが実弟のベニヤミンを連れてくるように求めた時、彼は「もしも、あの子をお父さんのもとに連れ帰らず、無事な姿をお目にかけられないようなことにでもなれば、わたしがあなたに対して生涯その罪を負い続けます」(43:9) とヤコブを説得し、また、ヨセフがベニヤミンを残すために行った試みに際し、「神が僕どもの罪を暴かれたのです。この上は、わたしどもも、杯が見つかった者と共に、御主君の奴隷になります」(44:16) と言い、「何とぞ、この子の代わりに、この僕を御主君の奴隷としてここに残し」(同33節) と、ベニヤミンを戻すように命がけでヨセフに嘆願する。ここには罪や過ちの責任を負おうとする潔さがある。『ヨセフ物語』が描くユダの姿は、そうした「罪を悔い改める者」の姿に他ならない。

　そして、その後のユダの部族史を見てみれば、王としてのダビデ家を輩出していき、南ユダ王国の中心部族となるが、それはまた悔い改めの歴史でもある。ヤコブによるユダの賞賛は、「罪を負い、悔い改めていく者」の賞賛を含んでいるように思われるのである。

ゼブルン、イサカルについて

「ヤコブの祝福」においてゼブルンについて言われていることは、ただその居住地についてのみである。ゼブルンの部族は、最初はエフライム山地の西側に居住したが（士師記 12:12 参照）、そこから北に移動して地中海東岸、つまり「海辺に住む」（創世記 49:13）ようになったものと思われる。「その境はシドンに及ぶ」というのは誇張かもしれないが、この部族は貿易によって栄えるようになると言われるのである。

イサカルについては、「重荷を負うろば」の比喩を用いて語られる。「二つの革袋の間に身を伏せる」（15 節）は解釈が難しい語句であるが、重荷を負わされている状態を表したものであろう。イサカルの部族は「エフライムの山地のシャミル」（士師記 10:1）に住んでいたが、肥沃な平野に憧れて西側の平野部に移り住んだ。しかし、そこは先住民のカナン人の支配領域であり、部族は独立性を失って強制労働に服するようになる。重荷を担うことを避けようとしてかえって強制的に重荷を担わされることになる。そうした部族の姿がここで描かれている。

ダンについて

ダンについては、最初にその語意から「裁く」ということが強調されている（16 節）。ここで言う「裁く」は「助けて正当な権利を得させる」ことであるとフォン・ラートは解釈している（『創世記 下』794 頁）。北の遠方に位置したダンの部族においても神の民としての公平性が保たれていたということを示すものであろう。ダンの部族は、最初はユダの低地（海岸地帯）に定住しようとしたが先住民族の勢力に圧迫され、北部に移動し、イスラエルの最北部に居住した（ヨシュア記 19:40–48、士師記 18 章）。17 節は、そのダンの部族についての別の観点からの言葉であろう。ここではダンは「蛇」に喩えられているが、「狡猾である」というのではなく、小さな部族が大きな敵に対して勇敢に戦う姿を描いたものであろう。申命記の「モーセの祝福」では、この部族は「獅子の子」に喩えられている（申命記 33:22）。

18 節の神への祈りが何故ここで挟まれているのかについては不明である。

後代の加筆か欄外注のようなものであるという解釈もある（フォン・ラート、前掲書794頁）。ダン、ナフタリ、ガド、アシェルは、ヤコブの妻であったラケルとレアの侍女たちとの間に生まれた子どもたちであり、レアの子どもたちの後にまとめて記されており、18節の挿入の唐突感があるからである。

ガド、アシェル、ナフタリについて

　ガド、アシェル、ナフタリについては極めて短い言葉しか記されていない。ガドの部族はヨルダン川の東岸を居住地とした。彼らは、多くの家畜がいたためにルベンの部族と共に、ヨルダン川を渡らずに東岸に留まった（民数記32章）。しかし、先住民たちやベドウィンの略奪部隊の攻撃に頻繁にさらされた。
　アシェルの部族は、ガリラヤの丘陵地帯の西部と地中海東岸に挟まれたところに住んで、恐らく豊かな収穫物と交易に恵まれていたと思われる。申命記の「モーセの祝福」では、「最も祝福される」と語られ、「あなたの力はとこしえに続く」とさえ言われている（33:24-25）。そして、ナフタリの部族はガリラヤ湖の西域を居住地とした。ここでは「美しい子鹿を産む雌鹿」に喩えられているが、それが具体的に何を意味しているのかはよく分からない。ただ、「モーセの祝福」では「ナフタリは主の恵みに満ち足り　その祝福に満たされ　湖とその南を手に入れる」（申命記33:23）と記されている。

ヨセフについて

　ヨセフについては、他の兄弟たち（部族）への言葉と違って祝福に満ちた含蓄のある美しい言葉で語られる。事実、「祝福」という言葉はヨセフだけに用いられている。ヨセフは「泉のほとりの実を結ぶ若木」に喩えられ、枝を張り、敵に攻撃されてもこれを打ち負かす者となると称えられる。それは、決して直接的な比喩ではないにしても、前章でヨセフの2人の息子エフライムとマナセがアブラハムから続く祝福の後継者として特別に祝福されたことの反映であろう。彼は全世界（上は天、下は横たわる淵＝テホーム）の祝福を受ける。そして、明白に「兄弟たちから選ばれた者の頭」（26節）と言わ

れ、彼がヤコブの祝福の後継者であることが告げられる。ある意味では、長い『ヨセフ物語』は、そのことを示すために記されたと言っても過言ではないだろう。ヨセフの祝福はヨセフ物語の終着点に他ならない。

ベニヤミンについて

最後に、ベニヤミンについて、短く、その武勇ぶりが「狼」に喩えられる。その後の部族史の中でベニヤミン族が果たしていく役割（初代王サウルはベニヤミン族の出身、パウロもまた自分がベニヤミン族であることを誇りにしている）を考慮すれば、これはあまりにも短いと感じるかもしれないが、『ヨセフ物語』の中でのベニヤミンの役割は小さく、また部族としてのベニヤミン族は、カナン定住時にはユダ族とヨセフ族の間を居住地とし、やがてユダ族に統合されていくことになることの反映かもしれない。ここにはその部族史的影響は明白には認められないが、考慮しておくことではあるだろう。

ヤコブの死

「ヤコブの祝福」は、「ヤコブの死」をもって終わる。これは明白に祭司資料に基づく記述であり、他の族長たちと同じように「ヤコブの死」は淡々と記述されるだけである。ただ、ここでは47章29-31節と異なってヤコブを葬るべき場所が詳細に記される。それは、ヤコブがアブラハムの祝福を受け継ぐ者であることを明瞭にするためであり、そのヤコブの祝福をヨセフが受け継いだことをさらに明瞭にするためであろう。

こうして見ると、この章全体は、『ヨセフ物語』の結実を示すものであることがわかる。神の祝福が誰に継承されて行くか、そのことを考えて、説教に当たりたい。

参考文献

G. フォン・ラート『創世記　私訳と註解　下』（ATD 旧約聖書註解）山我哲雄訳、ATD・NTD 聖書註解刊行会、1993年

創世記　50章1-26節

吉村和雄

ヤコブの埋葬

　与えられている箇所は、創世記の最後の章である。ここで初めに描かれるのは、ヤコブの埋葬の様子である。

　旧約聖書は、人の埋葬の出来事を丁寧に語る。創世記においても、その通りであって、最初に葬りの出来事が語られるのは、アブラハムの妻のサラの葬りである。アブラハムは彼女の埋葬のために、カナン地方のヘブロンにあるマムレの前のマクペラの畑を、その持ち主であったエフロンから買い取り、そこにあった洞穴に彼女を葬った（23:19）。またアブラハムは、息子イサクとイシュマエルの手によって、サラと同じマクペラの洞穴に葬られる（25:9）。またイサクは、息子であるエサウとヤコブの手で、父母と同じ墓に葬られる（35:29）。ヤコブの妻であったラケルは、エフラタ、すなわち今日のベツレヘムへ向かう道の傍らに、夫ヤコブの手で葬られている（35:19）。イサクの妻であったリベカと、ヤコブのもうひとりの妻であったレアについては、埋葬の記事はないが、ヤコブの言葉によって、彼女たちも、アブラハムやサラと同じマクペラの洞穴に葬られたことがわかる（49:31）。ヤコブについては、彼がシケムで手に入れた土地（33:19）に葬られたのかとも思われるが（50:5）、明記されているのは、彼もやはりアブラハムが用意した墓に葬られたことである（50:13）。

しかしながら、ヤコブの埋葬は、他の先祖や妻たちのように簡単ではなかった。彼はエジプトにいたからである。そしてヤコブがエジプトへ下るときに、彼と共にエジプトに下ると約束をされた神は、同時に必ず彼をカナンの地に連れ戻すと約束をされた (46:4)。この約束を知っていたヤコブは、息子ヨセフに誓わせて、自分をエジプトには葬らずに、エジプトから運び出して、先祖たちと同じ墓に葬って欲しいと願った。その言葉の通りに、ヨセフはヤコブの体をカナンの地に運び、先祖たちと同じ墓に葬ろうとする。それで彼は自分の侍医たちに命じて、40日を費やして、ヤコブの体をミイラにするのである。

埋葬において問題となるのは、死んだ者の体である。これまで挙げた人々の場合には、旅の途中で死んだラケルを除けば、すべてその体を、アブラハムがヘブロンで手に入れた土地にある墓に葬っている。ヤコブの場合には、体をミイラにしてまで、そこへ葬られることを願っている。ヨセフの場合には、一旦はエジプトの地で棺に納められるのであるが、およそ400年後の出エジプトの時に、イスラエルの民が彼の骨を帯同して、ヤコブがシケムで手に入れた土地に葬ったのであった（ヨシュア記24:32）。

このように、死んだ者の体を、あるいは死後の自分の体を、約束の地で葬り、あるいは葬って欲しいと願うことは、現代のわたしたちに対して、あるいはわたしたちが執り行う葬式のあり方に対して、ひとつの示唆を与えるものではないかと考える。

現代の日本においては、ほとんどの場合、遺体をそのまま埋葬することはできない。一旦火葬にして、遺骨になったものを埋葬するのである。その遺骨の扱い方であるが、例えば最近は散骨と称して、適当な場所に遺骨をまき散らしてしまうようなことも行われる。この場合には、納骨という形にはならない。しかしながら、こういうやり方は、キリスト者としてふさわしいのであろうか。

問題は、埋葬のやり方ではなく、体をどう考えるかということである。創世記が記すユダヤ人の先祖たちは、自分の体を、約束の地に埋葬させた。そのために体をミイラにすることさえしたのである。彼らが、体を重要なもの

と考えたことは明らかである。
　例えば、これは翻訳に関わることであるが、新共同訳では、ヤコブの体を「なきがら」と呼んでいる (50:2)。なきがらとは、広辞苑によれば、魂の抜け殻のことである。その背景にあるのは、人間の体は魂の入れ物であって、魂が抜ければ、抜け殻になるという考えである。しかし、ヨセフは、わざわざ父親の「抜け殻」をカナンまで運んだのであろうか。そうではないだろう。「なきがら」と呼んでいるのは新共同訳だけであって、口語訳も新改訳も、単に「父」と呼んでいる。ヘブライ語の原典もそうで、「なきがら」に相当する言葉はない。そもそも、聖書には体を魂の入れ物であるという考えがないのである。
　このような問題に対して、トーマス・G. ロングが、その著書『歌いつつ聖徒らと共に』の中で、次のように書いている。

> 歴史の中でわたしたちの時代である今、わたしたちは死者に対する心遣いをする（あるいはしない）そのやり方が激変している時を過ごしている……。率直に言えば、死んだ者の体を、ふさわしい敬意をもって扱うことを忘れてしまった社会は、まだ生きている者たちの体をないがしろにしたり、痛めつけさえしたりする傾向のある社会なのだ。……同時にわたしが確信していることは、敬意をもって死者を扱い、希望をもって彼らと共に歩み、生と死の意味をはっきりと示す、……キリスト教的なやり方があるということである。　　　　　　　　　　　　（31–32頁）

　その時に、どのようにわたしたちの体を捉えたらよいかについては、以下のように語る。

> キリスト者は、人間を人間にするものが何かを理解する最もよい方法は、創世記の創造物語のすばらしいイメージの中に明らかにされていると信じる。そこで神は、最初の人間を創造されるのに、空中から不滅な魂をつかみだして、それを肉体の中に押し込み、むりやりエデンの園で働か

せるようなことをされなかった。……神は土の塵を手に取られた。……そしてその塵の中に「命の息」を吹き込まれた。神が命を吹き込まれた土の塵、それが生きている人間についての聖書の理解である。……他の人々が「魂」と「肉体」と呼ぶものを、キリスト者は「神の息」と土の塵と呼ぶ。それらが生きている人間になった時に、そのふたつは分かちがたく一体化するのである。……神の息が取り去られたら、その後に残って、自由へと逃れ出る不滅の魂など存在しない。あるのはただ土の塵だけである。

(54-55頁)

　しかしながら、その土の塵でできた体が、大切なのである。なぜならわたしたちは、この地上の生活を、体を持った存在として生きるのであるし、体をもってする行為を通して自分の人生を作り上げるからである。わたしたちが神の前で問われるのは、この体をもって生きた生活が、どのようなものであったか、なのである。かつて神の息が吹き込まれ、それと分かちがたく結びついてその人として生きたその体を、わたしたちは重んじるのである。
　ユダヤ人の先祖たちは、自分の体を、約束の地に葬って欲しいと願い、残された者たちはその願いの通りに、彼らを葬った。今、キリスト者であるわたしたちには、この地上に目に見える形で存在する「約束の地」はない。しかし、約束は与えられている。たとい死であっても、わたしたちに対する神の愛からわたしたちを引き離すことはできない。それゆえに、神の恵みと力により、新しい栄光の体が与えられるという約束である。わたしたちは、信仰者として生きて、その地上の生涯を終えた者を、約束の中に置き、そして葬るのである。どこに葬るかということは、大きな問題ではないだろう。教会の墓地に葬ることができれば幸いであるが、そうでなくても、約束を受けて生きたその人の体を、抜け殻としてではなくその人の体として、敬意をもって葬ることは、わたしたちに求められることだと考える。

ヤコブの生涯

　創世記が伝える葬りの記事の中で、ヤコブのそれは他のものに比べて圧倒

的に詳しく、また丁寧に描かれる。それはこのヤコブの生涯が、創世記の中でも特に重要なものと考えられていることを、示しているのではないだろうか。例えば、アブラハムが登場するのは 11 章の終わりの部分であり、葬られるのは 25 章の初めである。章の数にして 14 である。ヤコブは、アブラハムの葬りが記される 25 章に誕生が記され、50 章で葬りの記事が書かれる。章の数にして 26 である。もちろんその後半部分はヨセフが物語の中心であるが、しかしその背景には、いつも父であるヤコブの存在がある。このように考えると、創世記の中で、ヤコブという人の存在がどれほど大きいかということを、改めて深く思わされる。

　ブルッグマンは、このヤコブの生涯を、争いに深く関わり続けた生涯であったと見ている。その通りであろう。この人は生まれた時から、兄エサウとの確執の中にあった。巧妙な交渉によって兄から長子の特権を奪い取り、さらには老齢の父イサクをだまして祝福を奪い取った。しかし、兄エサウの怒りを買い、苦労して獲得したすべてのものを置いて、母の故郷へと逃亡の旅をしなければならなかった。さらに、身を寄せた母の兄であるラバンは、ヤコブを上回るほどの狡猾な人間であって、彼は繰り返し騙されることになる。姉と妹を同時に妻にすることになり、この 2 人の妻の間で悩まされることになる。また別れに際して報酬である家畜を受け取る時にも、ラバンのひどい仕打ちに遭った。それらの苦境を、神の助けを受けつつ乗り越えて、妻子と家畜と共に故郷へ帰るのであるが、今度は兄エサウに対する恐れに苦しめられる。エサウとの和解を得て故郷に戻った後にも、2 人の妻との間に生まれた 12 人の息子たちの不和に、悩まされる。最愛の息子であったヨセフを失った悲しみに、多くの年月の間、さいなまれるのである。まさしくヤコブ自身がファラオの前で「わたしの生涯の年月は短く、苦しみ多く」(47:9) と申し述べた通りであった。

　このような争いと闘いの生涯を生きたヤコブであったが、一体彼はその闘いと争いに勝利したのであろうか。彼は「神と人と闘って勝った」(32:29) と言われている。御使いとの闘いにおいて「勝った」とは、祝福を勝ち取ったという意味であろう。しかし彼が、格闘の中で御使いの一撃によって腿の

関節を外され、もはや闘いを続けられない状態になっても、なお御使いをつかんだその手を離そうとせずに、祝福を勝ち取ったのは、ひとえにこれから会わなければならない兄エサウに対する恐れのためであった（32:12）。その恐れが、どれほど大きなものであったかは、彼が用意周到に贈り物を準備し、しかも愛するラケルとヨセフを列の最後にするところまで気を使っていることでよくわかる。この場を切り抜けるためには、もはや自分の力ではどうしようもないことを、彼はよく自覚していたし、それゆえにどうしても神の助けが必要であったからこそ、祝福を得るまでは死んでも御使いをつかんだ手を離すまいとしたのであろう。そのようにして祝福を勝ち取ったのであるが、それは彼が強かったからではなく、弱かったからだと言えるだろう。ヤコブは、強さのゆえではなく、弱さのゆえに、祝福を勝ち得たのである。
　そのように、自らの力ではなく、神を頼みとして生きるようになった者に、「人の足を引っ張り、欺く者」（27:36 参照）という意味のヤコブという名ではなく、イスラエルという新しい名が与えられたことも、彼にふさわしいことであっただろう。そして今はわたしたちが、新しいイスラエルと呼ばれている。ヤコブが生涯において体験したことを、わたしたちもそれぞれの人生において、違う形においてではあるが、体験するのである。

神は悪を善に変えられる
　ヤコブの死は、兄弟たちの間に恐れを呼び起こす。昔自分たちがしたすべての悪にヨセフが仕返しをするのではないかという恐れである。年老いたヤコブであったが、しかしやはり父親の存在は息子たちにとって大きく、彼らの間の平和を守っていた。しかしその父がいなくなった今、兄弟の間で一番の権力者であるヨセフが、自分の思いで行動を始めた時に何が起こるかを、彼らは予想したのである。それで彼らは人を介して、ヨセフが兄弟たちを赦すことを、父ヤコブが願っていたとヨセフに伝える。父の言葉を頼んで自分たちの赦しを願ったのである。ヨセフはそれを聞いて涙を流した。それが何の涙であるか、正確には知り得ない。自分が何の恨みも抱いていないのに、自分をなお恐れている兄弟たちを憐れに思ったのかもしれない。

そこでヨセフは、自分のもとへ来てひれ伏す彼らに対して、「恐れることはありません。わたしが神に代わることができましょうか」と語る（19節）。自分が自分の人生の主人ではない、と言うのである。神が主人であられる。彼がエジプトへ売られてから、繰り返し語られる「主がヨセフと共におられたので」という言葉が、それを示している。

　そのことは、兄弟たちとの関係においても真実である。ヨセフはここで「あなたがたはわたしに悪をたくらみましたが」と言う。兄弟たちが彼に悪をたくらんだことは事実であり、そこをごまかすことはできない。しかし「神はそれを善に変え……今日のようにしてくださった」のである（20節）。これは単なる赦しではない。人間同士の赦しであるなら、それは過去の悪行を忘れ、もはやそれを思わない、ということである。それはお互いの間に、和解と平和をもたらすだろう。言い換えれば、マイナスがゼロになるのである。しかしここでは「神がそれを善に変えてくださった」のである。単なる和解と平和ではない。マイナスがプラスになったのである。兄弟たちがヨセフに悪をたくらんだことが、むしろよかったのである。それは神がなさったことだと言う。神以外に、このようなことを成し遂げることのできる方はいない。

　ここでは、兄弟たちがヨセフに悪をたくらんだことが取り上げられる。しかし、出来事の発端は、父ヤコブが、年寄り子であったヨセフを偏愛したことである。彼は、兄たちには与えなかった裾の長い晴れ着をヨセフに与えることまでしたのである。だから兄弟たちが、ヨセフを妬んだのである。また若い頃のヨセフも、兄たちの悪行を父に告げ口し、自分が兄たちの上に立つような夢を見れば、誇らしげにそれを語るような人間であった。兄たちがヨセフをエジプトへ売り飛ばした背景には、あるいはヨセフがいなくなれば、父の愛が自分たちに向くのではないか、という思いも、あったのではないだろうか。しかしその兄たちの思いはかなわなかった。ヨセフを失ったヤコブは、ただひたすらそのことを嘆き悲しむばかりで、その心が兄たちに向くことは、なかったからである。

　このように、出来事は複雑であって、「あなたがたはわたしに悪をたくら

みましたが」という一言で言い尽くせるようなことではない。年寄り子であったヨセフを偏愛したヤコブにも、また偏愛されて増長したヨセフにも、また父の愛を得られずにヨセフを妬んだ兄たちにも、それぞれに非があったし、それは人間の愚かさと悲しみを示している。そのようなものを、すなわち、わたしたちの愚かさも悲しみも、そしてそこから生まれる愚かで悲しい振る舞いも、それらすべてを、神は善に変えられたのである。

　そのことは、単にヨセフに起こったことに言えるだけではないだろう。ヤコブが兄と父を欺いて長子の権利を奪い取ったことも、伯父のラバンに騙されて、レアと望まない結婚をしたことも、ヤコブの報酬となるべき羊と山羊を分ける時のラバンのひどい仕打ちも、それぞれに神の不思議な御手によって用いられて、ヤコブを支えるものとなり、神の民であるイスラエルを形成する助けとなっている。

　リュティは、その説教集の中で、アダムとエバの堕罪の出来事も、カインによる弟殺しに続いて記されるノアの洪水の出来事においても、人間が神に対する反逆を企てたバベルの塔の建設の出来事においても、アブラハムの生涯に起こった出来事においても、この言葉は真実であると言う。そしてヤコブの盛大な葬りの式も、神の約束の言葉が実現するために用いられていると言うのである。

　そして、リュティも最後に挙げており、わたしたちもまた心から同意することは、主イエスにおいて起こった出来事である。「あなたがたはわたしに悪をたくらみましたが、神はそれを善に変え、多くの民の命を救うために、今日のようにしてくださったのです」という言葉は、わたしたちにとっては、十字架と復活の出来事を経験された主イエス・キリストこそが、お語りになるにふさわしい言葉である。その時主イエスの周囲にいたすべての人の邪な思いや、企み、人間的な弱さ、いい加減さなど、あらゆる悪が、わたしたちが救われて、永遠の命を受けるという、これ以上ない、最も善いものが生み出されるために、用いられたからである。

　そしてそれは、これまで起こったことについてだけ、言えることではない。今起こっていることも、これから起こることも、この言葉の射程の中にあ

るのである。だからわたしたちは、心から次なる使徒パウロの言葉に同意し、そこに希望を見出すのである。

「ああ、神の富と知恵と知識のなんと深いことか。だれが、神の定めを究め尽くし、神の道を理解し尽くせよう。『いったいだれが主の心を知っていたであろうか。だれが主の相談相手であっただろうか。だれがまず主に与えて、その報いを受けるであろうか』。すべてのものは、神から出て、神によって保たれ、神に向かっているのです。栄光が神に永遠にありますように、アーメン」（ローマ 11:33–36）。

参考文献

G. フォン・ラート『創世記　私訳と註解　下』（ATD 旧約聖書註解）山我哲雄訳、ATD・NTD 聖書註解刊行会、1993 年

W. ブルッグマン『創世記』（現代聖書注解）向井考史訳、日本キリスト教団出版局、1986 年

W. リュティ『ヤコブ　教会のための創世記講解 3』宍戸達訳、新教出版社、1989 年

トーマス・G. ロング『歌いつつ聖徒らと共に――キリスト者の死と教会の葬儀』吉村和雄訳、日本キリスト教団出版局、2013 年

創世記の説教

大島 力

I. 創世記に基づく説教

　現在の日本の教会において、旧約聖書に基づく説教は、新約聖書に基づく説教より、遥かに少ないと思われる。その最も大きな理由は、説教がイエス・キリストの福音を、出来事として宣べ伝えることを第一の目的としているからである。旧約聖書には「イエス・キリストの名」は出てこない。そこでテキストとして多くは新約聖書が選ばれることになる。

　しかし、最近、旧約聖書を説教のテキストとして選び、かなり本格的な継続的説教がなされるようになってきている。そのなかでも、特に創世記の説教は現在注目されていると言えるであろう。例えば、及川信氏の『天地創造物語　説教と黙想』(2014年)、『アダムとエバの物語　説教と黙想』(2012年)、『ノアとバベルの塔の物語　説教と黙想』(2012年)、『アブラハム物語　上』(2011年)『アブラハム物語　下』(2011年)、また、松本敏之氏の『神の美しい世界』(創世記1–11章による説教、2010年)、『神に導かれる人生』(創世記12–25章による説教、2012年) が次々に出版されている。このことは現在、創世記という旧約聖書冒頭の書物が教会の現場で注目されていることを示唆している。

　筆者も1999年にNHKラジオ放送で『旧約聖書入門』を講ずるように依

頼された時、まず最初に取り上げたのは創世記であった。それはかなり選択的ではあったが、創世記全体を視野に入れた聖書講義であり、その背後には実際に教会の礼拝において説教で語った内容があったのである。そして、そのラジオの聖書講義を継続しながら思ったことは、創世記は、その根本的な叙述からも、また世界と人間と自然を含めた広大なスケールの叙述からしても、さらには、アブラハムをはじめとする「族長物語」の極めて人間的な内容、そして神と人との間のドラマ性からしても、実に興味深い書物であるということである。

　このことは、新約聖書に親しみ既に信仰生活を送っている人にとっても、また、これまでほとんど聖書にふれたことのない人にとっても同様である。それは筆者が、本務校のキリスト教関連科目として「旧約聖書と人間」という講義をしていて、毎年文学部からはじまり社会科学系、自然科学系の学部生に教えている中で、学生の反応が特に良いのは「創世記における人間（像）」というテーマであることで、実証済みである。

　これを教会の伝道というコンテキストで述べるならば、次のように言えるであろう。創世記は、長く信仰生活を送ってきている信徒にとっても、また他方、教会に来て間もない「求道者」にとっても、新鮮に聖書の「御言葉」を聞きうる最適なテキストであるということである。そうであるならば、創世記は今日、教会が、そして説教者である牧師が最優先に取り組むべきテキストである。もちろん、旧約聖書、そして創世記の説教には困難と課題がある。それは毎回の礼拝に集う会衆の中でも、テキストに対する親しみの度合いが、かなり違うということである（また、信徒および求道者は必ずしも継続して説教を聞いているわけではない）。だから説教者は、毎週「伝道礼拝」に臨むような姿勢で説教の準備をする必要がある。

　他方、創世記のテキストは、誰もがぶつかっている現代的問題（社会的、個人的問題を問わない）にジャストミートする部分が多くあり、その問題意識と課題を受け止め、聖書テキストを「解き明かす」ならば、御言葉が直接、会衆の一人一人の心に響く可能性がある。すなわち、御言葉が出来事となることを期待できる。それゆえ、説教者としては周到な準備が必要であるが、

現代において創世記の説教は「福音伝道」を推し進める上で、大きな力になると言えよう。

Ⅱ.「原初史」(1-11章) と現代の危機

　創世記1–11章を通常「原初史」と呼ぶ。これは主にドイツ語圏で使われてきた名称であるが、今日英語圏でも一般的になっている。「原初史」とは何を意味しているか。それは、1–11章は確実に歴史的な背景を有した物語であるが、所謂、年表にその時期が記されるような「歴史」ではないということである。それゆえ、例えば、天地創造の年代設定とか、ノアの箱舟の考古学的発見（？）というような問題は真正面から扱う必要はなく、また、そのようなアプローチはテキストへの正しいアプローチであるとは言えない。しかし、他方、この「原初史」はたんなる神話ではなく、古代イスラエルの歴史を具体的に生きてきた人々の「信仰告白」であると言える。また神と人間との関係、人間同士の関係、さらには人間と文化・文明の問題にまで及ぶ、古代人なりの深い考察がそこにはあると言える。その点で各章はかなり丁寧に物語られている。従って、その原初史の著者たちの「神学的知見」に、まず説教者や解釈者が学ぶことが求められる。
　また、特に最近の旧約学において強調されてきていることであるが、当該書物の「全体像」を明確にすることによって、各テキストのおかれた文脈が理解され、その箇所に固有なメッセージを読み取ることができると考えられる。そこで、まず「原初史」(1–11章) の全体像を概観してみたい。それは、従来の古いタイプの教義学による理解に訂正を求めることにもなると思われる（例えば、「人間創造」[1–2章] →「堕罪・原罪」[3章] →「キリストによる贖罪」）。
　様々な議論に深入りしないならば、1–11章の構成と全体像は以下のように把握することができる。

1章1節–2章4節前半	「創造」（祭司文書）
2章4節後半–4章26節	「創造」「罪の侵入」（ヤハウィスト）
5章	アダムからノアまでの「系図」
6–9章	「人類の堕落」「洪水」「ノアの子孫」 （ヤハウィスト＋祭司文書）
10章	ノアの息子たちの「系図」および、 諸民族の表
11章1–9節	「バベルの塔」
11章10–32節	ノアの息子セムからアブラハムまでの 「系図」

（※「祭司文書」の成立は捕囚期、「ヤハウィスト」に関しては議論があるがそれ以前に成立していたと考える。）

　このことから明らかなことは、「系図」という特定の文学類型の配置によって、「創造」、「その秩序の破壊」としての「洪水と回復」、さらには「バベルの塔」の話が一連の流れのなかで物語られているということである。特に「創造物語」と「洪水物語」は対比的に語られており、大洪水による破壊（カオス）の回復は「新しい創造」と位置付けられている（B. W. アンダーソン等）。それゆえ、「ノアの洪水物語」は原初史の全体構造において中心的役割を担っている。すなわち、全人類の破壊という現代的危機にも通ずるカオスの脅威のなかで、「いかに生き残るか」というテーマがまさに原初史の中心テーマとして提起されているのである。このことは、いまだに解決を見ない核兵器削減の問題、地球環境問題、また、天災に伴う人災の問題、つまり「いかに生き残るか」という重大な問題を現代人に突き付けていると思う。R. リフトンはかつて、現代人の問題は「いかに生きるか」ではなく、「いかに生き残るか」であると言ったが、それは今日でも変わりがないのである。
　そこで、さらに聖書の洪水物語の内部構成を探っていくと、原初史独自のメッセージを私たちは見出すことになる。W. ブルッグマンは、「ノアの箱舟物語」の全体の流れを以下のように分析している。

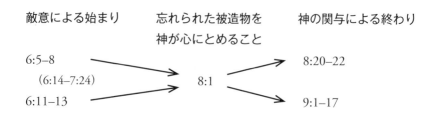

　すなわち、ヤハウィストに属する6章5–8節において、神は地上に人の悪が増していることに「心を痛め」、すべてを「ぬぐい去ろう」とし洪水を起こすが、8章1節を転回点として「大地を呪うことは二度とすまい」と決意する（8:20–22）。また、祭司文書に属する6章11–13節において、地は神の前に堕落しているので、神はすべての肉なるものを「終わらせる時」が来たとして洪水を起こすが、8章1節を転換点として「産めよ、増えよ」と人間を祝福し、動物も含めて「二度と洪水によって……滅ぼされ」ないようにすると約束をする（9:1–17）。つまり、「ノアの箱舟物語」において変化しているのは人間ではなく、実に神の側なのである。

　そのことが最も端的に示されているのは8章21節である。「人に対して大地を呪うことは二度とすまい。人が心に思うことは、幼いときから悪いのだ。わたしは、この度(たび)したように生き物をことごとく打つことは、二度とすまい」。この一節は極めて意味深長である。

　洪水後も人間の本質は変わっていないことが冷静に認識されている。しかし、神はその人間ゆえに大地を呪わないと宣言しているのである。このことは現代人へのメッセージとして語られていると考えてよいであろう。そうであれば、私たち人間は「日々の洪水」（カルヴァン）に罪の悔い改めをもって応え、忍耐をもって、「神の保存の契約」（虹のしるし）を信じて、大地の保全に責任をもって生きるように促されるのである。

Ⅲ.「族長物語」(12-50章) と人間形成（祝福の中での人間の成長）

「族長物語」のテーマは、「バベルの塔」の建設中止によって「全地に散らされた」後の世代の話として連続性をもっている。実際、アブラハムは神の言葉に従って遠くに旅立ち、ヤコブもエサウに追われて逃亡するのである。また、ヨセフも兄弟たちのゆえにエジプトに売られてしまう。しかし、それは「神による祝福」の物語である。

アブラハムの召命を記した12章1-3節には、「祝福」という言葉が5回使われているが、それは、原初史において「呪い」という言葉が5回繰り返されていることに対応している (3:14 = 蛇、3:17 = 土、4:11 = カイン、5:29 = 大地、9:25 = カナン)。つまり、人間がその罪のゆえにもたらした「呪い」を「祝福」に変えていく使命がアブラハムに与えられているのである。その後、族長物語には「祝福する」ないし「祝福」という語が77回用いられ、かなりの集中度である。また、極めて重要な場面で「祝福」という言葉が使われている。従って、族長物語のテーマは「祝福」であると言える。

この旧約聖書における「祝福」という事柄に関して、C. ヴェスターマンはこのように言っている。「すなわちそれは、ある出来事、決定、あるいは一瞬に集中するものではなく、静かに、絶えず流れ、ひそかに伝えられていく継続的な神の行為であって、保存と保護、成長と存続において効力を表すものである」。このことは極めて重要な認識である。例えば「出エジプト」は救いの出来事である。それは決定的な出来事であり、「一瞬に集中するもの」である。あの「葦の海での奇跡」を思い起こせばそのことは了解できる。しかし、「祝福」は、それとは異なる「神の行為」であり、ごく日常的な人間の生活の場面に認められる継続的な行為である。例えば、「シャローム」(平和・平安あれ) という挨拶の言葉もその人に祝福があるようにという意味である。そして、その祝福の中で人間は元気づけられ、様々な困難があっても、いや、その困難の中でこそ成長していける。そのようなストーリーがまさに族長物語において展開されているのである。その点に常に着目すること

が、創世記 12–50 章の説教や講解には必要である。

　その意味で、W. ブルッグマンの族長物語についての捉え方は適切であると思う。その理解を参考にして、族長物語を 3 つの「祝福」を巡る話として考えたい。まず、12–25 章のアブラハム物語は「受けとめられた祝福」の物語である。それは根本的には、神からアブラハムに与えられたものである（特に 12 章、15 章）。しかし、その祝福が「父から子へ」、つまり世代的にも垂直の次元で受けとめられていったことが、この部分の特徴であると言える。その間には 22 章の「イサク奉献」の箇所が示すように、大小の断絶と危機があった。なかでも「あなたの息子、あなたの愛する独り子イサクを……ささげなさい」（22:2）という神の言葉は、祝福の破れともいうべき事態であるが、しかし、神の祝福はその危機を乗り越えてイサクへ受け継がれていった。

　次に、25–36 章に記されているヤコブ＝エサウ物語は「争われた祝福」の物語である。すなわち、そこには兄弟間の争い＝水平の次元での祝福を巡る争いが記されている。そのことは、ヤコブと神との 2 回の重要な出会いにおいて、いずれの場合にもまさに「神の祝福」が問題となっていることに端的に示されている（28:10–22、特に 14 節。32:23–33、特に 27–30 節）。

　そして、最後に 37–50 章に記されているヨセフ物語である。これは「祝福に基づく家族の平和」のストーリーであり。共同体という次元において祝福が、予期せぬ形で破られるが、徐々に回復されていく。そこには、生意気ともいえる「年寄り子」ヨセフの試練を通しての成長があり、他方、ヨセフに嫉妬して悪事を行った兄たち、とくにユダの成長が描かれている。またヨセフ物語において神は背後に退いているが、しかし、クライマックスの 45 章の和解の場面には、「神の見えざる祝福の業」が示されていることは明らかである（「命を救うために、神がわたしをあなたたちより先にお遣わしになったのです」45:5）。従ってヨセフ物語の内容は「人間の混乱と神の摂理の支配」（スイスの格言）とも言える。これもまた、現代的なテーマである。

IV. 創世記の説教の実際

　筆者は 30 年あまりの教会の牧師職在任中に、3 回ないし 4 回、特に創世記を取り上げて連続説教をしたことがあった。そのなかでも典型的な年の 18 回の箇所と説教題は以下のようなものであった。

1 章 1–25 節	「世界はどこからきた」
1 章 26–31 節	「人間とは何ものか」
2 章 1–4 節 a	「神の時間と人間の時間」
2 章 4b–17 節	「土の塵より」
2 章 18–25 節	「男と女」
3 章 1–24 節	「神からの逃走」
4 章 1–16 節	「不平等の現実から」
6 章 5–22 節	「洪水はわが魂にまで及び」
6 章 5–8 節、7 章 17 節–8 章 12 節	「希望のしるし」
11 章 1–8 節	「バベルの塔と現代社会」
12 章 1–7 節	「信仰の旅立ち」
15 章 1–20 節	「神の約束」
18 章 1–15 節	「神の可能性」
18 章 16–33 節	「執り成しの祈り」
22 章 1–19 節	「主の山に、備えあり」
28 章 10–22 節	「神の家にて」
32 章 23–33 節	「神と格闘する者」
45 章 1–8 節	「人間の混乱と神の計画」

　おそらく創世記の連続説教において重要なことの一つは、テキストの選択であろう。またここに取り上げていない箇所にも、御言葉の豊かな宝が隠されているに違いない。

参考文献

W. ブルッグマン『創世記』(現代聖書注解) 向井考史訳、日本キリスト教団出版局、1986年

C. ヴェスターマン『旧約聖書』(現代神学の基礎知識) 時田光彦訳、ヨルダン社、1985年

左近 淑『旧約聖書緒論講義』教文館、1998年

青山学院大学キリスト教文化センター編『聖書と共同体の倫理』教文館、2001年

青山学院大学総合研究所キリスト教文化センター編『キリスト教と人間形成』新教出版社、2004年

執筆者紹介

石井佑二　いしい・ゆうじ
1979 年生まれ。東京神学大学大学院修士課程修了。日本基督教団山形本町教会伝道師・牧師を経て、現在、遠州教会牧師。

橋谷英徳　はしたに・ひでのり
1965 年、岡山県津山市に生まれる。神戸学院大学、神戸改革派神学校に学ぶ。日本キリスト改革派太田教会、伊丹教会牧師を経て、現在、関キリスト教会牧師、神戸改革派神学校講師（実践神学）。

髙橋　誠　たかはし・まこと
1964 年生まれ。四国学院大学、東京聖書学院に学ぶ。日本ホーリネス教団千葉栄光教会副牧師、鳩山のぞみ教会牧師、那覇ホーリネス教会牧師を経て、現在、八王子キリスト教会牧師、東京聖書学院講師（牧会学）。共著書に『三要文深読Ⅰ、Ⅱ』（日本キリスト教団出版局）、『立ち上がり、歩きなさい』『いつも喜びをもって』（共に教文館）、『永遠のシャローム』（日本ホーリネス教団）ほか。

德田宣義　とくだ・のぶよし
1974 年生まれ。東京神学大学大学院修士課程修了。日本基督教団札幌中央教会伝道師・牧師を経て、現在、桜新町教会牧師。共著書に『立ち上がり、歩きなさい』『いつも喜びをもって』（共に教文館）ほか。

宮嵜　薫　みやざき・かおる
1984 年東京外国語大学仏語学科卒。東京神学大学、同大学院博士課程前期課程を経て、2021 年 3 月同後期課程満期退学。2013 年 4 月より日本基督教団国立教会伝道師、牧師（〜 23 年 3 月）。2022 年 4 月より東京神学大学非常勤講師。2024 年、東京神学大学より神学博士号取得。2024 年 4 月より、東京神学大学特任常勤講師（旧約聖書神学）。共訳書に W. ブルッゲマン『平和とは何か──聖書と教会のヴィジョン』（教文館）、B. S. チャイルズ『教会はイザヤ書をいかに解釈してきたか』（日本キリスト教団出版局）ほか。

楠原博行　くすはら・ひろゆき
1963年生まれ。東京工業大学、東京神学大学に学ぶ（旧約聖書神学専攻）。ドイツ、エルランゲン＝ニュルンベルク大学、バイエルン州福音主義ルター派教会立アウグスタナ神学大学留学（神学博士）。現在、日本基督教団浦賀教会牧師、明治学院大学講師。著書に『キリスト者は何を信じているのか――ハイデルベルク信仰問答入門』。訳書にドイツ福音主義教会常議員会『聖餐――福音主義教会における聖餐の理解と実践のための指針』、カール・バルト『説教と神の言葉の神学』（共訳）（共に教文館）。

浅野直樹　あさの・なおき
1955年生まれ。関西学院大学、日本ルーテル神学校に学ぶ。日本福音ルーテル岡﨑教会、日本福音ルーテル日吉教会、アメリカ福音ルーテル教会での交換牧師を経て、現在、日本福音ルーテル市ヶ谷教会牧師。日本福音ルーテル教会海外宣教主事。

小泉　健　こいずみ・けん
1967年生まれ。大阪大学、東京神学大学大学院修士課程に学ぶ。2007年、ハイデルベルク大学より神学博士号取得。日本基督教団五反田教会副牧師、センター北教会牧師を経て、現在、東京神学大学教授（実践神学）、成瀬が丘教会牧師。著書に『主イエスは近い――クリスマスを迎える黙想と祈り』『十字架への道――受難節の黙想と祈り』（共に日本キリスト教団出版局）ほか。訳書に、Ch. メラー『魂への配慮としての説教』（教文館）。

蔦田崇志　つただ・たかし
1967年生まれ。東京外国語大学、インマヌエル聖宣神学院、英国アバディーン大学院卒業。現在インマヌエル金沢キリスト教会牧師。

小副川幸孝　こそえがわ・ゆきたか
1952年福岡県に生まれる。ルーテル神学大学・日本ルーテル神学校卒業。立教大学大学院文学研究科組織神学前期課程修了。(USA) シカゴルーテル神学大学院卒業。日本福音ルーテル教会各教会牧師、日本福音ルーテル教会牧師（2022年引退）、九州学院チャプレン・副院長を経て、現在、九州学院院長。著書に『翻って生きよ』『愛することと信じること』（共に新教出版社）、『日々の糧を与えたまえ』（リトン）、『新約聖書の散歩道』『新しい人の倫理学』『西洋思想の散歩道』（いずれもAmazon）ほか。

執筆者紹介

吉村和雄 よしむら・かずお
1949 年、福島県いわき市生まれ。東京大学工学部卒業、東京神学大学大学院修士課程修了。1990–2021 年、単立キリスト品川教会主任牧師。現在は同教会名誉牧師。著書に『泉のほとりで』『ふたりで読む教会の結婚式』(共にキリスト品川教会出版局)、『聖書が教える世界とわたしたち』(GC 伝道出版会)、『説教 最後の晩餐』(キリスト新聞社)、『イエスの歩み 31』(日本キリスト教団出版局)。訳書に F. B. クラドック『説教』(教文館)、W. ブルッゲマン『詩編を祈る』、T. ロング『歌いつつ聖徒らと共に』、T. H. トロウガー／L. T. ティスデール『説教ワークブック』(共に日本キリスト教団出版局) ほか。

本城仰太 ほんじょう・こうた
1978 年生まれ。東京神学大学・大学院に学ぶ。2018 年、東京神学大学より神学博士号取得。日本基督教団松本東教会伝道師・牧師を経て、現在、東京神学大学准教授(歴史神学)、中渋谷教会牧師。著書に『使徒信条の歴史』(教文館)。

藤掛順一 ふじかけ・じゅんいち
1956 年生まれ。東京大学文学部西洋史学科卒業、東京神学大学大学院修士課程修了。日本基督教団富山鹿島町教会牧師を経て、現在、日本基督教団横浜指路教会牧師。著書に『信徒のための改革教会の教理』『教会の制度』『日本基督教団信仰告白解説』(いずれも全国連合長老会出版委員会)。

宮井岳彦 みやい・たけひこ
1978 年、横浜市生まれ。東京神学大学大学院修士課程修了。カンバーランド長老キリスト教会成瀬教会、高座教会、田園伝道教会、さがみ野教会伝道師、さがみ野教会牧師を経て、現在、高座教会副牧師。共著書に『イースターへの旅路——新版・教会暦による説教集 レントからイースターへ』(キリスト新聞社)。

大島 力 おおしま・ちから
1953 年生まれ。東北大学文学部史学科卒(西洋史専攻)、東京神学大学大学院博士課程後期修了(旧約聖書神学)。日本基督教団石神井教会牧師、青山学院大学宗教主任・経済学部教授を経て、青山学院大学名誉教授、博士(神学)。2024 年死去。著書に『VTJ 旧約聖書注解 イザヤ書 1 〜 12 章』『預言者の信仰』『聖書は何を語るか』(以上、日本キリスト教団出版局)、『イザヤ書は一冊の書物か?』『自由と解放のメッセージ』(以上、教文

館)ほか。訳書に H. ヴィルトベルガー『神の王的支配　イザヤ書 1 〜 39 章』(共訳、教文館)ほか。

説教黙想アレテイア叢書

創世記　29–50章

2025年3月21日　初版発行
ⓒ 日本キリスト教団出版局 2025

編集　　日本キリスト教団出版局

発行　　日本キリスト教団出版局
　　　　〒169-0051
　　　　東京都新宿区西早稲田 2-3-18-41
　　　　電話・営業 03（3204）0422
　　　　　　　編集 03（3204）0424
　　　　https://bp-uccj.jp

印刷　　ディグ

ISBN978-4-8184-1187-6　C1016　日キ販
Printed in Japan

■
■ 日本キリスト教団出版局の本

説教黙想アレテイア叢書　創世記 1-28 章

日本キリスト教団出版局 編（A5 判 264 頁／ 3200 円）

『説教黙想 アレテイア』誌に連載された、創世記の重要単元の説教黙想を書籍化。定評ある執筆陣が、聖書の原点、信仰の原点と向き合った黙想。上巻は天地創造からヤコブ物語の「ベテルの夢」までを収録。

説教黙想アレテイア叢書　創世記 29-50 章

日本キリスト教団出版局 編（A5 判 240 頁／ 3200 円）

下巻はヤコブ物語の「ラバンの報酬」からヤコブの埋葬・ヨセフの死までの黙想と、論考《創世記の説教》を収録。歴史を通して働く神の救済の意思を描いた、創世記の重要単元を深く味わう。

説教黙想アレテイア叢書
三要文 深読　十戒・主の祈り

日本キリスト教団出版局 編（A5 判 208 頁／ 2400 円）

教会の信仰の大黒柱となる十戒・主の祈り・使徒信条。この三要文を味わうシリーズ。本書では、聖書の民の生きる指針である「十戒」、もっとも大切な祈りである「主の祈り」を取り上げる。説教者はもちろん、信徒にも。

説教黙想アレテイア叢書
三要文 深読　使徒信条

日本キリスト教団出版局 編（A5 判 216 頁／ 2400 円）

信仰のもっとも基本的な内容は何か。教会が伝えようとする福音の内容は何か。使徒信条を読めば、それがわかる。「我は信ず」から「永遠の生命」まで 22 の黙想によって、使徒信条を味わい尽くす待望の書。

（価格は本体価格です。重版の際に変わることがあります）